中国学术精品文库 · 管理学

U0819504

要素市场扭曲对产业转型升级的影响研究

YAOSU SHICHANG NIUQU
DUI CHANYE ZHUANXING SHENGJI DE
YINGXIANG YANJIU

汪浩瀚 徐建军 著

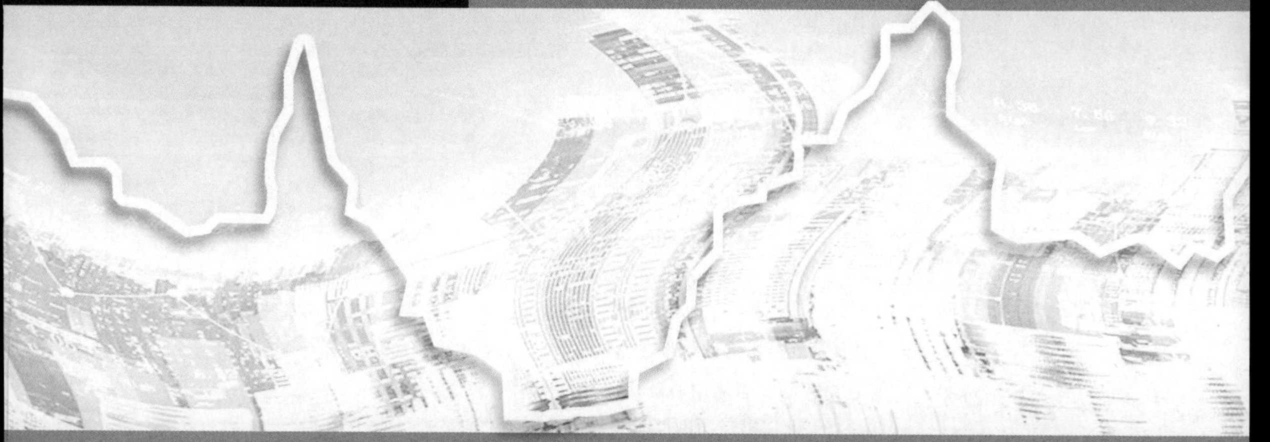

中国财经出版传媒集团
中国财政经济出版社

图书在版编目（CIP）数据

要素市场扭曲对产业转型升级的影响研究 / 汪浩瀚，徐建军著. -- 北京：中国财政经济出版社，2019. 11
ISBN 978 - 7 - 5095 - 9347 - 9

Ⅰ. ①要… Ⅱ. ①汪… ②徐… Ⅲ. ①产业结构升级 - 研究 - 中国 Ⅳ. ①F269. 24

中国版本图书馆 CIP 数据核字（2019）第 239072 号

责任编辑：彭　波　　　　责任印制：刘春年
封面设计：卜建辰　　　　责任校对：张　凡

中国财政经济出版社 出版
URL：http：//www. cfeph. cn
E - mail：cfeph @ cfeph. cn
（版权所有　翻印必究）
社址：北京市海淀区阜成路甲 28 号　邮政编码：100142
营销中心电话：010 - 88191537
北京财经印刷厂印装　各地新华书店经销
710 × 1000 毫米　16 开　18. 25 印张　331 000 字
2019 年 11 月第 1 版　2019 年 11 月北京第 1 次印刷
定价：68. 00 元
ISBN 978 - 7 - 5095 - 9347 - 9
（图书出现印装问题，本社负责调换）
本社质量投诉电话：010 - 88190744
打击盗版举报热线：010 - 88191661　QQ：2242791300

前　言

经过40多年的市场化改革，中国以工业和先进制造业为核心的第二产业和以生产服务为核心的第三产业都得到了快速发展。当前，中国正以更加积极开放的姿态和方式参与国际分工和国际竞争，成为全球国际分工体系的重要组成部分。虽然中国某些产业在规模和成本上有一定优势，参与全球产业分工的程度也在不断加深，但总体仍处于国际分工中低端的、劳动密集型加工制造环节，要素资源和关键核心技术对外的依赖程度过大。因此，相比较而言，当今中国所面临的产业结构优化升级的任务更为迫切。所谓产业结构优化升级，主要是指产业结构的改善和产业素质与效率的提高，其实质就是要素禀赋资源在产业间的优化配置。尽管市场化改革使中国大多数商品、服务、生产资料以及农产品领域，已基本确立了市场形成价格的机制，但要素市场的市场化进程却严重滞后于产品市场，政府主导要素资源的初始配置及要素价格的制定，土地、劳动、资本、技术与能源要素等尚未实现资源的自由流动和充分竞争。资源能源类价格改革明显滞后，特别是电力、天然气等自然资源价格长期处于低估状态，并由此引发了资源环境、产业协调、国际收支等不少领域的问题。党的十八届三中全会提出要使市场在资源配置中起到决定性作用，而这其中的关键环节就在于要素市场价格的形成机制和推进要素市场化进程。通过对转型时期中国要素市场扭曲的理论和实证研究，对于加快构建一个合理的、能够反映要素资源稀缺程度的市场价格体系，从而实现要素资源有效配置和整体经济效率的提高，将起到积极的促进作用。为此，我们从中国要素市场扭曲与产业结构优化升级的现实背景出发，遵循理论分析与实证研究相结合的一般思路，先从理论上分析要素市场扭曲对产业升级的影响机理，再运用计量经济学方法就要素市场扭曲与中国产业结构优化升级关系进行实证分析，从中得到以下结论：

（1）土地要素价格扭曲的现象在较长时间内都比较常见。从全国的范围看，随着时间的推移，全国的土地要素价格扭曲系数在较长期间内均小于1，主要在0.2～0.4之间呈“W”形波动趋势，并且系数呈现出缓慢减小的趋向，这意味着土地要素价格存在着持续的正向扭曲的现象，并且正向扭曲的程度小幅度加深。从分区域范围来看，各个地区的土地要素价格扭曲程度都不一致。东部地区的土地要素价格扭曲系数基本上从一开始的大于1经过多次波动后转变为小于1，呈现出从开始的负向扭曲转变为正向扭曲的趋势，但总体上仍然高于全国的扭曲系数。中西部地区的土地要素价格扭曲系数均存在系数小于1，即表示为存在着正向扭曲的现象。其中，中部地区的扭曲系数均低于全国扭曲系数，并且其变化趋势与全国基本保持一致。

（2）土地要素价格扭曲的主要成因有因为市场自身的制度不够完善而产生的内生性扭曲和外在的干预引起的外生性的扭曲。前者主要是现有的土地管理制度为了保护了土地的所有权，使其不被过度滥用和浪费，因此规定国家及政府在需要使用一些土地来发展当地经济时，需要按照这些土地的原本用途来给予土地使用者相对应的补偿，之后才可以将该土地变更为国家使用。但也正因为该制度并没有明确给出交易价格，补偿费用时因为双方的信息不对等导致土地交易价格变动极其大，从而导致了土地要素价格的扭曲。后者主要是国家为了在短时间内获取大量资金，选择流动性较小的生产要素土地进行买卖。同时政府也会为了当地的财政目标，通常会采取不同的产业用地划分不同的价格这种方法，开设各种园区再招商等多种协议出让土地的方法来吸引大部分的资金，使总体的经济效益最大化，加剧当地土地供给与土地需求之间的不平衡现象，从而造成了土地要素的价格扭曲。

（3）土地要素价格的扭曲会通过过度投资效应、雁行理论效应和资源错配效应这三个直接途径以及创新抑制效应和需求抑制效应这两个间接途径来对产业结构的优化升级产生影响。实证结果也表明，在全国范围内，土地要素价格的扭曲确实可以对产业结构的优化升级产生一定的阻碍影响。分区域比较可知，东部地区的土地要素价格扭曲对产业结构合理化的影响小于全国水平，而对产业结构高度化的影响略大于全国水平；而中、西部两个地区的土地要素价格扭曲对产业结构合理化的影响均大于全国水平，而对产业结构高度化的影响均小于全国水平。

（4）资本，劳动力市场要素价格扭曲现象普遍存在。我国近20年来资本与劳动力价格的扭曲程度，劳动力和资本要素价格的扭曲程度都不等于1，所以各要素均存在不同程度的扭曲，总体上两者都呈现波动上升的趋势。在资本价格的扭曲来看，各省区市在2000～2015的价格扭曲程度均大于1，此时说明资本的价格被高估，资本要素价格被负向扭曲，即资本的价格相对于其边际产出偏低。

（5）资本和劳动力要素市场的价格扭曲对产业结构优化升级均产生影响。其中，在产业结构高级化方面，劳动力和资本要素的价格扭曲对产业结构高级化升级对存在着负向关系。相对于资本要素而言，劳动力要素市场的价格扭曲对产业结构高级化影响系数的绝对值要大，说明了劳动力要素对产业结构优化升级的负向影响要大于资本要素价格扭曲对产业结构高级化的负向影响。在产业结构合理化方面，资本要素市场价格扭曲的对产业结构合理化有显著的负向影响，劳动要素市场价格扭曲对产业结构合理化是显著的正向影响。此外，劳动力要素市场的价格扭曲对产业结构合理化影响系数的绝对值要大于资本要素市场价格扭曲对产业结构合理化的影响。

（6）能源要素在各省规上工业企业的生产中的边际产值大于其要素价格，说明能源要素的价格受到了压低。其中能源要素价格扭曲最为明显的三个地区是海南省、青海省和宁夏回族自治区，其扭曲系数均在10以上，说明能源在生产中创造了其本身10倍的价值。1995～2016年的能源要上诉价格扭曲系数呈现波动变化，在1995年、2002年和2009年处于波峰阶段，1998年、2005年和2012年处于波谷阶段，能源要素价格扭曲的情况没有随着时间推进获得减缓。

（7）1999～2016年，我国制造业因要素市场扭曲导致的产业效率损失仍然较为严重，如果能够消除技术非效率，则对于我国制造业来说可以减少27%的投入或者增加27%的产出。对于产业综合纯技术效率来说，如果能消除各区域的产业纯技术的非效率问题，可以使考察期内的制造业产出增加18%左右；如若消除区域内的产业综合规模非效率，可以使全国制造业的产出提高1% ~8%；对于产业综合区际效率来说，如果消除制造业产业结构的扭曲问题，可以使制造业的总产出提高近2% ~11%。要素市场扭曲的产业效率损失对我国制造业产业结构具有显著的负向影响，阻碍了其优化升级。

（8）中国三次产业的非均衡发展是与资源错配同时存在的，经济运行各阶段出现的产业间劳动要素配置问题（“民工潮”“民工荒”）、资本的过度形成问题（过度投资）以及垄断工业部门资源的过度集中问题等中国转型期特有经济现象的背后隐藏着的，其实是资源如何在各产业间有效配置的问题；改革开放40多年，中国传统农业部门劳动要素过剩的状况并未发生根本性改变，农业资本的过少配置急需农业部门进行深入的集约化经营；其次，第二产业的劳资配比出现了两个极端，垄断部门的资本—劳动比率持续上升，私人部门的要素配置方式则仍倾向于劳动密集型，而且在整个第二产业内，资本有了过度形成的倾向，致使产业内的要素配比出现了相对于生产技术的偏差；资本错配和劳动力错配程度的恶化将不利于产业结构的优化与升级，并且资源错配程度的恶化对产业结构的合理化调整表现出更大的抑制作用。

（9）2004 ~2016年，国内市场分割指数从国内市场总体、区域层面及省际层面均呈现总体下降趋势。2007 ~2010年，国内市场总体和区域层面，市场分割指数均有短期上升，市场分割不利于我国产业结构优化升级，对产业结构高级化和产业结构合理化均具有负向作用。

（10）产业结构高级化与产业结构合理化均具有自我增强的提升机制。不同要素市场的扭曲（劳动、资本、能源、土地）对产业结构优化升级过程中均表现为负向效应，其中劳动要素扭曲对产业结构高级化的负向作用最大，估计系数为 -0.2084，而能源要素扭曲系数仅为 -0.0045；资本扭曲对产业结构合理化负向作用最大，估计系数为 -0.084，而能源和土地影响估计系数约为0.002。即不同要素扭曲虽均为负向影响，但作用大小存在较为明显的差别。

（11）国内市场分割是要素市场扭曲作用于产业结构优化升级的重要路径。不同要素回归结果均表明要素市场分割指数与要素扭曲的交互项对产业结构高级化与产业结构合理化均显著为负，且系数绝对值大小大于要素扭曲变量系数的绝对值，劳动扭曲通过市场分割影响产业结构高级化和合理化的程度都最大。

（12）将重点产业政策划分为了支柱型重点产业政策、传统型重点产业政策和新兴型产业政策，回归拟合发现，支柱型产业政策对相应产业全要素生产率的提高最高显著，新兴型产业政策对相应产业全要素生产率也有一定的促进作用，但结果不如支柱型产业显著，传统型产业政策对相应产业的全要素生产率的影响则有正有负，依据不同省份的实际情况来决定。两种实证检验的结果表明支柱型、传统型以及新兴型三种不同类型的产业政策对产业生产率的影响程度在不同产业类型上具有显著的差异。

作者

2019 年 9 月

目　　录

第1章

绪　论

1.1 研究背景与意义

经过40多年的市场化改革，中国以工业和先进制造业为核心的第二产业和以生产服务为核心的第三产业都得到了快速发展。当前，中国正以更加积极开放的姿态和方式参与国际分工和国际竞争，成为全球国际分工体系的重要组成部分。虽然中国某些产业在规模和成本上有一定优势，参与全球产业分工的程度也在不断加深，但总体仍处于国际分工中低端的、劳动密集型加工制造环节，能源资源和关键核心技术对外的依赖程度过大。因此，相比较而言，当今中国所面临的产业结构优化升级的任务更为迫切。

所谓产业结构优化升级，主要是指产业结构的改善和产业素质与效率的提高。产业结构的改善表现为产业的协调发展和结构的提升；产业素质与效率的提高表现为生产要素的优化组合、技术水平和管理水平以及产品质量的提高。虽然产业结构的优化包括供给结构、需求结构、投资结构和国际贸易结构的优化等诸多方面，但产业结构问题本质上是一个资源配置问题，产业结构的优化升级实际上就是要素禀赋资源在产业间的优化配置。尽管市场化改革使中国大多数商品、服务、生产资料以及农产品领域，已基本确立了市场形成价格的机制，但要素市场的市场化进程却严重滞后于产品市场，政府主导要素资源的初始配置及要素价格的制定，土地、劳动、资本、技术与能源要素等尚未实现资源的自由流动和充分竞争。资源能源类价格改革明显滞后，特别是电力、天然气等自然资源价格长期处于低估状态，并由此引发了资源环境、产业协调、国际收支等不少领域的问题。要素市场的扭曲无论是对其自身正常价格偏离（绝对扭曲），还是对相对价格偏离（相对扭曲），都会影响到资源配置的效率（尚晓晔，2016）。当前，中国经济潜在增长率下降的一个重要原因在于对各类要素资源的异质性扭曲，产业发展倾向于过量使用廉价要素从事生产，企业发展上也倾向于依赖固定资产投资，而非技术研发，由此扭曲了相关行业的成本曲线和供给曲线，使资源错配，产业效率低下。长期内，存在于微观层面的要素流动受阻，要素配置扭曲无疑将导致微观层面的结构失衡（袁志刚和解栋栋，2011）。党的十八大报告指出，“推进经济结构战略性调整是加快经济发展方式的主攻方向”。在当前中国经济下行压力加大的背景下，解决重大结构性问题事关经济与社会发展全局。

根据中国基本国情和发展阶段性新特征，中国经济要实现转型升级，在国际竞争中占有一席之地，就必须在推动产业结构优化升级、全面提升产业技术水平和完善现代产业体系等方面有所突破。因而，改变要素供给结构便成为助推产业结构优化升级的关键。党的十八届三中全会提出要使市场在资源配置中起到决定性作用，而这其中的关键环节就在于要素市场价格的形成机制和推进要素市场化进程。

传统的扭曲理论认为，扭曲产生的原因主要来自垄断和外部性导致的市场的不完善，它不可能也不会把一个更重要的扭曲现象即国家直接制定和干预要素价格与市场的现象包含在内。而事实上，转型经济中由政府干预形成的要素市场扭曲现象相比上述扭曲要普遍得多。本书以中国转型时期的要素市场扭曲及其对产业结构优化升级的影响效应为对象的研究，是对以市场经济为假设前提的西方传统扭曲理论的一种补充和丰富。同时，本书从产业结构优化升级的本质入手，基于要素市场扭曲的视角探索和解释中国产业结构失衡问题，也进一步丰富和完善了产业结构优化理论的内涵。

本书也具有十分重要的现实意义。当前推进供给侧结构性改革，重塑中长期经济增长动力，更迫切需要提高要素从无效需求领域向有效需求领域、从低端领域向中高端领域的配置效率，进而加快产业结构转型升级的步伐。因此，通过对转型时期中国要素市场扭曲的理论和实证研究，从而提出相关的政策建议，对于加快构建一个合理的、能够反映要素资源稀缺程度的市场价格体系，从而实现要素资源有效配置和整体经济效率的提高，将起到积极的促进作用。

1.2
国内外研究现状及发展动态分析

1.2.1 产业结构优化升级的研究现状

产业结构优化升级一般被理解为产业结构高度化和合理化的结合（何平等，

2014)，是实现产业结构与资源供给结构、技术结构、需求结构相适应的状态。刘伟和杨云龙（1987）提出，产业结构高度化至少包括三个方面的内容，即在整个产业结构中，由第一次产业占优势比重逐级向第二次、第三次产业占优势比重演进；产业结构中由劳动密集型产业占优势比重逐级向资金密集型、技术（知识）密集型产业占优势比重演进；产业结构中由制造初级产品的产业占优势比重逐级向制造中间产品、最终产品的产业占优势比重演进。与产业结构优化外部特征的高度化相比，产业结构的合理化更为注重产业结构优化的内在表现。周振华（1992）认为，产业结构的合理化是指提高产业之间有机联系的聚合质量，即产业之间相互作用所产生的一种不同于各产业能力之和的整体能力，它可以用产业之间的关系均衡程度和产业之间的关联作用程度来表示。苏东水（2001）认为，产业结构合理化是产业与产业之间协商能力的加强和关联水平的提高，它是一个动态的过程。

测度产业结构升级的方法主要有两大类：第一类是以某一基本模式或发达国家发展为依据，对本国产业结构高度进行测度，代表方法有标准结构法、相似判别法和距离判别法等。这类方法使用的前提是后发国家按照发达国家的演进模式发展，但是不同国家或地区之间的经济条件、地理环境、自然资源等都存在很大差异，历史不能简单再现。因此，使用该方法只能对产业结构升级做一个大致判断。第二类是从时间序列的角度，与本国自身相比，实现对本国产业结构高度的衡量，主要的测度指标有结构年均变动值、Moore 结构值和产业结构超前系数。其中，结构年均变动值和 Moore 结构值能够衡量产业结构变化的剧烈程度；产业结构超前系数更能体现产业结构的变化方向。产业结构合理化状况多通过一些判断标准来考察，最为常用的是国际基准、需求基准、产业间比例平衡基准（周振华，1992；苏东水，2001）。事实上，国际基准、需求基准和产业间比例平衡基准这三个基准也都有不同程度的缺陷。国际基准没有考虑不同国家之间不同的经济条件和经济环境；需求结构基准要在需求状态正常的情况下，才能对合理性进行判断；产业间比例平衡基准忽略了经济非均衡增长对产业间比例的积极影响。

1.2.2 要素市场扭曲的研究现状

在经济学中，扭曲被定义为经济活动对帕累托最优状态的偏离。扭曲现象长期存在于社会经济活动中，Hagen（1958）、Bhagwati 和 Ramaswami（1963）、Tonhson（1965）等人对扭曲理论进行了研究，扭曲理论作为战后国际贸易理论的重要研究方向得到了发展和完善。扭曲可以分为贸易扭曲和非贸易扭曲两种类型，非贸易扭曲包括生产扭曲、消费扭曲和要素市场扭曲。要素市场扭曲作为非贸易扭曲的一种情况，是指生产要素资源在国民经济中的配置并没有处于帕累托最优状态，也就是要素市场价格和机会成本之间出现了偏差（Chachliades，1978）。要素市场扭曲意味着由于市场的不完善，生产点并不是生产可能性曲线上有效的点，生产的转换曲线凸向原点（Johnson，1966）。要素市场扭曲包括劳动力市场扭曲、金融市场扭曲、技术市场扭曲等具体情形。

导致要素市场产生扭曲的主要原因包括内生性、自治和工具政策等三大类别（Bhagwati，1971），具体来说，扭曲可能来自税收特别是公司所得税对公司运营成本的影响（Harberger，1962）、违背了市场经济规律的政府干预行为（林毅夫，1994；Beckman，1998）、发展中国家中不同行业的劳动报酬有差异（Hagen，1958；Magee，1973）、经济运行中垄断势力的存在（Defia，1983；Roland，1997）、不同行业工会在劳资谈判中所处的地位不同（Mieszkowski and Johnson，1963）、性别和种族歧视对劳动力资源配置的影响（Becker，1957；Duran，1972）等因素。从中国的要素市场扭曲问题来说，众多专家学者认同财政分权体制下的市场分割是造成要素市场扭曲的主要原因。地方市场分割是经济转轨过程中出现的特有现象，以大量国有企业事实上的地方所有制为基本特征的行政性分权导致了地方市场分割现象的出现（银温泉和才婉茹，2001）。在中央政府逐步开放要素和产品市场的背景下，省与省之间要素配置的低效率必然是地方市场分割造成的后果（郑毓盛和李崇高，2003）。

要素市场的扭曲阻碍了各产业经济绩效的提升和自主创新能力的培养，并且对就业市场也产生了负面效应，不利于社会福利水平的提升（杨永聪，2015）。首先，要素市场扭曲阻碍了各产业经济绩效的提升，造成了扭曲的要素比价关系，从而导致了产业结构扭曲和规模效率损失（赵自芳和史晋川，2006）。其次，要素市场扭曲加剧了宏观经济的波动（张平和张晓晶，2005），并且减少了产出水平，降低了产出的增长速度（Bhagwati，1968），虽然也有观点认为要素市场扭曲对产出增长速度的影响方向还不能确定（Johnson，1970）。再次，要素市场扭曲对企业的研发投入和自主创新也产生了不良影响，在要素市场扭曲程度越深的地区，要素市场扭曲对中国企业研发投入的抑制效应就越大，要素市场扭曲所带来的“寻租”机会可能会削弱或抑制企业的研发投入（张杰等，2011）。最后，扭曲分割的要素市场还导致了资本要素对劳动力要素的替代，并最终形成为经济快速增长和就业吸纳能力下降的二元悖论，对就业产生了负面的影响（盛仕斌和徐海，1999；雷鹏，2009）。

要素市场扭曲的测度方法主要有三种：第一种是生产函数法。Hsieh 和 Klenow（2009）通过局部均衡模型计算出政策导致的要素差异化价格，并测算了要素重新配置对于产出和 TFP 的改善程度。第二种是随机前沿分析法（SFA）。Skoorka（2000）通过随机前沿分析法，计算最优要素生产可能性曲线与实际生产可能性前沿之间的偏离，从效果的角度来衡量要素市场扭曲程度。第三种是市场化进程法。张杰等（2011）采用［（产品市场化指数 - 要素市场的市场化指数）/产品市场化指数］这一比值作为要素市场扭曲程度的测度指标。三种测度方法各有优劣。基于生产函数的回归方法数据收集较为简便，可以计算出要素价格的扭曲程度，但是这一方法依赖于生产函数的设定，生产函数形式不同会导致估算结果存在差异。随机前沿分析法能够估算出要素价格的整体扭曲程度，技术效率的估计得到了控制，但是却很难具体估算出每种要素的扭曲程度。市场化进程指数采用各省级地区的数据，避免了因不同地区自身的差异造成的要素市场扭曲程度指标信息失真的问题，但是却无法观察到不同行业乃至不同效率企业的要素扭曲情况（冼国明和程娅昊，2013）。

1.2.3 要素市场扭曲与产业结构的关系的研究现状

近年来，要素市场扭曲对中国产业结构的影响再度引起学者们的关注。王芃和武英涛（2014）对能源产业进行了研究，发现无论是行业层面还是企业层面，产品市场和要素市场的相对价格扭曲均显著存在，而造成这一结果的原因主要是要素配置扭曲；并且同一行业内企业间存在显著异质性，企业层面市场扭曲的变化对行业层面市场扭曲的测度存在显著影响。李程（2015）基于时变弹性生产函数估计了中国资本要素 1978～2009 年分产业的产出弹性，计算了资本要素的扭曲程度，并实证研究了资本要素扭曲和资本深化的关系，得出了资本要素市场扭曲会促进产业资本深化的结论。尚晓晔（2016）尝试对 1997～2014 年第二产业内部的产业结构进行分析，研究多种生产要素市场的扭曲对产业结构优化升级的影响。毛其淋（2013）将要素扭曲与市场分割结合起来，考察了地方政府行为对产业结构演进的作用。

关于产业结构与要素价格扭曲的研究，茅于轼（2007）早就指出，我国众多宏观经济问题均与价格扭曲存在一定的联系。夏晓华和李进一（2012）研究了要素价格异质性扭曲对产业结构动态调整的影响。林毅夫（2012）也认为，我国目前的要素价格存在很大的扭曲，资本、劳动、能源等要素价格在很大程度上存在人为压低的问题，这就会刺激国内资本密集型和劳动密集型产业的过度发展，以至于超越我国的比较优势。同时，这种要素市场和产业结构的扭曲也会影响分配制度的有效实施，加剧社会矛盾。郑振雄和刘艳彬（2013）分析了要素价格扭曲至产业结构演进的传递途径，并且认为技术进步特征均会因资本和劳动要素价格的相对扭曲而加剧，最终导致了产业结构演进的滞后。在这样的背景下，我国经济结构、产业结构长期得不到有效优化，具体到产业结构方面，重工业比重过高、资源消耗较大的产业部门较多，主要产业部门的生产效率较低，严重阻碍了产业结构的优化升级（林雪和林可全，2015）。就微观角度而言，由于外部经济环境和经济体制的因素导致要素成本的不同，会造成异质性企业在参与全球价值链分工体系的过程中缺乏足够的能力和条件，进而导致了其生产效率和核心竞争力的不足，从而难以摆脱价值链“低端锁定”的困境（吕越、罗伟和刘斌，2015），这一作用机制的宏观结果就表现为产业结构升级阻力重重，难以得到有效优化，直接的产业扶持也无法带来预期的政策效果。

1.2.4 对现有研究文献简要评论

现有文献得出了一些富有创见的结论，但总体来看这些研究尚存在以下不足：

第一，在当前对中国要素价格扭曲的研究文献中，规范性的研究较多，实证性的研究较少；单个要素的研究较多，多要素的综合研究较少；静态分析居多，动态比较分析较少。中国要素市场的扭曲不仅表现在单个要素如资本、土地、劳动力市场方面，还表现在要素价格的相对扭曲。中国的要素价格扭曲是不争的事实，但这种扭曲对于不同要素及其相互之间到底是怎样一个状况，还需要进一步的经验证据。因此，利用更合理的方法和更新的数据对转型时期中国要素价格扭曲状况进行研究，本身就具有重要的意义。

第二，将要素市场扭曲与产业结构直接联系在一起的研究并不多，比较传统的研究视阈更多地集中于要素价格扭曲、产业结构与经济增长的关系。Sedden 和 Wacziarg（2002）指出，市场机制尚不健全的发展中国家（地区），在向市场经济过渡的转型期，市场扭曲的存在是一个普遍的现象，要素市场扭曲本身是存在一定正向效应的。但随着市场条件的变化，扭曲对于经济结构性矛盾的影响，以及扭曲造成的效率损失等方面的负面影响研究将逐渐成为讨论的重点，而这恰是现有文献鲜有深入探究的领域。

1.3 研究内容和研究目标

1.3.1 研究内容

本书拟从中国要素市场扭曲与产业结构优化升级的现实背景出发，遵循理论分析与实证研究相结合的一般思路，先从理论上分析要素市场扭曲对产业升级的影响机理，再运用主流前沿的计量经济学方法就要素市场扭曲与中国产业结构优化升级关系进行实证分析，在此基础上提出相应的调控政策建议。全书共分8章：

第1章是绪论，包括：研究背景与意义、国内外研究现状、研究内容和研究目标、研究方法、技术路线和研究特色等。

第2章是相关基础理论研究，包括：要素的分类，要素市场扭曲的内涵、分类、衡量指标和测量方法；要素扭曲的测度方法与比较；产业升级的内涵、产业结构演进理论、产业结构优化升级的评价/衡量指标，产业政策的不同评价方法、应用条件及其优劣比较等。

第3章是要素市场扭曲对中国产业结构优化升级的机制分析，包括：土地要素价格扭曲对产业结构优化升级的影响途径，要素扭曲和产业效率损失的内在机理，资源错配对产业结构的影响机制分析等。

第4章是中国要素市场发展现状与产业结构优化调整过程的演化分析，包括：中国要素（土地、劳动、资本、技术与能源）市场的发展现状描述；中国不同要素扭曲的测度与分析；中国产业结构演化特征描述，中国产业结构优化升级的多维度描述等；国家重点产业政策的演进图谱描绘以及不同省市重点产业政策的横向比较等。

第5章是要素市场扭曲影响中国产业升级的存在性检验，包括：检验土地要素市场扭曲对产业结构优化升级是否存在影响；检验资本、劳动要素市场扭曲对产业结构优化升级是否存在影响；检验能源要素市场扭曲对产业结构优化升级是否存在影响等。

第6章是要素市场扭曲影响中国产业升级关系的途径检验，包括：要素市场扭曲通过产业（企业）效率损失影响产业升级的检验；要素市场扭曲通过资源误配影响产业结构优化升级的检验；要素市场扭曲通过市场分割影响产业结构优化升级的检验等。

第 7 章是产业政策导致的要素扭曲影响产业结构优化调整的检验，包括：中国地方政府的重点产业政策对地方产业生产率的影响；重点（支柱型、传统型以及新兴型）产业政策对产业生产率的影响程度等。

第 8 章是基本结论与对策建议。

1.3.2 研究目标

（1）本书尝试构建一个统一的分析框架将要素市场扭曲问题与产业结构优化升级问题串联起来分析，并深入揭示要素市场扭曲问题对产业升级的内在影响机理，也为正确理解我国产业结构优化升级问题提供一个新的解释视角，同时也为我国产业经济学的发展拓展到更为广阔的空间。

（2）基于不同方法测算我国要素市场的扭曲程度，并揭示其演化特征，进而运用前沿计量经济学分析方法，实证检验不同要素（土地、劳动、资本、技术、能源）市场的异质性扭曲程度对我国产业结构优化升级的影响效应进行检验，进而为通过要素市场化改革促进产业结构优化升级的相关政策建议提供相应的实证支撑。

1.4 研究方法

（1）文献查阅和调查研究法。

通过搜集国内外有关要素市场扭曲和产业结构关系的理论知识，特别关注两者关联性的文献资料，从中提取出与本书有关的数据、结论和事实。在比较和分析相关理论文献资料后，得出研究要素市场扭曲与产业结构优化升级关系的理论基础，特别是评价和衡量要素市场扭曲水平和产业结构优化升级的方法和指标。通过访谈、实地调研等手段咨询有关专业人士，得出较为全面的感性认识，保证研究结论符合经济现实。

（2）定性描述和定量分析法。

运用定性分析方法，述评要素市场扭曲与产业之间关系，剖析要素市场扭曲与产业结构的内在关联机理，并运用定量方法检验不同要素（土地、资本、劳动、技术、能源）市场扭曲对产业结构优化升级是否存在影响以及不同要素市场扭曲是否通过产业（企业）效率损失影响产业结构优化升级，是否通过要素价格扭曲影响产业结构优化升级，是否通过资源误配影响产业结构优化升级，是否通过制度扭曲影响产业结构优化升级，要素市场扭曲是否通过市场分割影响产业结构优化升级。

1.5
技术路线

本书的技术路线如图1-1所示。

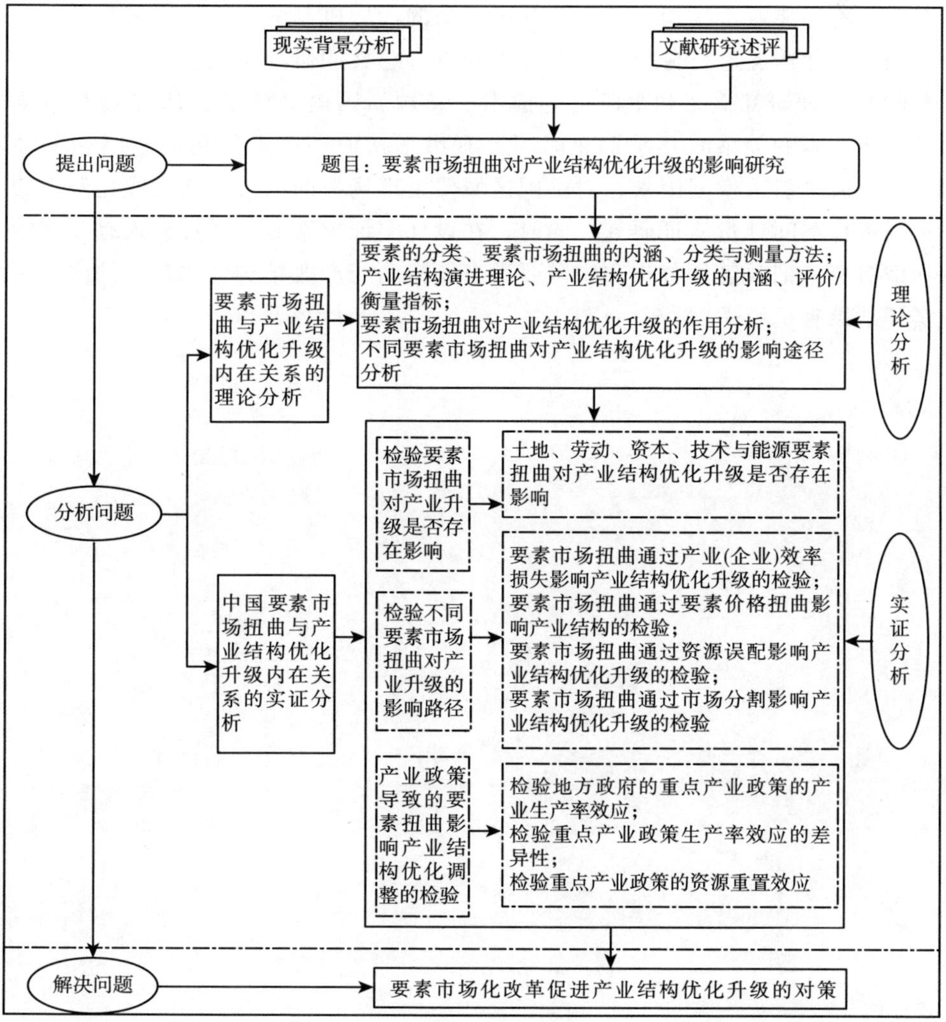

图1-1　技术路线

1.6 主要特色

（1）理论分析框架的包容性和严谨性更为逻辑一致。以往研究关于生产要素选择局限于资本和劳动两个要素，其他生产要素未纳入研究框架内。除资本和劳动外，土地、技术与能源要素市场等都可以视为生产要素，本书的研究在全面阐释上述不同要素市场扭曲与产业升级互动的传导机制的一般性原理基础上，结合中国的实际情况进行分析，可能会得到更有意义的研究结论。

（2）实证研究框架和手段更为前沿、新颖。国内外学者在研究要素市场扭曲与产业结构的关系时几乎都忽略了要素市场扭曲和产业结构的空间相关性影响。本书通过引入空间因素，对中国区域要素市场扭曲与产业结构优化升级的关联机制进行空间计量实证研究。同时，在设计实证方案时，通过引入有关控制变量和虚拟变量把政策性分析和中国要素市场扭曲与产业结构优化升级的内在关系和实证结果有机统一。

第2章

相关基础理论研究

2.1 要素市场扭曲的内涵、分类与衡量

2.1.1 扭曲的定义

传统的要素市场一般包括劳动力要素市场和资本要素市场，而近些年对于要素市场的研究已经把能源要素、土地要素和原材料要素引入进来。自亚当·斯密以来，西方自由主义经济学的主导分析范式是市场至上论，即认为市场这只“看不见的手”可以自发地通过价格信号调节各种市场的供给和需求，无论是产品市场还是要素市场，自动地实现帕累托最优状态。要素市场扭曲，在西方学术界看来，一般认为是一种市场机制“失灵”，因为这种扭曲带来了经济的负外部性、信息不对称、供给和需求结构失衡、社会保障的危机等影响。据此，要素市场价格扭曲实际上指的就是由于市场机制“失灵”导致了负外部性，进而导致各种经济要素无法在宏观经济中实现最有效率的自由配置，从而产生的一种产出低下、经济效率低下的经济现象。

国外学者还对要素市场价格扭曲划分为不同类别进行了研究：一种划分方式是将之划分为要素市场的绝对扭曲和要素市场的相对扭曲。前者指的是生产要素的价格对其边际产出的偏离，针对的是单个的生产要素；而后者则是比较不同生产要素的价格，不同要素的价格之比与其边际产出之比不相等时，就出现了相对扭曲，针对的是两种或多种要素（杨小杰，1991）。另一种划分方式是将其分为宏观上的经济不稳定、微观上的经济低效率、低产出和社会上的普遍不平等（Lau，L. J. and P. A. Yoto Poulos，1971）。

在扭曲理论中，认为不完善的市场机制会导致市场价格对于机会成本的偏离，从而使资源无法在经济运行中实现最优配置，引申到要素市场的价格扭曲中来，即可将要素价格扭曲定义为由于市场机制不完善而导致要素价格偏离边际生产力，使生产要素资源在国民经济中非最优配置的情况出现。既然要素价格扭曲与偏离最优配置有关，那么对于要素价格扭曲与偏离的研究，就有必要从无扭曲的配置情况着手分析。

在经济学研究中，社会生产的最优状态一般指的是帕累托最优状态，在这种状态下市场可以通过价格手段自动出清，资源得到最有效率的配置。要实现帕累托最优条件，对生产环节和商品交换环节是有一定要求的，不仅要求两个环节各自达到最优条件，而且两个环节要同时达到最优状态才可以达到一般均衡。单独探究与要素价格有关的生产环节，要使生产环节达到最优条件，首先应该确定要素市场满足于瓦尔拉斯均衡，即要素市场有完善的价格机制，要求要素供求双方没有一方能单独地决定要素价格、要素可以自由流动、生产部门都遵守利润最大化原则，并且信息对称，这时要素价格由供求双方的力量决定，均衡价格形成时不存在超额供给与超额需求。回到生产环节的帕累托最优条件，这里的最优条件要求每个厂商或者生产部门的要素边际替代效率相等，这就要求各部门的要素价格要真实反映要素的边际产出。如果要素市场受到外部因素冲击的影响，从而导致要素的价格偏离了要素边际产出，或者说导致要素市场的价格机制出现问题，那么受其影响，要素供求双方的决策也会发生相应改变，市场上的瓦尔纳斯均衡状态被打破，要素配置受价格信号的影响偏离最优配置状态，整个经济体系就会偏离帕累托最优状态。据此可知，要素市场合理的价格机制是实现生产环节帕累托最优的重要前提，一旦要素的价格发生扭曲，整个经济体偏离帕累托最优状态将会使资源配置效率大大下降。

2.1.2 扭曲的成因

西方学术界对要素市场价格扭曲、要素市场不健全等的研究最早可以追溯到20世纪40年代初期，但形成理论体系则缘于第二次世界大战后国际贸易的快速发展，其中以萨缪尔森等人的研究最为著名。萨缪尔森等（1970）认为，即使市场是最富有效率的，它也难免会带来让人们难以接受的结果，如收入和财富的不平等，而且还会造成商业周期（高通货膨胀和失业）和低经济增长（约翰·伊特韦尔等，1992）等。综合国内外学者对于要素市场扭曲成因的研究，主要可以分为以下几个典型的观点：

（1）要素市场发育不完全导致了要素市场的扭曲。

要素市场发育不完全主要包括要素价格扭曲、严重的信息不对称两种情形：

①要素价格扭曲这种要素市场的发育不完全，表现为要素市场的形成存在一定的地域性、时间性分割机制，这种分割机制导致市场各种要素不能自由流动。以劳动力的自由流动为例，由于各国签证政策、工会力量和地方保护主义的存在，现实中的劳动力要素往往是不能自由流动的。这种现实存在的分割机制实际上宣告了古典经济学关于完全竞争市场的假设是不成立的，因此也就无法实现经济资源的有效配置。洪建国、杨钢桥（2012）考察了生产要素市场发育对农户生产行为决策的影响，发现农村土地市场化程度低、劳动力市场不活跃等会对农户的生产行为产生影响。

②要素市场中存在着严重的信息不对称。信息经济学将信息要素带入主流经济学的研究范畴中。信息不对称理论理论认为，现代社会进化、经济效率提高的一个重要来源是专业分化的发展，这种专业分工趋势的加深伴随着市场要素交易者知识的有限性、信息获取交易成本的存在（高鸿业，2000），使要素价格无法在一个具有完全、完美信息的充分的竞争环境中进行交易，从而导致了要素价格的扭曲，最终形成了要素市场的扭曲。

（2）要素市场垄断导致了要素市场的扭曲。

新古典主义经济学对帕累托最优的假定是以均衡的市场竞争为前提的，但是在西方资本主义市场经济由自由放任的发展阶段进入垄断资本发展阶段后，在各个要素生产领域都出现了垄断这种经济形态，这种垄断打破了市场这只“看不见的手”对于价格信号自由表达的机制，形成了要素市场的扭曲。弗里德曼（1962）曾对劳动力要素市场的扭曲进行过深入的研究，指出由于工会这种垄断组织的存在及其在劳动力市场价格中的强势谈判地位，往往会带来劳动力价格偏离正常市场价格的问题，造成了经济效率的降低。

（3）政府干预导致了要素市场的扭曲。

政府对市场的干预往往会造成价格偏离其正常的市场价格，中国的要素市场上政府的干预更为常见。这种扭曲的价格信号无法反映资源的稀缺程度，无法引导资源配置到效率更高的行业和企业，导致经济效率的低下。赵自芳（2007）以我国国有企业的经营为例，认为传统上政府对国有企业进行的过度的财政补贴、过度的贷款优惠政策实际上就是一种要素价格扭曲的表现，这些过多的政府干预其实是不必要的、越位的行为，无法体现金融资源的稀缺性，会阻碍其效率的发挥。

2.2 要素扭曲的测度方法与比较

2.2.1 要素市场扭曲的理论分析

要素扭曲现象一直存在于现实经济社会中，在经济学中，扭曲被定义为经济活动对帕累托最优状态的偏离。在20世纪50年代，扭曲理论初步发展，但是学者们对于要素价格扭曲的研究开始于第二次世界大战后。

巴格瓦蒂（1971）认为扭曲是要素没有达到最优状态，当一个经济体达到帕累托最优的状态时，应该满足下面条件：一是国内生产边际转换率与国内消费边际替代率和国外边际转换率三者应该相等；二是A产品的劳动与资本的边际替代率应该等于B产品的劳动与资本的边际替代率。如若两条件不满足则要素市场发生了扭曲。Chacholiades（1978）在其基础上将要素扭曲定义为：要素在国民经济中的非最优配置，其表现就是要素价格与要素机会成本的背离（Chacholiadcs，1978）。要素市场扭曲意味着生产点并不是生产可能性曲线上有效的点，生产的转换曲线凸向原点（Johnson，1966）。在这些研究的基础上，国内外学者围绕要素市场不同类型的扭曲对经济变量的影响展开了颇有建树的研究。

本书认为，要素市场扭曲不应仅仅局限于要素价格，要素市场收到企业需求以外，还受要素偏好、政府管制、区域要素天然禀赋等诸多非经济因素的影响。要素在市场中无法实现资源的最优配置，既包括要素供给层面无法实现要素的有效流动，又包括要素在供给交易时无法实现价值与价格的一致性，还包括企业对要素的使用过程中，无法使要素的真实产出效率得到有效释放。因此，本书认为对要素市场扭曲的分析应当从要素供给扭曲、要素价格扭曲和要素配扭曲三个方面来进行研究：

首先，从要素供给的角度看，经济系统外要素天然的禀赋扭曲状态，是一国天然的要素禀赋劣根性。这种天然扭曲与一国长期以来的要素存量和增量有关，表现出来的就是要素多寡、要素的空间集聚结构、要素本省的价值蕴含量。以中国为例，长期以来，中国的劳动力要素相对丰富、资金要素的积累率也越来越高，但这并不是要素供给结构良好的全部表现。在劳动力方面，我们出现了全国范围的劳动大军迁徙；资金方面我们存在投机市场庞大、产业资金短缺等特点，这些特点是由中国国情决定的，但却是企业要素配置不可忽略的因素。这种因历史条件、政府管制等非经济因素所造成的要素流动性障碍和市场分割，使要素成本与要素真实产出价值不匹配的现象，我们称其为要素供给扭曲（王静娴，2014）。

其次，从要素价格的角度看，经济学认为要素是市场中通过市场力量自发形成的均衡价格是不存在扭曲的，即要素价格等于边际要素产出。但是由于现实经济系统中存在的不完全竞争性等因素，要素价格与要素的边际产出不相等现象经常出现，则发生了要素的价格扭曲。我们通常用要素的边际产出与要素实际价格的比值来衡量要素价格扭曲程度。当两者比值大于1时，即要素的实际价格被低估；当两者的比值小于1时，则代表要素的实际价格被高估。产生这种现象的原因主要是行业类垄断存在、信息不对称、政府管制、市场分割等。

最后，从要素的配置效率来看，微观层次的资源配置效率，即资源使用效率，一般指生产单位的生产效率，通过生产单位内部生产管理和提高生产技术实现。现代经济学认为，市场是资源配置的最重要方式，而资本市场在资本等资源的配置中起着极为关键的作用。在此过程中，资金首先通过资本市场流向企业和行业，然后带动人力资源等要素流向企业，进而促进企业和行业的发展。要素使用效率不同，这就意味着要素市场的扭曲。要素配置效率扭曲是要素与要素之间的结合有效性的表现。相同的要素在不同生产部门表现出不同的结合有效性，即要素配置效率不同。

2.2.2 要素市场扭曲的测度——以劳动和资本要素为例

自改革开放以来，中国致力于市场化改革，经过长期努力，产品市场的市场化进程已经基本完成。而要素市场的发展虽然也逐步推进，但是发展较为缓慢。要素是我国企业投入的基础，要素的扭曲无论是对其自身价格的偏离还是相对价格的偏离，都会影响到资源配置的效率，在完全竞争条件下，由于不同的产业有着其不同的要素结构，从而影响到企业的投入决策以及产业结构的调整升级，这样势必会影响国民经济的健康发展。本书分别从要素供给，要素价格、要素配置效率三个方面入手，借鉴王静娴（2014）要素扭曲的测度方法展开研究。

（1）要素供给扭曲的测度。

要素供给扭曲可以理解为要素供求之间的不匹配所导致的。其主要的特点即流动性障碍和市场分割。因此，要素供给扭曲可以表述为要素市场供求对价格价值的背离。从新古典经济学理论来看，要素价格的上升势必会导致供给的增加。但是在这个规律之下，由于其他的外部因素的影响，要素供给与价格机制产生背离。

假设要素供给时要素价格的函数：

$$S_i(L_i, K_i) = f(w_i, r_i) \tag{2-1}$$

当不考虑要素供给总量的约束时，有：

$$\begin{aligned} &\frac{\partial S_i(L_i, K_i)}{\partial w_i} > 0, \ \lim_{w \to +\infty} \frac{\partial S_i(L_i, K_i)}{\partial w_i} = +\infty \\ &\frac{\partial S_i(L_i, K_i)}{\partial w_i} < 0, \ \lim_{r \to +\infty} \frac{\partial S_i(L_i, K_i)}{\partial r_i} = +\infty \end{aligned} \tag{2-2}$$

即，要素富有弹性：

$$\frac{\Delta S_i(L_i, K_i)/S_i(L_i, K_i)}{\Delta w_i/w_i} > 1, \ \frac{\Delta S_i(L_i, K_i)/S_i(L_i, K_i)}{\Delta r_i/r_i} > 1 \tag{2-3}$$

但是，在现实中，不同的行业结构和空间结构有其异质性，即会出现不一致的要素供给弹性：

$$\begin{aligned} &\frac{\Delta S_i(L_i, K_i)/S_i(L_i, K_i)}{\Delta w_i/w_i} < 1 < \frac{\Delta S_j(L_j, K_j)/S_j(L_j, K_j)}{\Delta w_j/w_j} \\ &\frac{\Delta S_i(L_i, K_i)/S_i(L_i, K_i)}{\Delta r_i/r_i} < 1 < \frac{\Delta S_j(L_j, K_j)/S_j(L_j, K_j)}{\Delta r_j/r_j} \end{aligned} \tag{2-4}$$

这种要素供给弹性的不一致就是要素供给扭曲，这种扭曲程度可以通过要素供给弹性的序列方差得以体现：

$$\varepsilon_L = \phi(S_L) = \sqrt{\frac{\sum (S_{Li} - \bar{S}_{Li})^2}{n}}, \ \varepsilon_k = \phi(S_k) = \sqrt{\frac{\sum (S_{ki} - \bar{S}_{ki})^2}{n}} \tag{2-5}$$

其中，S_L 为劳动力供给弹性，S_k 为资本供给弹性。

$$S_L = \frac{\Delta S_i(L_i, K_i)/S(L_i, K_i)}{\Delta w_i/w_i}, \ S_K = \frac{\Delta S_i(L_i, K_i)/S(L_i, K_i)}{\Delta r_i/r_i} \tag{2-6}$$

（2）要素价格扭曲的测度。

在完全竞争市场中，当不存在价格扭曲时，价格等于机会成本。但是在“市场失灵”时，要素市场存在不同程度的垄断和政府干预，从而导致要素价格偏离其机会成本，此现象被称为要素价格扭曲。王宁和史晋川（2015）认为价格扭曲分为相对扭曲和绝对扭曲。目前要素市场价格扭曲测度的常用方法主要有三种：生产函数、前沿技术分析法和影子价格法。

生产函数法是测量要素价格扭曲水平最为常见的方法。常见的生产函数为 C－D 生产函数和超越对数生产函数法。Hopper（1965）、Sahota（1968）采用 C－D 生产函数测量了印度农业中要素扭曲状况，写出生产函数：

$$LnY = LnA + \alpha LnY + \beta LnK + \mu \qquad (2-7)$$

通过回归得出其系数值，从而估算边际产出 MP_L，MP_K，则要素的边际实际价格和边际产出的关系如下：$MP_L = K_L w_L$，$MP_K = K_K w_K$，然后测其要素价格扭曲指标。当 k_L，k_k 等于 1 时，则不存在扭曲，否则存在扭曲。

影子价格法是根据完全竞争市场价格会逐渐趋向均衡为基础，利用实际价格和影子价格的偏离程度来衡量要素价格的扭曲程度。影子价格法可以计算出不同要素各自的扭曲程度，但是影子价格法的后果会因为函数形式的不同而不同。Atkinson 等（1984）据此建立一种测量价格扭曲的方法：令 $P_i^s = K_i P_i$，其中 P_i^s 表示 i 的影子价格，P_i 为实际价格，则要素 i 和 j 的影子价格之比为：

$$P_i^s / P_j^s = (K_i / K_j)(P_i / P_j) \qquad (2-8)$$

当 $K_i/K_j = 1$ 时，不存在价格相对扭曲，反之，则存在价格扭曲。

前沿技术分析法是利用实际生产点与最优生产点之间的距离作为测算扭曲程度的指标，主要包括随机前沿分析法（stochastic frontier approach，SFA）和数据包络法（data envelopment analysis，DEA）。但其缺点在于只能测算出整体的扭曲程度，无法计算出各个要素单独的扭曲程度。主要步骤如下：首先，计算出各要素的生产可能性边界线（production possibility frontier，PPF），其次，计算出最佳配置与实际情况的差值，即要素价格的扭曲值。Skoorka（2000）通过随机前沿法，计算最优要素生产可能性曲线与实际生产可能性前沿之间的偏离，从效果的角度来衡量要素市场扭曲程度；赵自芳和史晋川（2006）运用 DEA 方法，以我国 1999～2005 年分地区的工业企业数据为支持检验了价格扭曲对生产效率的影响。

（3）要素配置效率扭曲的测度。

要素配置效率扭曲被定义为要素潜在产出能力之外的企业要素配置能力引致的要素结合效率的不同而导致的要素边际产品价值与其价格背离的现象。企业生产的目的就是最大限度地调动产出积极性，让不同要素之间有机结合，释放企业产出效能。但在现实生活中，要素的潜在产能是有限的，几乎不存在能让要素潜在产能得到全部释放的企业。因此，要素配置效率扭曲是伴随企业发展长期存在的现实。

要测量或评价企业要素配置效率是非常困难的，原因在于一些民营企业和个体企业长期游离于政府监管之外，成为一种“隐形”经济，其内在的要素配置方式等因素错综复杂，千差万别。基于要素的企业生产函数的不可得，导致要素配置效率难以核算。

任何生产过程都可以看成一个单位体通过投入一定生产要素并产出一定量的产品的活动。虽然这种活动的方式和内容不一样，但最终的目的都是一样的，即取得效用最大化。Charnes，Cooper 和 Rhodes 于 1978 年提出数据包络分析（DEA）。DEA 法最大的优点就是不需要考虑投入和产出的生产函数形态，能够很好地以多输入、多产出系统相对效率评价问题。

2.2.3 扭曲测度方法的比较

近年来国内外学者对于要素市场扭曲的研究兴趣日益高涨。例如，Seddon 和 Alvarez（2011）、柏培文（2012）等人针对劳动力市场的扭曲展开了研究；Yanbing（2012）、张佩（2014）和姚毓春（2014）等人针对资本市场的要素扭曲展开对资本配置效率的研究；Hsieh 和 Klenow（2009）、史晋川（2007）、冼国明（2012）针对整个要素市场展开了价格扭曲导致经济生产变动的研究。在这些研究中，涉及实证研究的文献中，对要素扭曲的测度基本都涉及对经济效率的检验，因此要素扭曲的测度方法会大大影响研究结果，对于测度方法的选择尤为重要。通过对文献的梳理，将要素价格扭曲的方法概括起来主要有以下几种：生产函数法、成本函数法、利润函数法与生产前沿法。

对要素价格扭曲测度最常用的是生产函数法，即从实物产出形态讨论厂商生产行为。最基础的生产函数法假设只投入资本和劳动两种生产要素，生产函数为柯布—道格拉斯形式。通过取对数和简单回归，可以得出两种要素的边际产出，并用实际价格偏离边际产出的程度来表示其扭曲程度。徐长生和刘望辉（2008）、Duarte 和 Restuccia（2010）、尚晓晔（2016）都采用了这种方法测度要素价格扭曲程度，略有不同的是 Duarte 和 Restuccia（2016）的研究是关于单个部门的生产要素的扭曲问题，徐长生和刘望辉（2008）使用边际产出与价格之差表示扭曲程度，尚晓晔（2016）用这一方法测度的中国省级层面上的要素价格扭曲情况。在生产函数的基础上，放宽要素影响因子和常数为 1 的假设，就定义了 CES 生产函数，而当生产函数中要素的替代弹性不固定时，则生产函数又可以演化为超越对数函数的形式，这种模型更具有一般性，因为现实中劳动力与资本的规模可能会随着时间变化而变化，并不能一直维持一定的替代弹性。王宁（2015）采用变弹性的函数方法测度出中国经济中要素扭曲程度，郝枫（2010）、史晋川（2007）和唐杰英（2015）也通过构建超越对数的生产函数模型，对要素价格扭曲进行了测度。

与生产函数法相对应的有成本函数法，当产出水平已经外生决定时，使用成本函数更具有优势。其基本思路就是构建影子成本函数，在外部条件的约束下，要素的影子价格可以写成影子成本的函数，再比较影子价格和要素实际价格得出要素价格的扭曲程度。陶小马（2009）针对中国工业行业中能源要素的价格扭曲进行分析，不仅有绝对扭曲的测度还有相对扭曲程度的比较，韩国高和高铁梅（2011）采用成本函数法，测算了中国制造业要素市场扭曲程度，并且判断出中国制造业内存在产能过剩的情况。

利润函数法测度要素价格扭曲程度的方法类似于成本函数法，都是利用构建影子函数与影子价格的方法，再去比较现实和影子价格，不同点是利润函数法的约束条件是利润最大化而不是成本约束。Atkinson（1998）利用利润函数法与成本函数法对美国航空业的资本、劳动和能源要素的扭曲程度进行测度，Hsieh 和 Klenow（2009）在采用生产函数的形式上利用利润函数法测算出中国和印度的劳动与资本要素的价格扭曲程度。简泽（2011）也用利润函数法测算中国企业生产要素扭曲对资源配置的影响。陈永伟（2013）在 Hsieh 和 Klenow（2009）的研究基础上，结合了索罗的经济增长理论和赛尔昆分解，采用利润函数法测度了中国制造业的要素价格扭曲情况。

生产前沿法也是基于生产函数的形式，构造一个生产的最优的要素投入组合边界，然后判断实际生产要素组合点偏离要素前沿边界的情况来判断市场价格扭曲的情况。其中可划分为参数法和非参数法：参数化随机前沿分析（SFA）考虑了随机因素在回归分析的基础上构建前沿面，非参数化数据包络分析（DEA）无视随机因素基于线性规划建立前沿面。姚战琪（2011）采用 DEA 的方法对中国制造业的要素扭曲情况进行测度，发现制造业要素配置拉低了生产率。林伯强（2013）等人都用 SFA 法测度了要素市场价格的扭曲，杨振兵（2015）更是用超越对数法和生产前沿法两种方法测度了要素市场的扭曲，并对比了其中的异同。生产前沿法更偏向于测度要素的市场扭曲程度与要素配置扭曲，以此来说明要素价格扭曲的问题。

2.3 产业结构升级的内涵与评价

2.3.1 产业结构相关概念

2.3.1.1 产业结构的含义

产业结构是指各产业在其经济活动过程中形成的技术经济联系以及由此表现

出来的一些比例关系。各个产业之间和产业内部在经济活动过程中有着广泛的、复杂的和密切的技术经济联系。如一般各产业都需要其他产业为自己提供产出，作为其生产要素的供给；与此同时，各产业的产出也必须由其他产业进行消费，再生产过程才能继续下去。因此，这种由各产业在再生产过程中形成的技术经济联系，是经济发展的一种内在规律。而由此表现出来的一些比例关系，则是这种内在规律的表象和反应。

2.3.1.2 产业结构的系统性特征

（1）产业结构的系统性。

一国的经济活动，构成了一个社会经济系统，而产业结构，则是这个社会经济系统的一个重要的子系统。作为一个系统，其组成的要素之间必定存在某种相互依赖和相互作用的关系。在产业结构这一系统中，这种相互依赖和相互作用的关系体现在结构内产业间的技术经济联系上。依据这种联系，各产业就组成了一个其整体的功能要大于各产业功能简单之和的结构系统。

（2）产业结构的层次性。

层次性是系统的又一个主要特征，在一个系统内，层次较低的子系统的运转应当始终围绕母系统的目标进行。子系统超越这一轨道的越级行为，将有碍于母系统目标的达成，甚至导致母系统的解体。在产业结构这一系统中，层次性的特征要求各产业的发展应当在一国经济发展的总目标下，不断追求整个产业结构的合理化和高级化。那种不顾总体目标而追求某一产业“一枝独秀”的发展方式，将给一国的产业结构带来严重的失衡，最终造成延缓经济发展的后果。

（3）产业结构的有序性。

系统的有序性，是指系统内各要素的关联能够束缚子系统的运行，使系统在总体上呈现出一定的规律性。在产业结构这一系统中，有序性表现为结构内各产业的发展及整个结构的演进应遵循一定的经济发展规律。如各产业的发展过程，就要经历孕育起步、高速增长、成熟以及衰退等阶段，有着一定的产业发展周期，而整个产业结构的演进，就是在经济发展的不同阶段，依次有相应的产业作为主导产业，影响和带动着其他产业的发展，从而使整个产业结构的演进反映出一定的发展规律。

2.3.2 产业结构升级的内涵

产业结构是国民经发展的重要因素，表示着一国或一地区三次产业之间的构成比例和相互的联系，产业结构升级就是经济增长方式的转变与经济发展模式的转轨。产业结构升级是产业升级从量变到质变的结果。国内外许多学者将产业结构升级划分为产业结构的合理化和高级化。

基于经济学理论的基础，哈佛大学教授 Porter（1990）在关于产业升级的微观层面的研究中做出了重要贡献，他认为资本与技术密集型企业的发展提高了企业的核心竞争力，率先把价值链引入经济研究的范围，分析了企业价值链活动的诸多环节。当全球价值链的概念被提出后不久，美国杜克大学教授 Garry Gereffi（1999）提出产业结构升级表现为企业由生产加工简单产品逐渐生产并出口复杂商品，随后转向资本密集型和技术密集型的经济领域，进而提高自身国家竞争力。

2.3.3 产业结构演进理论

有关产业结构理念的讨论，最早开始于20世纪四五十年代，一些文献将产业结构演进定义为产业结构由低级向高级转变的过程，这种定义较为笼统，不能准确把握产业结构演进的内涵。本书认为，产业结构演进是指在经济发展过程中产业结构逐渐高度化及其带来的产业数量比例关系相应变化的一个动态过程。产业结构演进具体表现为：一是一个分阶段、有时序的动态过程；二是产业结构逐步走向合理化和高级化发展的过程；三是主导产业的演替过程。

社会生产的产业结构或部门结构是在一般分工和特殊分工的基础上产生和发展的。研究产业结构，主要是研究生产资料和生活资料两大部类之间的关系。从部门来看，主要是研究农业、轻工业、重工业、建筑业、商业和服务业等部门之间的关系，以及各产业部门的内部关系。古典经济学家和现代经济学家相继对产业结构及其演进规律做了海量且细致的研究。这使人们能够清楚地了解各国产业结构演变的普通的规律。

（1）配第—克拉克定理。

威廉·配第在1690年出版的《政治算术》中，对比分析英、法、荷等发达国家的经济结构及其成因，结合费希尔的三次产业分类法，得出不同产业的效益。克拉克（1940）在配第的研究基础上对40个国家和地区各个时期三次产业的劳动投入进行了研究，进而得出随着经济发展，劳动力的转移呈现“一、二、三”的趋势。

（2）马克思的产业按比例协调发展规律。

马克思认为，按照价值形态划分，社会总产品由不变资本 c、可变资本 v 和剩余价值 m 组成。按实物形态划分，社会总产品可分为消费资料和生产资料，同时社会生产相应地分为两大部类：第一部类是生产资料的生产，第二部类是消费资料的生产。社会总生产必须通过交换而得以实现。国民经济各产业部门都要保持一定的比例关系，是马克思社会资本再生产理论揭示的社会化大生产的客观规律。

（3）列宁的生产资料生产优先增长规律。

列宁认为，在资本主义扩大再生产过程中，如果技术水平没发生变化，资本的有机构成保持不变，那么，追加的全部资本仍按原有不变资本和可变资本的比例作为追加的不变资本和可变资本，因此两者对追加的生产资料和消费资料的需求也都按同一比例增长。在这种纯属外延扩大再生产的条件下，两大部门平衡增长。然而，资本主义生产的扩大总是伴随着技术的进步，即每一劳动者使用和推动的生产资料的数量不断增加！因而资本的有机构成是在逐步提高的。而在资本有机构成逐步提高条件下的扩大再生产中，原有的预付资本和剩余价值中转化为追加的资本，却将用越来越大的部分去购买不变资本的要素，而以较小的部分去购买劳动力，即不变资本的增长必然快于可变资本的增长，进而导致社会对生产资料的需求必然比劳动者对消费资料的有支付能力的需求增长得快。如此，在其他条件不变的情况下，生产资料生产的增长就会比消费资料生产的增长更为迅速。

（4）库兹涅茨法则。

20 世纪 50 年代，库茨涅兹在整理几十个国家经济发展和人均收入的数据后，描述出经济发展和产业升级过程中的规律：伴随着经济的发展，农业部门对经济的贡献率与劳动力的比重呈现出下降的规律；工业部门呈现出先上升后下降的趋势。库兹涅茨主要集成配第—克拉克的基本理论并验证的过程中提出部门结构变动理论。

（5）霍夫曼工业化阶段理论。

霍夫曼认为，随着工业化的推进，消费品部门和资本品部门的净产值之比是逐年下降的。他认为，衡量经济发展的指标不是产值的绝对水平，不是人均产值，也不是资本存量的增长，而在制造业部门中，若干产业的经济增长率之间的关系，即衡量标准是消费品部门与资本品部门之间净产值比例。

2.3.4　产业结构演进综合评价指标体系

（1）评价原则。

产业结构演进是一个复杂的系统，需要建立一套科学合理的评价指标，以此来反映产业结构的具体内容和影响因素。因此，构建产业机构演进评价指标需要遵循以下几条原则：

①科学性。综合评价指标体系的合理性要求其必须建立在科学的理论基础之上，并能够准确反映评价对象的内涵、度量评价对象的各个方面。

②可比性。评价指标应该能够体现各个省份产业结构演技的共性特征；指标通过量纲化处理后，便于从时间维度上对分析结果进行纵向对比和不同省份上的横向对比。

③可操作性。评价指标不仅要最大限度地反映评价对象的内涵，而且要便于收集数据对评价对象进行测度，因此，在选择指标的过程中应考虑各指标的数据是否可以搜集整理到，并且在整个评价时间范围内的指标数据是否连续可得。

④ 层次性。产业结构演进是一个相对复杂的系统，其指标体系要能反映其外在表现和内在联系。因此，指标体系应该根据系统的内部结构划分出层次，由小到大，由表及里。

⑤独立性。各评价指标之间的相关性不应太强，无论是基于指标的全面性考虑还是基于模型处理时多重共线性的考虑，指标相关性太强反而让测度过程更困难，结果更偏离实际，因此各指标之间应保持合理的独立性。

（2）产业结构优化升级的评价指标。

产业结构优化是指通过产业调整，使各产业能够协调发展，并在满足社会不断增长的需求的过程中实现合理化和高级化。前者主要依据产业关联技术经济的客观比例关系，来调整不协调的产业结构，促进国民经济各产业间协调发展；后者主要遵循产业结构演化规律通过创新加速产业结构的高度化演进。产业结构优化过程就是通过政府的有关产业政策调整影响产业结构变化的供给结构和需求结构，实现资源优化配置与再配置，来推进产业结构的合理化和高度化发展（苏东水，2016）。

产业结构优化的最终目的是实现国民经济的持续快速增长。产业机构优化的机理就是通过四步过程实现国民经济快速增长：即调整影响产业结构的决定因素，调整产业机构的决定因素就是要调整供给结构和需求结构，也就是要调整投入和产出结构，其中包括调整国际贸易结构和国家投资结构，从而改变产业结构；产业结构得到优化，既是产业结构调整的目的，也是产业结构调整的结果；产业结构效应发挥作用，是指产业结构的变化对经济增长的影响程度，产业结构的优化必然对经济增长产生积极的作用；国民经济得到持续快速的发展。

测度产业结构升级的方法主要有两大类：第一类是以某一基本模式或发达国

家发展为依据，对本国产业结构高度进行测度，代表方法有标准结构法、相似判别法和距离判别法等。这类方法使用的前提是后发国家按照发达国家的演进模式发展，但是不同国家或地区之间的经济条件、地理环境、自然资源等都存在很大差异。因此，使用该方法只能对产业结构升级做一个大致的判断。第二类是从时间序列的角度，与本国自身相比，实现对本国产业结构高度的衡量，主要的测度指标有结构年均变动值、Moore 结构值和产业结构超前系数。其中，结构年均变动值和 Moore 结构值能够衡量产业结构变化的剧烈程度；产业结构超前系数更能体现产业结构的变化方向。

测度产业结构优化的方法是通过一些判断标准来考察，最常用的是国际基准、需求结构基准、产业间比例平衡基准。事实上，这三个准则也都有不同程度的缺陷。国际基准没有考虑国家之间不同的经济条件和经济环境；需求结构基准在需求状态正常的情况下，才能对合理性进行判断；产业间比例平衡基准忽略了经济非均衡增长对产业间比例的积极影响。

2.4 产业政策的评价方法及其比较

2.4.1 产业政策的含义

产业政策是介于政府宏观经济政策和家庭或企业微观经济决策之间的一种中观经济政策。其政策目标主要是优化产业结构和产业组织，并以此为基础促进整个产业的发展。产业政策目标与宏观经济政策目标既有联系又有区别。宏观经济政策中诸如经济发展、经济稳定、充分就业、抑制通货膨胀等政策目标与产业政策体系中的结构目标、组织目标、技术目标、市场目标等密切联系，相互作用或者影响。例如，当产业布局政策以平衡和优化生产要素在区域间分布为政策目标时，它就可以被理解为实现经济稳定乃至社会稳定政策目标的组成部分。这是产业政策目标与宏观经济政策目标的一致性和联系所在。但是，产业政策目标又不完全等同于经济政策目标：

首先，产业政策和宏观经济政策都是一个政策体系，两者的政策目标都是在各自的政策体系中加以制定和实施的。如产业政策体系中的产业结构政策目标、产业组织政策目标等，宏观经济政策体系中的经济增长目标、经济公平目标等。其次，产业政策和宏观经济政策虽然都属于经济政策，但前者的政策目标以中观目标实现来促进宏观目标的实现，而后者的政策目标则以宏观目标的实现来影响中观目标的实现。最后，产业政策和宏观经济政策都是一种调控政策，但前者的政策目标以供给调控来实现，后者则主要以总需求调控来实现（章奇，1996）。

产业政策的构成要素通常包括政策对象、政策目标、政策手段与措施、政策实施机构，以及政策的决策程序与决策方式。

2.4.2 产业政策评估的分类与意义

产业政策评估是指在全面掌握信息的前提下，依据特定的标准，对某项产业政策实施的影响、效果进行度量、分析和评价。

产业政策评估的分类从时间维度看，可分为事前评估、事中评估和事后评估。事前评估旨在正确制定出新的产业政策；事中评估旨在及时纠正政策偏误、合理调整政策目标与措施，从而改善政策效果；事后评估以总结现有产业政策的经验教训为主要目的。

产业政策评估意义主要体现在以下三个方面：

第一，产业政策评估是客观、公正的评价产业政策效果的基本途径。产业政策评估通常是以资深专家和中立研究机构为主体，由决策者、实施者和政策对象共同参与完成的。由于产业政策评估是在全面、系统地收集与某项产业政策有关的各种信息的基础上，从多个角度对产业政策的实际（或者可能）效果进行公正的分析和评价，所以它能够消除信息不足和立场分歧的影响，从而避免单一评估主体可能存在的主观性和片面性。

第二，产业政策评估是及时纠正产业政策偏差、合理调整产业政策目标和手段的前提条件。产业政策评估作为对产业政策实施当中的可靠信息反馈，显然有助于决策者全面了解和及时纠正某项产业政策在实施过程中所出现的偏差，并合理调整产业政策的目标和手段，以便实现政策收益的最大化。如果没有这一信息反馈环节，就难以及时发现政策偏差和减少政策失误的损失。

第三，产业政策评估是产业政策走向决策民主化和科学化的必由之路。在民主与科学意识淡薄的制度下是没有政策评估的存在空间的。重视产业政策评估是遵循民主与科学精神的标志。产业政策决策的民主化和科学化必然要求建立完善的产业政策评估制度。总之，产业政策评估是实现决策民主化和科学化的必由之路。它有助于优化决策程序、保障决策质量，有助于提高行政效率和维护政府威信。

2.4.3 产业政策效果评估体系

产业政策评估体系是由评估者、评估对象、评估方法和评估结论等要素共同构成的。它涉及由谁评估（who）、如何评估（how），以及评估结论（what）。完整的产业政策评估体系，需要具备中立的评估主体、科学的评估工具、完备的信息收集渠道和可靠的评估结论等基本要素。

我国充当产业政策评估主体的主要是政府主管部门的研究机构和政府授权的专题调研班子，县以上的各级人大、政协、党委和政府所设立的政策研究机构，也承担着各项社会经济政策法规的调查研究和立案工作。我国虽然也成立了全国性的企业联合会，但总体上讲，产业界对产业政策决策的参与程度依然较低。

应当指出，产业政策评估是一项十分复杂的工作，实际的评估过程会遇到各种各样的困难。例如，定性评估难免发生结论的分歧，表现为不同利益主体对同一产业政策的效果褒贬不一，而定量评估则会遇到许多客观效果无法合理量化，或者无法准确测量的难题。尽管如此我们仍然应当尽早建立一整套适应时代要求的产业政策评估机制和体系。

2.4.4 产业政策评估的原则和标准

产业政策评估的原则和标准主要有以下四点：

第一，保证大多数人的福利最大化原则。

长期以来，公平与效率的关系问题一直是福利经济学的核心问题。大量产业政策的实践证明，在公平与效率关系中，“效率”通常是矛盾的主要方面。只有不断提高“效率”，才能为实现“公平”奠定可靠的物质基础。以公平为由限制追求效率的政策，往往会导致低效现象的蔓延，并最终使“公平”总是与低效、贫困为伍。而成功的产业政策则通常是遵循“效率优先，兼顾公平”的原则，并以增进最大多数人的福利为宗旨。

另外，由于“公平”原则强调机会的均等，因而符合公众利益。在产业组织政策实践中，过分容忍垄断和排斥自由竞争都是违背“公平”原则的，其结果极可能是失去竞争动力，致使产业整体效率下降，进而危及公众福利。

根据福利经济学的观点，产业政策作为公共意志的产物，应当努力追求最大多数人的最大福利，是否符合最大多数人的最大福利，应当作为产业政策成败优劣的重要尺度。有助于实现最大多数人的最大福利的产业政策就是成功的政策；相反，背离最大多数人的最大福利原则的产业政策肯定是失败的政策。

第二，综合效益标准。

一项产业政策的实施结果，既有经济效益，也有社会效益、政治效益和生态效益；既有直接效益，也有间接效益；既有正效益，也有负效益；既有短期效益，也有长期效益。因此，在进行产业政策评估时，要全盘考虑各种效益因素，避免评估的片面性和失误。

综合效益标准是具有普遍意义的政策评估框架，其方法是通过对实施某一政策所涉及的各种"成本"和"收益"进行全面的综合性比较分析，最后以政策总成本和总收益的比率，来判断该产业政策效果的优劣。

综合效益标准要求我们以最小的投入获得最大的综合收益，或者等量的投入获得最大的综合收益。忽视环境和资源的代价，片面追求产值增长的传统观念是不符合"综合效益标准"的。发展中国家应当努力避免那种为片面追求产值而不惜发展高耗能、高污染、低技术含量小型企业的产业政策，因为它在生态环境效益和综合效应维度上是负值。

第三，生产力标准。

生产力是社会发展的根本动力，是人类福利增长和生活质量提高的物质基础。在产业政策评估中，生产力标准是具有普遍意义的又一重要尺度。因为无论各国的政治经济体制如何不同，也无论各国历史文化差异多大，生产力水平高低都可以成为统一的衡量标准。各国的产业政策虽然多种多样，但它们的共同目标都与"提高生产力水平"密切相关。是否有利于生产力水平的提高，理所当然可以充当衡量产业政策优劣与成败的标准。

当然，对生产力标准我们应有全面的认识。生产力既有量的区分，也有质的规定性。生产力的内核是科学技术，但科学技术的发达同人类福利的增长并不总是呈正比例关系的。如果将高度发达的科技生产力用于制造高杀伤力的毁灭性武器，用于犯罪和非正义的战争，那么，这一部分科技水平越高，人类的灾难可能就会越深重。因此，对生产力标准应当附加伦理尺度。

第四，国际竞争力标准。

在经济全球化和世界经济一体化趋势日益显著的今天，产业国际竞争力的增强已成为各国产业政策的核心目标。因此，是否有利于增强本国产业的国际竞争力，必将成为各国在21世纪衡量产业政策成败得失的重要尺度。

产业国际竞争力标准要求我们在制定产业政策时，不仅要注重对民族工业的保护和扶植，而且要充分考虑本国的资源禀赋，通过有选择地扩大对国际市场的参与，来发挥本国的比较优势，通过增强本国产业的国际竞争力来充实公众福利的最大化。

随着经济全球化进程的深入，国际竞争力标准日益成为衡量产业政策优劣的重要尺度。产业政策的决策者必须高度重视这一新趋势，只有更加自觉地从增强产业国际竞争力的产业政策，才是适应时代要求的产业政策。总之，有利于增强产业国际竞争力的产业政策，才是适应时代要求的产业政策。

2.4.5 产业政策评估的方法

产业政策的评估方法较多，评价的角度也不尽相同，这里主要从定性分析评估角度、比较评估角度、计量分析角度三大方面进行介绍，具体如下：

（1）定性分析评估法。

所谓定性分析评估法，是从产业政策本身的内在规定性上分析评估产业政策效果的一种方法。主要在以下几个方面做出判断：

① 产业政策目标与社会政策目标是否相吻合。

②分析环境状况，对政策的适应性做出评估。

③对产业政策的必要功能及技术可能性做出评估。

④对该政策同其他政策的协调性和衔接性进行评估。

⑤对政策同经济稳定增长的关系进行评估。

⑥ 对产业政策的社会效果进行评估。

（2）产业政策比较评估法。

产业政策的比较评估法重点在于分析和比较各个产业政策的运用效果。当产业政策的环境条件一定时，则主要通过政策成本、功能和成果的比较，做出鉴别。主要在以下几个方面做出判断：

①提出相互对比的政策。

②对比政策的目标体系、成本内容、作用的范围及其作用成果进行归类汇总。

③对产业政策的实践基础进行考察，即对产业政策所适应的宏观环境和微观基础进行分析，以确定最适宜的产业政策特征和标准。

④分析和计量各种内外因素及比较内容。可计量的因素应得出定性分析结果，以便进行综合分析。

⑤对计量和没计量的所有指标、要素等进行全面的比较，在定性分析和定量分析的结合下，比较不同产业政策的优劣。

(3) 产业政策的计量评估方法。

随着经济学的不断发展，尤其是计量经济学的突飞猛进，越来越多的计量方法被用到产业政策的评估中，这里主要选取了其中应用最为广泛的5种方法进行介绍。

①工具变量回归模型法（IV）。

加入有效控制变量可以解决遗漏变量偏误问题，但是对于多数情形，都难以找到确保 $Cov(T, X_{omitted} | X_{control}) = 0$ 成立的足够多的控制变量（其中T表示处理变量，$X_{omitted}$表示模型中可能遗漏的变量，$X_{control}$表示有效的控制变量），而且很可能解释变量与因变量存在双向因果关系（不仅X会影响Y，Y也可能影响X），在这类情形的因果效应识别问题中，解决不可观测变量造成的遗漏变量偏误问题的重要策略之一就是寻找合适的工具变量（instrument variable）。工具变量法就像随机试验那样，既避免了在回归模型中加入过多的控制变量，还解决了控制变量被遗漏或者存在解释变量与误差相关时带来的内生性问题。工具变量回归是针对非实验性的政策或者项目的因果效应识别的主要方法。

假设因变量Y与解释变量X的总体回归模型如下：$Y_i = \beta_0 + \beta_1 X_i + u_i$。若X与误差项u相关，则OLS估计是非一致的，工具变量估计利用从X中分离出来的不与u相关的部分Z（即工具变量）来代替X，去预测Y值。一个有效的工具变量必须满足以下两个条件：

条件1：相关性（instrument relevance）：$corr(Z_i, X_i) \neq 0$

条件2：外生性（instrument exogeneity）：$corr(Z_i, u_i) = 0$

工具变量的相关性确保了X的变异可以由Z来解释，外生性则说明抓住X中变动部分的工具变量是外生的，即Z不与误差项u相关。于是，满足这两个条件的工具变量“捕获”了X中的外生变动。所以，可以用这个外生变动来估计总体系数。

②双重差分法（DID）。

双重差分法（difference - in - difference，DID）有几种其他的称谓：倍差法、差分再差分法等。该方法的原理非常简单，它要求数据期至少有两期，所有的样本被分为两类：实验组和控制组，其中实验组在第一期没有受到政策影响，此后政策开始实施，第二期就是政策实施后的结果，控制组由于一直没有受政策干预，因此第一期和第二期都是没有政策干预的结果。双重差分方法的测算也非常简单，两次差分的效应就是政策效应。如图2-1所示，AC是受政策影响的组别，BD是没有受政策影响的组别，我们在政策实施前后分别观察（收集）了一次数据，此时有两种差分的顺序，其结果都是等于CE的政策效应。第一种是先组内差分，再组间差分，也就是（C－A）－（D－B）＝CE；第二种是先组间差分，再前后差分，即（C－D）－（A－B）＝CE。可见无论是哪种差分顺序，其结果都是一致的。

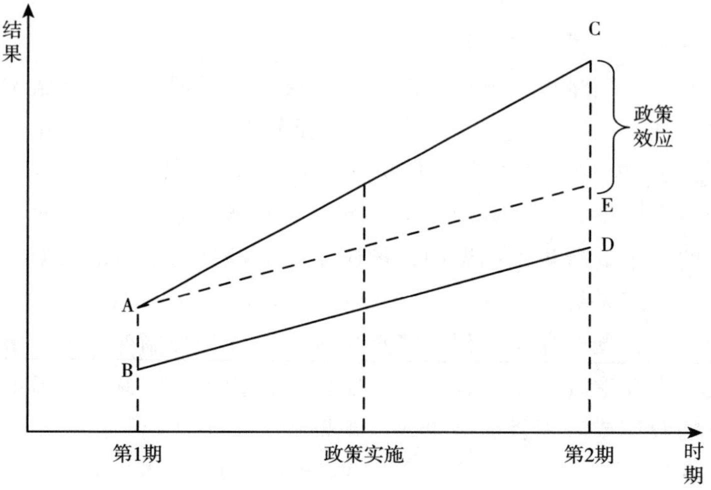

图 2－1　双重差分法的图示

双重差分法并不要求实验组和控制组是完全一致的，两组之间可以存在一定的差异，也就是图 2－1 中的 A 和 B 是可以不相等的。但是双重差分法要求这种差异不随着时间产生变化，也就是图中的 ED＝AB。如果满足了这个条件，那么实验组在没有政策干预的情况，其潜在的变化趋势应该是 AE，AE 和 AC 之间的差异恰好也是 CE。也就是说，当我们用双重差分法来评估政策效应时，是将 AE 作为 AC 的反事实参照组，但是 AE 本身是不可观察的，此时如果实验组和控制组有相同的时间趋势，那么就可以用控制组加上一个固定的差异作为 AC 的反事实参照组，也就是 AE＝BD＋AB。因此，双重差分法本质上是用控制组作为反事实参照组，与其他方法不同的是，该方法允许控制组和反事实参照组之间存在一定的固有差异，然后再用差分的方法剔除这种固定差异。

这种方法可以进一步扩展到多时期和多政策实施点两种情况。常见的政策前期和后期，往往都是多期的，例如，实施前存在 3 期数据，实施后有 4 期数据，这更有利于精确评估政策效应。一方面，政策效应往往存在时滞，如可能需要 2～3 年才会出现，因此需要更长时期的跟踪数据；另一方面，政策效应还存在动态演变的过程，在实施之后的 1～2 年内呈现逐步强化的现象，3～4 年逐步减弱。多期数据可以让我们精确估计政策效应在哪一期出现，同时在时间维度上呈现何种动态变化。此外，实际的政策实施也不是一次性的，往往是逐步增加试点的过程，也就是控制组逐步变为实验组；在有些情况下，为了考察政策的力度，还会在同一期的实验组中，将实验组进一步分组，给予不同实验组不同的政策力度。通过一定的变通和扩展，倍差法也可以评估这两种情况下的政策效应。

③倾向得分匹配法（PSM）。

倾向得分匹配（propensity score matching，PSM）这一概念最早由卢森鲍姆（Rosenbaum）和鲁宾（Rubin）于1983年提出，他们指出了倾向得分在利用观察数据开展的因果推断研究中的重要作用。对于社会科学研究中普遍存在的选择性偏误问题，通过倾向得分能够得到较好的控制。利用Logistic模型产生的预测个体受到混淆变量（confounding variables）影响的概率（也即倾向得分），能够在一定程度上消除选择性偏误，从而得到更为准确的因果效应。PSM的基本思想是将影响因变量的各种因素作为协变量，并据此来模拟随机分组，使分组后的两个子样本在所有特征变量上均没有显著性差异。

PSM方法的两个前提假设是：

假设1（conditional independence assumption）：在给定可观测协变量$\overrightarrow{X}$的条件下，(Y^0, Y^1)与处理分配变量d独立。

假设2（matching assumption）：在给定可测协变量$\overrightarrow{X}$的条件下，样本接受项目处理的条件概率大于0小于1，即$0 < P[d_i = 1 | \overrightarrow{X}] < 1$。

条件独立假设1表示，给定可测协变量$\overrightarrow{X}$后，处理的分配是与结果相互独立的。也就是说，在控制了协变量$\overrightarrow{X}$之后，处理分配不会影响潜在结果，潜在结果也不会影响处理的分配。匹配假设2表示，给定同样的协变量$\overrightarrow{X}$后，每一个处理个体均可以借助倾向得分找到一个特征相似的对照个体，从而保证实验组与对照组的可比性，进而估计出处理效应。

在这两个假设下，可以利用PSM方法估计政策或项目处理效应。

④倾向得分匹配双倍差模型（PSMDID）。

前面在介绍DID方法时提到了该方法得以估算因果效应的前提，即共同趋势假设。对于该假设，不同学者有不同的理解，以至于缺乏统一的计量手段来检验该假设的成立与否。实际上，DID方法的共同趋势假设主要是为了确保实验组和对照组之间的可比性，而匹配法恰好是确保实验组和对照组之间在可观测特征上没有显著统计偏差的重要方法。于是，部分学者将PSM方法和DID方法结合起来，发展出新的PSMDID方法。其基本思想是通过PSM方法来控制选择性偏误对实验处理的影响，然后通过DID方法来消除不随时间变动的不可观测的个体异质性对于结果变量造成的影响，以及实验组和对照组在干预期间所经历的共同趋势。可以认为，PSMDID 方法同时结合了 PSM 和 DID 的优点，能够同时解决选择性偏误和异质性这两大在因果推断中公认的难题。

运用 PSMDID 来评估政策的平均处理效应（ATT）的具体方法如下：

$$\widehat{ATT}_{PSMDID} = \frac{1}{N_1}\sum_{i=1}^{N_1}\left\{(y_{1i,post} - y_{1i,pre}) - \sum_{j=1}^{N_0} w_{ij}(y_{0j,post} - y_{0j,pre})\right\} \tag{2-9}$$

其中，$y_{1i,post}$和$y_{1i,pre}$分别表示政策实施之前（pre）和政策实施之后（post）第 i 个接受处理的个体的结果变量；类似的，$y_{0j,post}$和$y_{0j,pre}$则分别表示政策实施前后第 i 个未接受处理的个体的结果变量；$w_{ij} \in [0, 1]$ 为根据匹配法则对对照组的结果变量进行加权的变量，它也满足 $\sum_{j=1}^{N_0} w_{ij} = 1$。

⑤断点评估法（RD）。

断点评估法（regression discontinuity，RD）是近年来最为流行的方法，该方法具备简单、直观、适用性强等优点，被广泛应用于各国相关政策的效应评估中。断点评估法特别适用于“一刀切”的政策，根据“一刀切”门槛的执行程度，可以进一步分为模糊断点评估法（Fuzzy RD）和清晰断点评估法（Sharp RD）。这里主要重点介绍清晰断点评估法。

断点评估法的核心内容是两个部分。首先是要判断政策的“一刀切”是如何确定的，如图 2-2 所示，政策制定者选择某个因素作为门槛的基础，然后在该因素中选择某个具体的值作为政策门槛，规定所有大于等于门槛 C 的个体都是政策干预的范围，而任何低于门槛 C 的个体都不会受到政策的影响，因此低于 C 的个体受政策干预的概率为 0，大于等于 C 的个体受到政策干预的概率为 100%。断点评估法的“断点”则是特指门槛 C 的左右一个很小的区域，在该区域内，是否受政策干预的概率会有一个显著的跳跃。

断点评估法的第二部分内容是在断点左右观察政策结果的变化。如图 2-3 所示，其中纵轴是政策的目标变量，横轴同样是政策门槛的选择因素，图中的实线是驱动因素和政策因素对结果的共同作用。驱动因素在 C 之前，其政策结果是从 A 到 B，此时 AB 段是一个平滑的演变分布，当驱动因素达到和超过 C 时，政策结果就变成了 DE，同样是一段平滑分布，断点评估法的政策效应就是门槛附近的跳跃，即 BD 是该政策实施之后的真实效应。如果用前述反事实的原理进行阐述，则 BF 是 DE 的反事实结果，也就是说，如果没有“一刀切”的政策，则政策结果应该是 ABF，是一段完全连续的平滑分布。不过 BF 在现实世界是不存在的，不是观测的结果，就无法将 DE 和 BF 相减获得政策效应。幸运的是，B

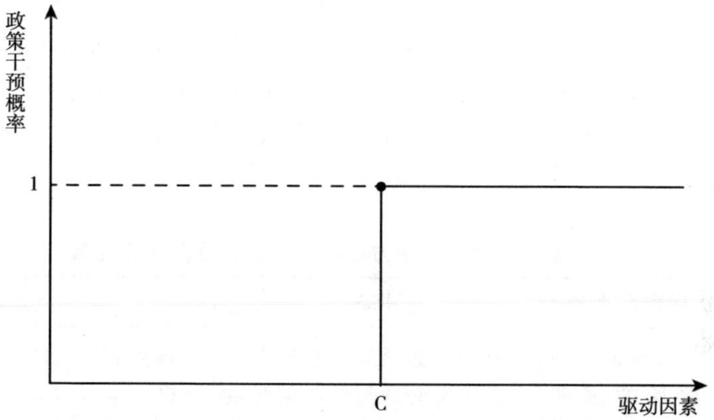

图2－2 断点的来源

这一点是可以观测的，因此可以将B作为D的反事实结果，这样BD的差异也就是政策效应。

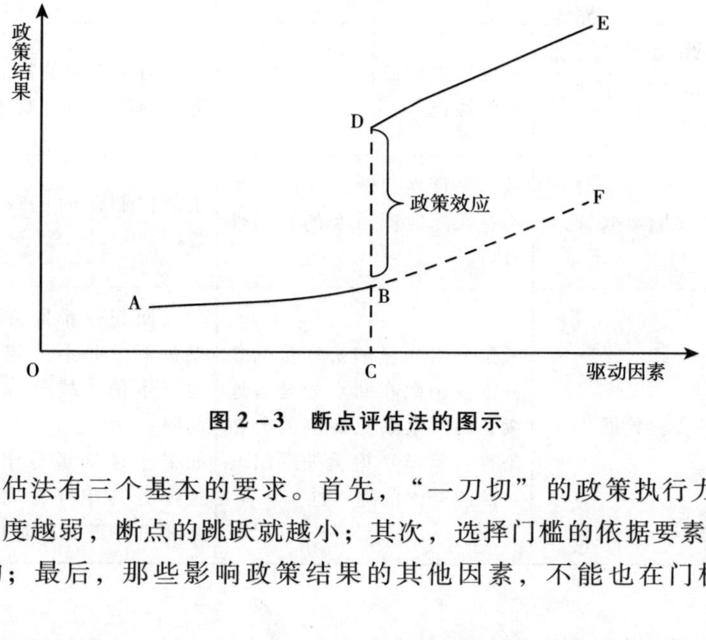

图2－3 断点评估法的图示

断点评估法有三个基本的要求。首先，“一刀切”的政策执行力度要彻底，政策执行力度越弱，断点的跳跃就越小；其次，选择门槛的依据要素必须是个体不能改变的；最后，那些影响政策结果的其他因素，不能也在门槛附近出现跳跃。

此外，需要指出的是，产业政策不同计量评估方法的应用条件及其优劣比较。产业政策研究和评估，是需要有科学方法为前提的。但方法本身是工具性的，方法论的发展都是中性的。我们在提倡大力普及科学评估方法的必要性时，也要非常清楚每一种方法的适用性，那些用错了方法的政策评估，其危害甚至要超过没有用这些方法的状况。我们可以将以上这些方法的应用前提总结为最重要的一点：反事实假设。所有的方法应用，如果能够满足这一基本假设，那么其应用满足了基本的条件，方法的应用总体上不会出现逻辑上的错误。

对于本书介绍的5种产业政策评估计量方法，其各自的适用性及优劣比较如表2-1所示。

表2-1　产业政策不同计量评估方法的应用条件及其优劣比较

计量方法	适用数据类型	适用条件	潜在缺陷
IV回归	准实验数据、非实验性的观测数据	工具变量必须是外生变量； 工具变量必须与核心解释变量相关	工具变量的选择具有主观性； 严格外生且与误差项无关的IV非常难寻
DID	准实验数据	实验组与对照组满足“共同趋势假设”； 存在共同支撑域； 不存在前处理效应	对于“共同趋势假设”的检验尚无统一方法，存在主观性； 无法控制随时间改变的异质性
PSM	准实验数据、非实验性的观测数据	条件独立假设； 匹配假设	只能对可观测的特征进行匹配； 无法控制不可观测的异质性
PSMDID	准实验数据	满足平衡性假设； 不存在随时间改变的异质性效应	不能控制随时间改变的异质性效应
RD	准实验数据	考察分组变量和协变量的条件密度函数在断点处是否连续，即考察断点两侧的分布是否有差异来检验处理组与对照组分配的随机性	断点回归仅推断在断点处的因果关系，并不一定能推广到其他样本值，故外部有效性收到局限； 如果个体知道分组原则，自行选择处理组还是对照组，导致非随机分组，从而使得RD失效

第3章

要素市场扭曲对中国产业结构优化升级的机制分析

3.1 土地要素价格扭曲对中国产业结构优化升级的影响途径

要素市场扭曲对产业结构优化升级的作用分析，包括要素市场扭曲使资源有效配置的价格信号“失灵”，使中国的低级产业仍然有利可图，磨损了高级产业的利润，弱化了企业的创新动力，阻止资源从亏损企业退出等方面的影响作用；土地要素市场的价格扭曲通常通过直接和间接两种方式来对产业结构升级产生影响。最直接的效应可以表现为价格扭曲引起的资源配置不均匀直接对产业结构发展产生的作用，其中最常见的就是采取一些政策来激励三个产业中的企业对土地进行巨额的投资，以土地的有限性来吸引各个地区的地方政府对土地资源进行各种争夺，在价格扭曲的同时还会使土地资源在三个产业之间的流向发生改变。间接效应可以表现为价格扭曲先对技术进步产生影响进而影响产业的结构。

3.1.1 过度投资效应

政府为了提高三个产业的产能给予了企业补贴，这等同于降低土地价格，使企业大幅度地投资土地要素，进而自发地调整生产规模来得到更好的生产状态，这就是过度投资效应。

在生产函数的基础上，除去时间与地区，我们可以得到企业在“理性人”假设下的一般生产函数为：

$$Y = A \times LD^{\alpha} \times K^{\beta} \times L^{\gamma} \quad (3-1)$$

因此该条件下所得的最大化利润为：

$$Max\pi = P_Y Y - P_{LD} LD - P_K K - P_L L \tag{3-2}$$

当满足最佳生产条件时，有：

$$\frac{\partial Y}{\partial LD} = \alpha \times A \times LD^{\alpha-1} \times K^{\beta} \times L^{\gamma} = \frac{P_{LD}}{P_Y} \tag{3-3}$$

$$\frac{\partial Y}{\partial K} = \beta \times A \times LD^{\alpha} \times K^{\beta-1} \times L^{\gamma} = \frac{P_K}{P_Y} \tag{3-4}$$

$$\frac{\partial Y}{\partial L} = \gamma \times A \times LD^{\alpha} \times K^{\beta} \times L^{\gamma-1} = \frac{P_L}{P_Y} \tag{3-5}$$

进而得出土地、资本、劳动力要素的规模为：

$$LD = \frac{\alpha YP_Y}{P_{LD}}, K = \frac{\beta YP_Y}{P_K}, L = \frac{\gamma YP_Y}{P_L} \tag{3-6}$$

生产规模为：

$$Y = A \times \left(\frac{\alpha YP_Y}{P_{LD}}\right)^{\alpha} \times \left(\frac{\beta YP_Y}{P_K}\right)^{\beta} \times \left(\frac{\gamma YP_Y}{P_L}\right)^{\gamma} \tag{3-7}$$

从式（3-6）、式（3-7）可以看出，企业的各种要素投入量以及生产规模都是与其生产要素的价格和产品价格相关联的。当土地价格 P_{LD} 处于正常水平即 P_{LD}^* 时，相对应的各种要素投入量分别为土地投入 LD^*、资本投入 K^* 和劳动力投入 L^*，最佳的生产规模为 $Y^* = A \times LD^{*\alpha} \times K^{*\beta} \times L^{*\gamma}$。当土地价格 P_{LD} 低于正常水平即 P'_{LD} 时，各种要素的投入量以及生产规模会变化成如下：

$$LD' > LD^*, K' > K^*, L' > L^*, Y' > Y^* \tag{3-8}$$

从前述结果可以发现，当土地价格低于正常水平时，企业会选择增加其土地、资本以及劳动力要素的投入来得到更大的生产规模从而获取更大的收益。

3.1.2 雁行理论效应

雁行理论最初由日本经济学家赤松要（1935）首次提出，后来经过小岛清（1970）扩展，从生产要素投入的视角来解释说明一个国家或区域的产业结构的发展变迁及转型升级的过程。产业结构水平高的国家或地区会把本地的相关产业转移到较低水平的国家或地区，以便于将更多的资金和技术投入低水平的区域。这样一来，产业结构水平高的区域就有足够的空间来进行产业结构的优化升级，在形成各自的比较优势的同时，也协调带动了两个区域的产业结构优化。

根据雁行理论，可以对我国各个地区得出简单的发展水平以及要素禀赋的分析。东部地区对应雁头，拥有相对先进的技术优势和资本优势，经济发展的趋势相对较快。当产业结构进行优化升级时，其中的一些相对比较弱势的产业就会逐渐退出东部地区，转而向中西部地区进行生产转移。中部地区对应雁身，在传统的技术水平和资本水平，接收来自东部地区一些产业的生产转移，接收稳定后在将自己地区内的相对弱势的产业二次转移到西部地区。而西部地区则对应雁尾，这样一来东、中、西部地区便形成了一个依次下降的产业结构阶梯。

据测算，我国东、中、西部地区均存在土地要素扭曲的现象，甚至部分的东部地区的土地要素价格扭曲系数比中西部地区的系数还要高。这样一来，东部地区原先拥有的土地要素成本优势就并不突出，东、中、西部三个地区之间的协同发展也逐渐增加了一种相互竞争的关系。竞争的直接后果就是产业在三个地区之间的转移受到了阻碍，使东部地区只能将较多的资源投入劳动密集型和资本密集型的产业中，而中、西部地区仍然缺少发展其产业的必要资金和先进技术。在这样三个地区各自存在劣势的情况下，不平衡的发展不仅没有被纠正过来反而更加严重，因此也阻碍了产业结构的优化升级。

3.1.3 资源错配效应

土地的出让往往由各个地区的地方政府按照各自的购买偏好为来进行的。在国家制度政策下，为了在有效的时间内显著提升本区域的经济指标，各方政府会选择首先扶助对社会经济影响力大的大型企业，为其提供更多的土地，使土地要素的配置更倾向于大企业而忽略了数量较多的中小企业。另外，土地要素价格扭曲还会导致三个产业部门的其他生产要素配置发生改变。就像前面说的对经济效益显著的大企业提供较多的土地，而土地要素作为一种固定资产，在抵押时能在一定程度上增加企业的资金周转周期，使大企业愿意以较高的成本来引进先进技术和以高工资来吸引更多人才及劳动力。这样一来，中小企业能够使用的生产要素便更加少，不利于其发展。

3.1.4 创新抑制效应

技术创新是推动产业结构进行优化升级的根本动力，丰富的创新活动和先进的创新技术是促进产业结构合理化和产业结构高度化的主要原因。技术创新主要可以通过以下几个方面对产业结构的优化升级产生影响：一是引进新的生产技术会带动新兴产业对于新产品的生产发展，产生新的产品需求，使产业部门得到扩张，从而获得更多的新产品收益；二是新的生产技术会提高传统产业的生产效率，使产业部门更加精简；三是新的技术要素投入会产生各个生产要素之间的技术替代效应，进而影响到产业结构的优化升级。

但是土地要素价格扭曲反而会对显著地抑制技术创新。李平等学者（2014）提出较低的土地价格会促使生产者首先选择使用投入土地要素来带动提高其他生产要素的边际产出。由于技术创新具有高风险的特征，生产者并不愿意投入较多的技术研发来获取概率较低的高收益。中国各个地方政府为当地企业提供的土地要素补贴也会促使诱导企业偏离创新研发的中心。生产者会选择花费更多的时间和资本用于政府的“寻租”活动，而不是专心于技术研发（黄鹏等，2014）。

3.1.5 需求抑制效应

需求结构升级是促进产业结构优化升级的原始动力，主要的形式是消费者需求的变动会引起市场的供求关系变化，感受到变化的生产者便会调整其生产规模用来适应消费需求的变化。同时生产者也会为了留住消费者而加快研发新的产品，进而促进产业结构的优化升级（杨治，1985）。

但是土地要素价格扭曲会对需求有明显的抑制作用，主要体现在价格扭曲带动了劳动密集型和资本密集型企业高薪招收劳动人员，流失了大部分新兴产业和高端产业的劳动人员的同时，也因此限制了劳动人员的潜在收入水平，从而阻碍了产业结构的优化升级。

3.2 要素扭曲和产业效率损失的内在机理

在竞争性条件下，市场的供给和需求是决定产品或要素价格均衡的最重要条件。供给价格反映了产品的机会成本，以保障供给方获得最大的利润，而需求价格体现的则是它对消费者的相对效用，目的是保障消费者获得最大化的效用。作为经济的微观主体，企业向来是根据自身的比较优势来选择获得利润最大化的产业和技术，当要素市场的产品价格结构不能反映要素资源的稀缺程度时，企业作为决策主体就无法判断生产所需要的资本、劳动力以及自然资源的相对价格结构，也就无法按照自身的比较优势来选择技术和产业。要素价格扭曲使企业在错误的价格信号下选择技术和产业，导致资源配置的扭曲和技术效率损失，无法实现社会福利的最大化。

图3-1描述的是单一产品的要素价格与配置，曲线I为等产量线，等产量线上的点表示的是一定数量的产品所需要的劳动和资本的组合，也表示所需要的不同技术。M、M_1、N、N_1分别表示不同资本与劳动力相对价格组合的等成本线。假设资本和劳动力的价格不存在扭曲，且资本的相对价格大于劳动力的相对价格，企业做出的理性选择是生产点A，因为在A点可以用最低的技术成本来生产既定数量的产品。当劳动力的价格上升而资本价格相对低廉时，企业选择的理性生产点是B，此时B点的生产技术成本最低。现假设由于垄断势力、外部性等原因的存在，使资本和劳动力的相对价格发生扭曲，选择B点虽然能将技术成本降低，但生产成本还是上升，无法实现成本的最小化，从而造成一定的效率损失。

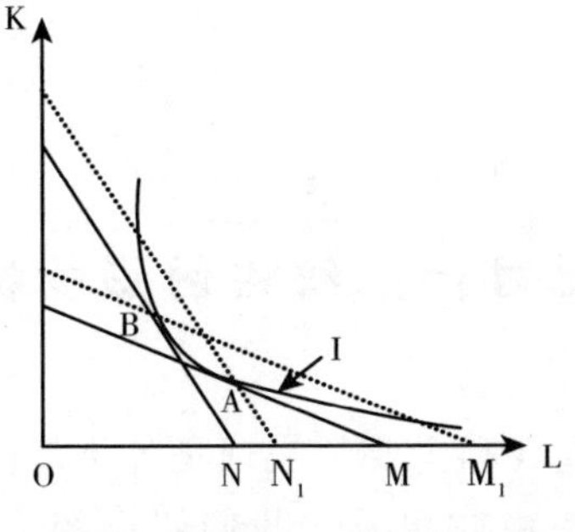

图3-1　生产要素相对价格与配置（单一产品）

以上是对单一产业的分析，当涉及不同产品的整个产业或者不同产业的经济时，则符合技术效率最大化的产业结构出现在生产可能性边界上，最优的生产组合点位于点E（见图3-2）。E点落在没有扭曲的相对价格线与生产可能性边界线相切的点上，生产的产品是资本密集型和劳动密集型的。在完全竞争市场条件的假设下，新古典经济学家认为市场是可以出清的，即要素和产品价格都不会存在扭曲现象。当存在外部性和预算软约束时，要素和产品价格并不能完全按照边际定价原则进行定价，因此会出现扭曲现象，资本价格相对低廉，这一现象将会导致经济决策更倾向于加大资本投资，用资本来替代劳动力开发资本投入大、能耗大的重工业，发展资本密集产业来获得更大的利润，从而造成产业结构扭曲和社会福利效率损失。从图3-2可以看出，在外部约束下社会生产并不可能停留在生产可能性边界上，而是在生产可能性边界里面进行的，如图中的P点。因此，实际的生产从原来的DAEC缩减到如今的Y_1AD，产出的劳动密集型产品为

OY_1，资本密集型产品为 OX_1，A 点即产品组合在生产可能性边界上的点。从图中可以推断出，假设在 P 点进行生产，AP 之间的距离表示的是无需要额外投入就可以增加产出，即技术非效率。

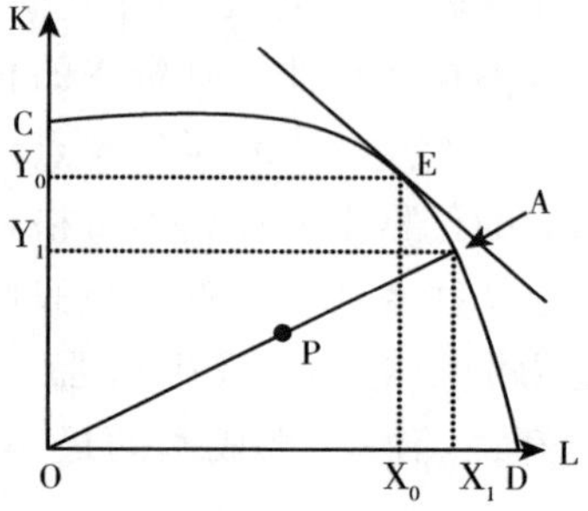

图 3－2　生产要素价格扭曲与效率损失

3.3 资源错配对产业结构的影响机制分析

资源及要素的错配最直观和主要的表现是各个部门要素的边际报酬不再相等（曹玉书、楼东玮，2012）。由此出发，我们假设经济当中只存在农业部门Ⅰ和非农部门Ⅱ，前者为劳动密集型部门，后者为资本密集型部门，两个部门只投入劳动和资本两种要素从事本部门的生产。如图 3－3 所示，部门Ⅰ和部门Ⅱ等产量曲线上的每一点都代表以一定的资本—劳动投入比例来从事本部门特定产品的生产，若市场是完全竞争的，经济当中不存在阻碍资源自由配置的因素时，则两部门的等成本曲线 C_1 和 C_2 间的斜率是相等的，都等于负的工资—利率比，即 $-(w/r)$，此时生产者的最优生产决策将使等成本线与等产量线分别交于 A 点和 D 点，部门Ⅰ和部门Ⅱ的要素投入方式分别为：(L_1, K_1) 和 (L_2, K_2)；另外，在两部门要素投入密集程度的假定下有 $K_1 < K_2$，$L_1 > L_2$，而完美市场的假设使经济当中的要素分配符合 $K_1 + K_2 = K$，$L_1 + L_2 = L$，即整个经济的要素分配净尽，配置完全有效率，不存在要素的过度分配或配置不足现象。

若我们假设部门Ⅰ原先自由和有效率的资源配置状态现在由于受到市场势力、政府管制、制度文化差异等因素的介入而被打破（部门Ⅱ仍为完全竞争状态），于是，"经济楔子"的出现在阻碍要素自由流动的同时，使各部门间要素的边际收入不再相等，表现在图 3－4 上就是等成本线由 C_1 变为 C'_1，而非最优

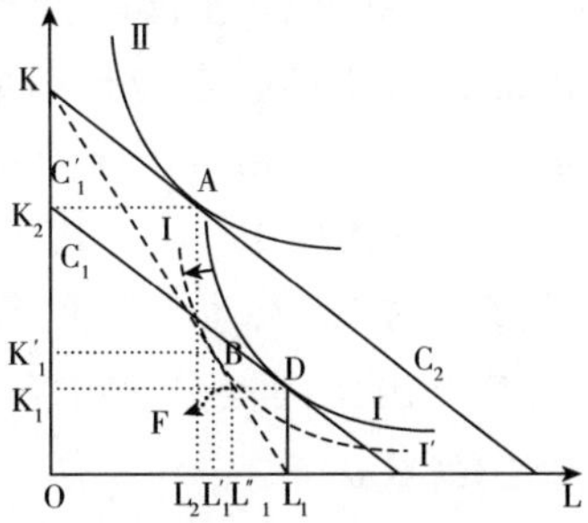

图3-3 资源错配与结构变化

的要素配置方式也使部门Ⅰ的产量发生缩减，B点成为部门Ⅰ新的最优生产点，其要素投入方式为(L'_1, K'_1)；此时，整个经济的资源配置方式为：$K'_1 + K_2 = K' > K$，$L'_1 + L_2 = L' < L$。一方面，$K' - K$数量的资本由于配置不足形成不可能实现的过度需求；另一方面，$L - L'$则由于要素流动障碍的存在使劳动力无法配置到其他部门中获得有效使用而形成失业。但事实上，这仍不是最终生产状态，由于短期内资本的非流动性，部门Ⅰ形成的过度资本投入需求K'_1无法实现，实际的生产方式只能由F点实行，即获得K_1的资本投入和L''_1的劳动投入，生产出少于I′的产量，此时，经济中的资源配置方式为$K_1 + K_2 = K$和$L''_1 + L_2 = L'' < L$，于是$L - L''$量的劳动力形成失业，资源误置由此产生。

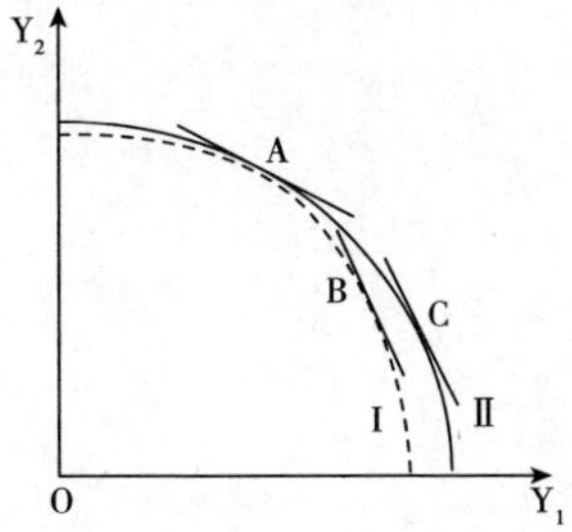

图3-4 资源错配与产出变化

从产业结构变迁的角度来看，由于资源错配因素的存在，不仅要素在各部门间的配置比例发生了变化，而且部门Ⅰ的产量在社会总产量中所占的比例发生下降，部门Ⅱ所占的比例则相对上升，从而与完美市场假设条件下的产业结构相比，“经济楔子”的存在使原有的资源配置方式和部门结构发生了偏移；从整个经济短期和长期的产出比较来看，由图3-4可知，Jones（1971）的特殊要素模型（specific factor model）将短期不流动（长期可流动）的资本视为各部门内部的特殊要素，与自由流动的劳动一起共同进行以生产前沿曲线 I 为代表的、以 Y_1 和 Y_2 两种产品为主要产出的社会生产，它与长期最优生产前沿曲线交于最优生产点 A，若“经济楔子”的存在使 Y_2 相对于 Y_1 的产品价格发生上升，那么，由特殊要素生产前沿决定的短期有效产出（B 点代表）将会小于长期有效产出（C 点代表），由此我们可以发现，要素流动障碍和资源误置因素的存在，不仅会影响经济的短期产出总量及其产出比例，也影响经济的长期产出组合方式，将使整个社会的资源配置效率发生变化。

第4章

中国要素市场发展现状与产业结构优化调整过程的演化分析

4.1 中国不同要素市场的发展现状分析

4.1.1 中国土地要素市场的发展现状描述

4.1.1.1 中国土地市场改革的市场化探索

改革开放40多年来，随经济体制改革的持续深化，我国的土地要素市场也随之进行了变化，从以前的无偿协议进化到有偿“招拍挂”，从城市一级市场进化到农村二级市场，变得越来越规范，越来越适合产业优化。

2013年党的十八届三中全会给出，建立城乡统一的建设用地市场可以让市场在资源配置中起到决定性作用，并能促使政府更好地发挥作用。为促进土地市场由国有土地一级市场为主向城乡统一的市场转变，政府在允许农村集体经营性建设用地在合理规划和用途管制的前提下进行出让、租赁及入股。同时对农村的宅基地制度进行改善，用以保障农户合理使用宅基地的权利，慎重地提出试行农民抵押、担保、转让住房财产权，为农民增加收入渠道。2015年起，我国接连开始了集体经营性建设用地入市试点、宅基地制度改革试点，以及土地二级市场试点探索。

土地市场在逐渐发展的过程中，其不平衡性逐渐显现出来。与一级市场相比，土地二级市场出现了交易信息不对称、平台不规范、政府服务和监管不完善等缺点。为改正以上缺点，2017年年初，在全国范围内开始试行二级市场的试点方案，提出要建立产权明晰、市场定价、信息集聚、交易安全的土地二级市场。在交易信息方面，降低土地转让成本并完善土地增值收益分配机制用来提高土地转让率和盘活率，完善土地出租收益机制用来保障土地所有权人、使用权人以及承租人的合法权益，降低抵押门槛并扩大土地使用权抵押范围用来发展抵押实体市场。在平台方面，建立了专业的交易平台及场所并完善与司法处置、资产处置相关机制，开创新模式。在服务方面，政府官方培育、规范了交易中介组织并健全“一站式”服务体系用以提供咨询、估价等服务。在监管方面，引导形成市场主体诚信经营、惩戒和退出机制，同时建立机制用以形成、监测、指导、监督土地二级市场的价格，维护市场平稳运行。截至2018年10月，土地二级市场试点顺利验收，二级市场的合理交易确实可以提高存量土地的配置效率。

因城市国有土地市场存在流动性、利用率不高的缺点，2015年年初，我国开始试点进行农村土地制度改革，规定集体建设用地的使用权不可出让，并允许农村集体经营性建设用地入市，同时为促进农民进一步分享土地，提高土地增值收益的比例并对宅基地实行自愿有偿的退出、转让机制。为了促进农村集体经营性建设，政府给予农村集体经营性建设用地的出让、租赁和入股权利，明确给出用地的入市范围和途径，还建立并完善市场交易及监管服务制度，在不损害国家利益的前提下增加集体和个人的土地收益。为了让农民更简便地获得宅基地，政府增加了农民在不同区域的住房保障并完善其用地权益保障和获取方式，在有偿使用的前提下，鼓励农户集体经营组织内部进行宅基地管理、退出及转让。2018年年初我国也试点进行了宅基地“三权分置”改革，落实集体所有权，保障农户关于宅基地的资格权，放宽其使用权。经试点，集体经营性建设用地入市与宅基地制度可以有效提高农村土地市场的资源配置效率。

在土地交易市场中，政府通常使用协议、招标、拍卖以及挂牌这四种方式来对土地进行转让。协议出让是土地改革之前政府最经常采用的交易土地的方式，交易双方是政府和土地购买者双方，在没有第三方在场的情况下进行一对一的协议交易，流程简单但是缺乏透明度。招标出让是政府对社会中需要购买土地的企业进行公开招标之后确定交易对象的方式。这种方式有利于为土地筛选出更合适的使用者，但是也存在着政府与意向购买土地者私下操作招标价格的可能性。拍卖出让是政府对需要出让的土地独立地进行公开拍卖，社会中需要购买土地的企业均可以对此土地进行出价，最后由出价高的企业获得。这种方式展示出了其透明度高、公开公正的交易过程，却也因为一味追求高价而忽略了得标企业的综合实力，同时增加了土地的成交价格远远偏离其原来价格的风险。挂牌出让是政府通过第三方交易场所对需要出让的土地进行限期挂牌公告，社会中需要购买土地的企业可以在限期内进行竞价。这种方式可以增加政府的收入，并且保证土地的价格不低于其原来价格，但是在拍卖过程中，土地将被闲置，反而会降低其利用效率。

4.1.1.2 全国土地要素市场变化趋势

图4－1、图4－2和图4－3展示了2002～2016年的全国国有土地通过协议、招标、拍卖和挂牌这四种出让方式进行出让的情况，包括土地交易宗数、土地出让面积以及土地成交价格。观察图4－1、图4－2和图4－3可知，在2008年之前全国的国有土地出让主要通过协议出让进行，而且协议出让的交易宗数远大于"招拍挂"出让的交易宗数。而2018年之后的国有土地协议出让却呈现出大幅度下降趋势，主要原因是2008年的党的十七届三中全会审议通过了《中共中央关于推进农村改革发展若干重大问题的决定》这一项文件。这项文件提出了要对土地承包经营权进行流转管理并且加强其服务，而协议出让因其缺乏流转的规范性，因此使用协议方式来出让的土地交易便大大减少。以招标、拍卖与挂牌形式出让的土地交易宗数呈现出较为一致的趋势，其中挂牌出让交易宗数略大于招标出让和拍卖出让，拍卖出让的土地交易宗数最少，趋势较为平坦。全国的国有土地协议出让面积也是呈现出以2008年为分水岭，2008年之前的土地协议出让面积均多于"招拍挂"出让的面积总和，而2008年之后的土地协议出让面积便

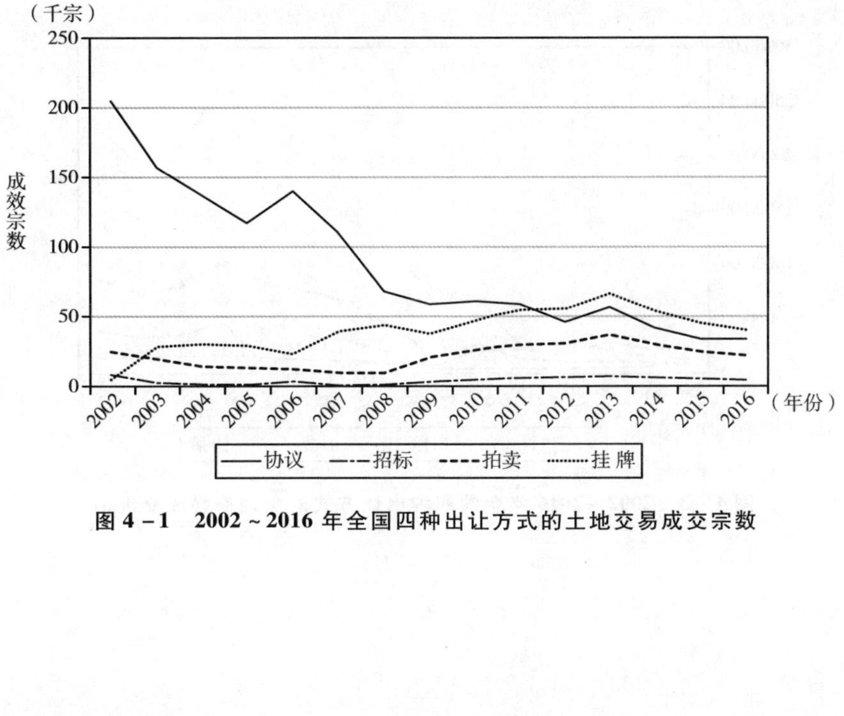

图4－1 2002～2016年全国四种出让方式的土地交易成交宗数

大幅度减少，转而挂牌出让的土地开始大幅度增加。招标出让以及拍卖出让的土地面积持续保持相同的小幅度增长趋势。全国的国有土地在四种出让方式下的交易成交价格在 2008 年之前较为一致，在 2008 年之后开始呈现出不同的增长趋势。其中挂牌出让的土地交易成交价格增长的最为迅猛，拍卖出让的成交价格其次，而协议出让的成交价格相对保持稳定。

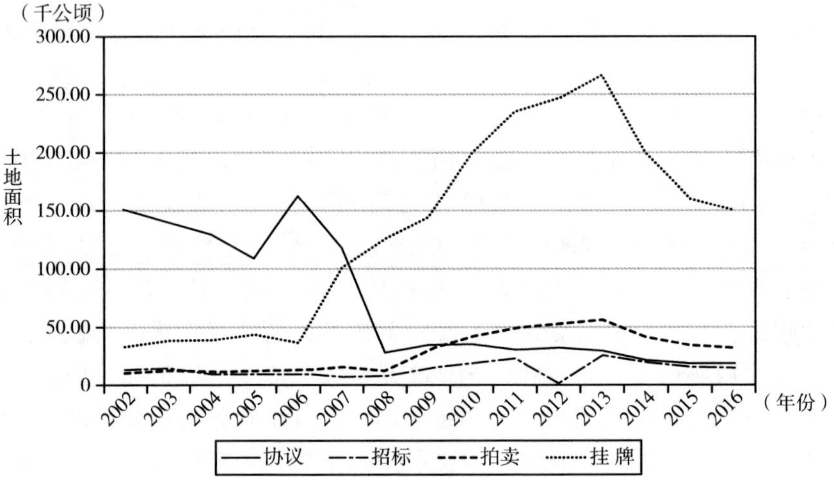

图 4－2　2002～2016 年全国四种出让方式的土地交易成交面积

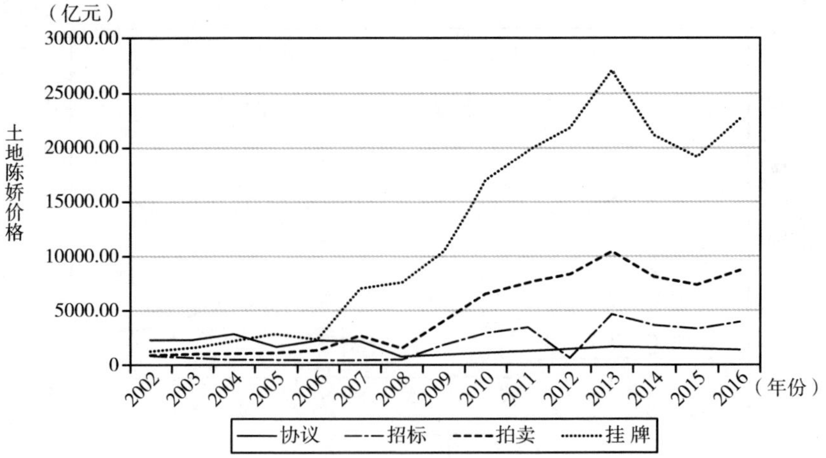

图 4－3　2002～2016 年全国四种出让方式的土地交易成交价格

4.1.1.3　分区域土地要素市场变化趋势

图4－4、图4－5和图4－6展示了我国东、中、西部地区土地交易成交宗数、土地交易面积和土地成交价格的变化情况。从图4－4、图4－5和图4－6中可以看出，在2008年之前的国有土地通过协议出让的交易宗数中，东部地区和西部地区都占据了较大的比重，而中部地区的协议出让交易宗数所占的比重较小。2008年之后东、中、西部地区各自的协议出让交易宗数占比逐渐趋于一致。在2008年之前通过协议出让的土地交易面积中，东部地区占据了最大的比重，而中部地区和西部地区的协议出让土地交易面积均保持相近的比重。2008年之后东、中、西部地区各自的协议出让交易面积所占比重开始趋于一致。在2008年之前通过协议出让的土地交易成交价格中，东部地区的土地价格远远高于中部地区与西部地区，而中西部地区的土地成交价格相对保持一致。2008年之后东部地区的土地成交价格大幅度降低，但价格仍然高于中、西部地区，约为中部地区的2倍、中部地区的3倍。

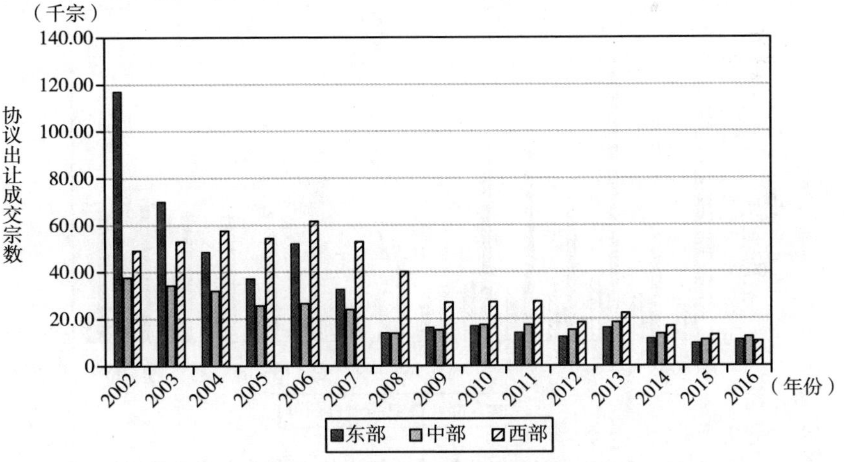

图4－4　2002～2016年分区域协议出让方式的土地交易成交宗数

类似地，在图4－7、图4－8和图4－9中，我们可以发现，在2008年之前国有土地通过招标出让的交易宗数中，东部地区和中部地区都占据了较大的比重，而西部地区的招标出让交易宗数所占的比重较小。2008年之后东、中、西部地区各自的招标出让交易宗数均呈现出增长的趋势，其中东部地区增长的速度约为中部地区的两倍、西部地区的3倍。在2008年之前通过招标出让的土地交易面积中，东部地区占据了最大的比重，而中部地区和西部地区的招标出让土地

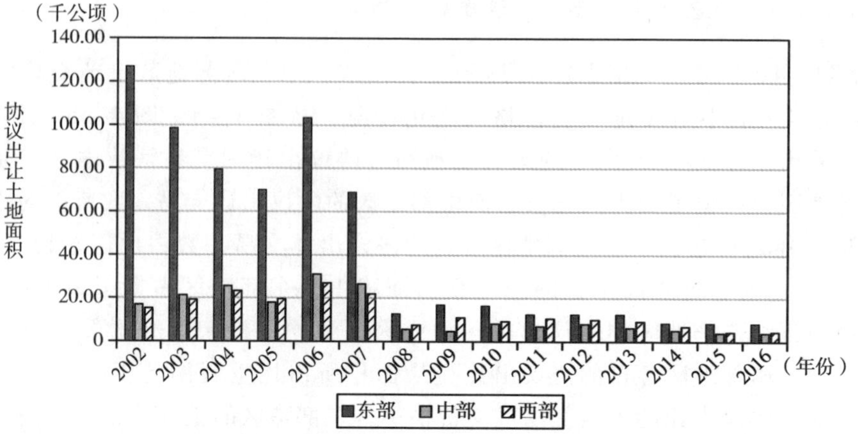

图 4-5　2002~2016 年分区域协议出让方式的土地交易面积

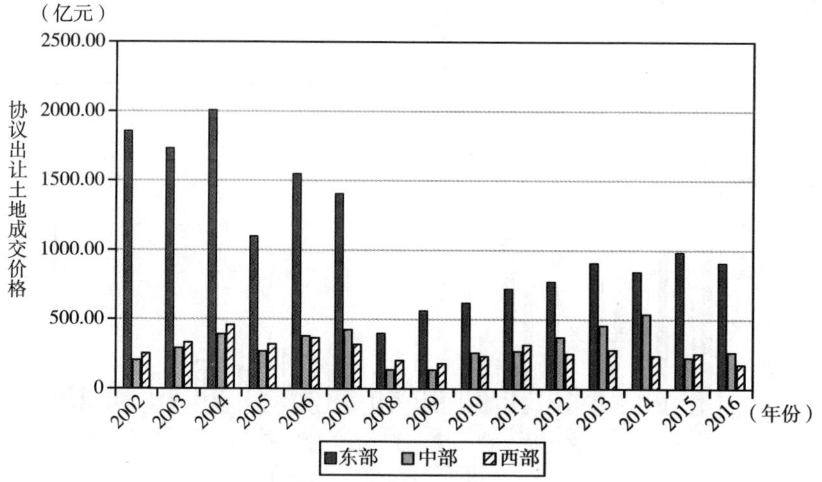

图 4-6　2002~2016 年分区域协议出让方式的土地成交价格

交易面积均占较小的比重。2008 年之后东部地区招标出让交易面积所占的比重仍然占据最多，同时中、西部地区所占的比重趋于相同。在 2008 年之前通过招标出让的土地交易成交价格中，东部地区的土地价格远远高于中部地区与西部地区，而中、西部地区的土地成交价格相对保持一致。2008 年之后东部地区的土地成交价格大幅度提高，也远高于中西部地区，而西部地区的土地成交价格的涨幅最小。

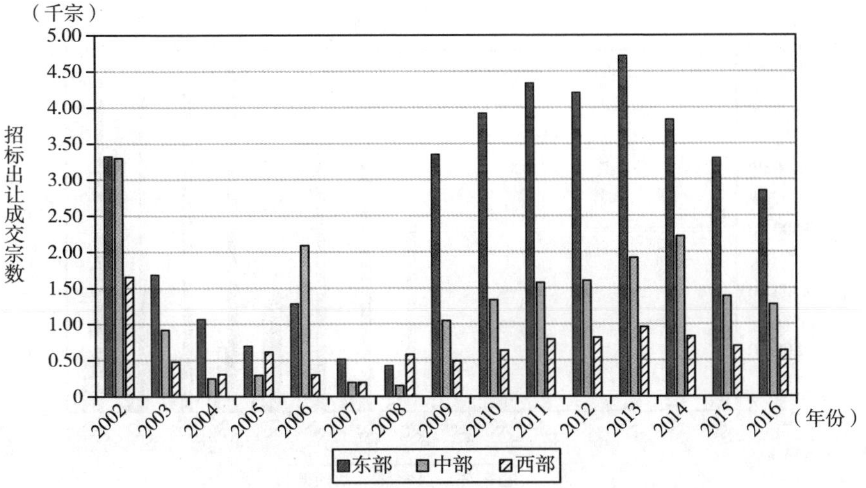

图4－7　2002～2016年分区域招标出让方式的土地交易成交宗数

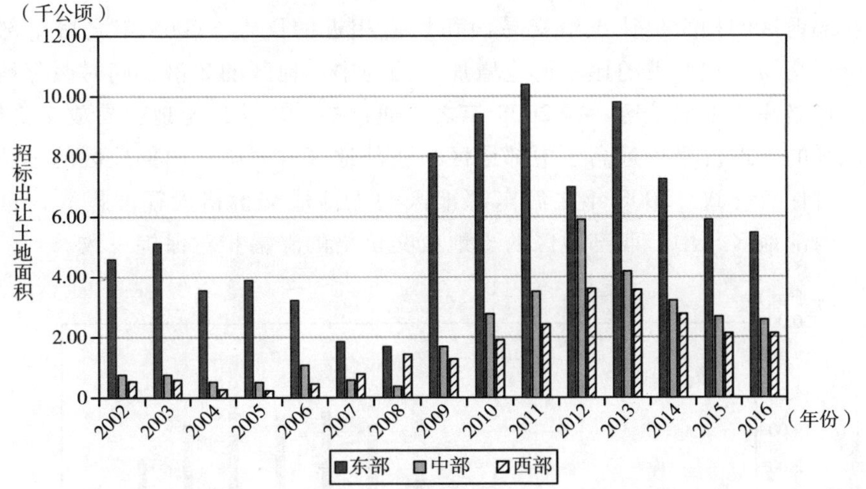

图4－8　2002～2016年分区域招标出让方式的土地交易面积

在图4－10、图4－11和图4－12中，我们可以发现，在2008年之前国有土地通过拍卖出让的交易宗数中，西部地区的比重略高于东部地区和中部地区，并且东中西部地区的交易宗数都呈现出递减的趋势。2008年之后东、中、西部地区各自的拍卖出让交易宗数均呈现出增长的趋势，其中东部地区增长的趋势最为明显，约为中部地区的两倍，而西部地区增长的趋势略高于中部地区。在2008年之前通过拍卖出让的土地交易面积中，东部地区占据了较大的比重，而中部地

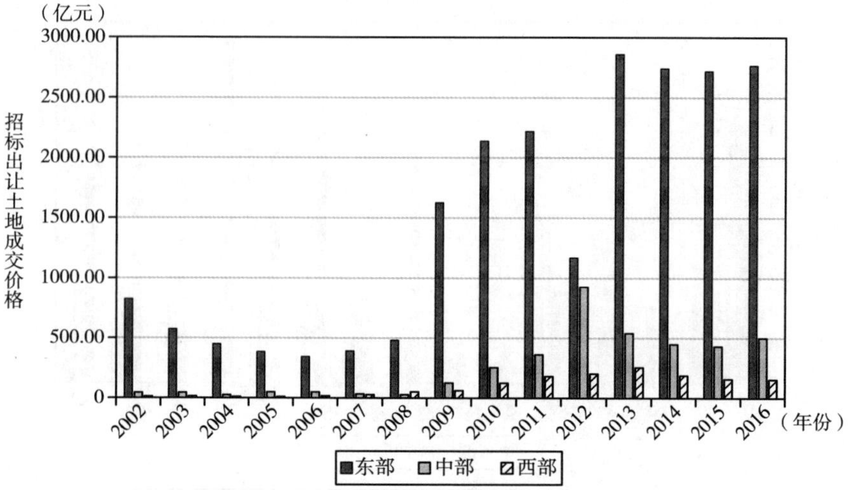

图 4－9　2002～2016 年分区域招标出让方式的土地成交价格

区和西部地区的拍卖出让土地交易面积均占相近的比重。2008 年之后东部地区拍卖出让交易面积所占的比重迅速增加，约为中部地区的 2 倍，同时西部地区增长的趋势略高于中部地区。在 2008 年之前通过拍卖出让的土地交易成交价格中，东部地区的土地价格远远高于中部地区与西部地区，而中、西部地区的土地成交价格相对保持一致。2008 年之后东部地区的土地成交价格大幅度提高，也远高于中、西部地区，中、西部地区的土地成交价格的涨幅相对保持一致。

图 4－10　2002～2016 年分区域拍卖出让方式的土地交易成交宗数

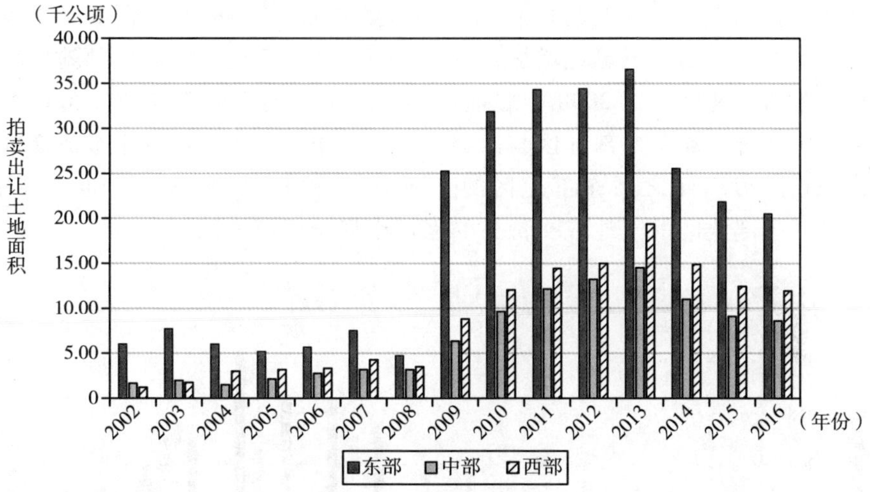

图 4－11　2002～2016 年分区域拍卖出让方式的土地交易面积

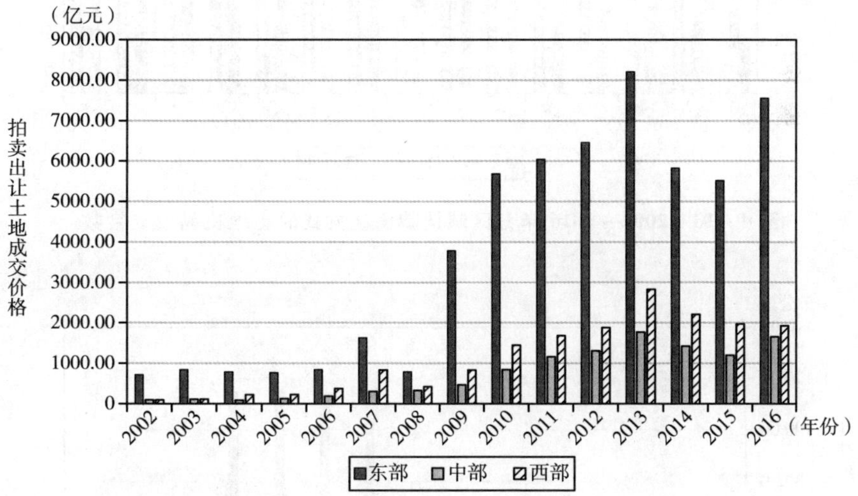

图 4－12　2002～2016 年分区域拍卖出让方式的土地成交价格

在图 4－13、图 4－14 和图 4－15 中，我们可以发现，在 2008 年之前国有土地通过挂牌出让的交易宗数中，东部地区与西部地区的比重均呈现出先增后减的趋势，同时中部地区的交易宗数呈现出小幅度递减的趋势。2008 年之后东、中、西部地区各自的挂牌出让交易宗数均呈现出增长的趋势，其中东部地区增长的趋势最为明显，约为西部地区的 2 倍，而中部地区增长的趋势最少。在 2008 年之前通过挂牌出让的土地交易面积中，东部地区占据了较大的比重，而中部地区和西部地区的挂牌出让土地交易面积均占相近的比重。2008 年之后东部地区挂牌出让交易面积所占的比重迅速增加，约为中部地区的 2 倍，同时中部地区增长的趋势略高于西部地区。在 2008 年之前通过挂牌出让的土地交易成交价格中，东部地区的土地价格高于中部地区与西部地区，而中、西部地区的土地成交价格相对保持一致。2008 年之后东部地区的土地成交价格大幅度提高，也远高于中、西部地区，中部地区的土地成交价格的涨幅略高于西部地区。

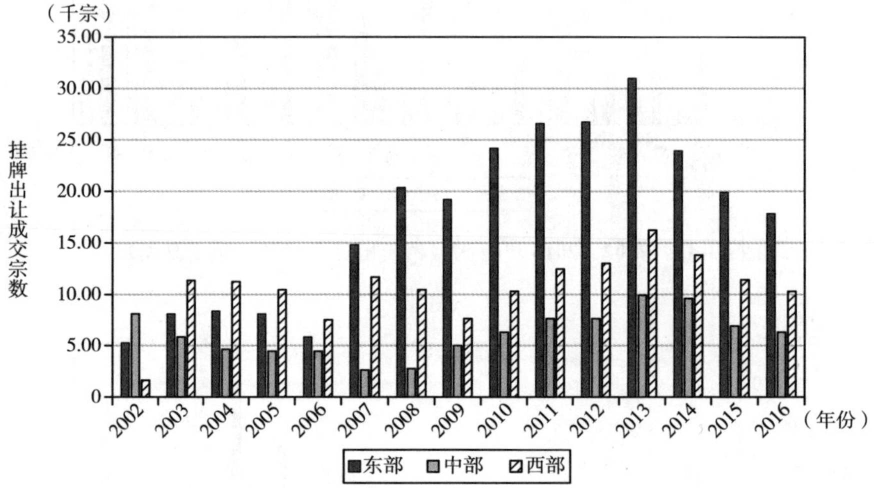

图 4－13　2002～2016 年分区域挂牌出让方式的土地交易成交宗数

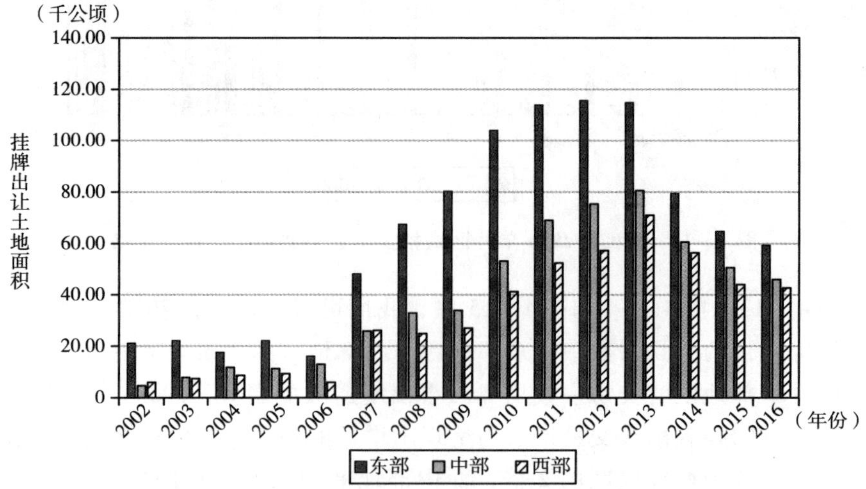

图 4－14　2002～2016 年分区域挂牌出让方式的土地交易面积

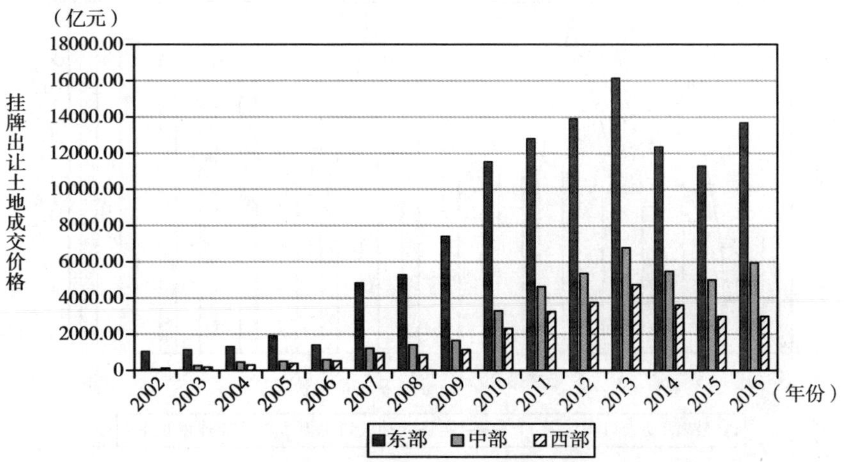

图4-15 2002~2016年分区域挂牌出让方式的土地成交价格

4.1.2 中国劳动要素市场的发展概述

劳动力有广义和狭义之分。广义上劳动力指全部人口，而狭义上的劳动力是指有劳动能力的人口。劳动力市场，顾名思义，就是在国家宏观调控的基础上，由市场来配置其劳动力资源和供求关系。劳动力市场对新常态下生产力水平的提高具有不可替代的作用，对于我国提高就业质量，促进产业结构升级都非常关键，在整个市场体系下占据着举足轻重的地位。

4.1.2.1 劳动力市场供需现状

（1）劳动力总量下降，人口红利逐渐消失。

尽管中国是世界上劳动力资源最丰富的国家，但是随着我国人口老龄化与低生育率进程的加快，我国的人口红利正逐渐消失。从近20年中国经济活动人口来看（见图4-16），劳动力供给增加量变得缓慢。截至2017年年底，中国劳动年龄人口已经连续6年消减，减少总量已经达到2500万人。劳动力密集型产业的人口优势已经不再突出，经济发展中面临愈发凸显的供给矛盾。

（2）劳动参与率过高，劳动力总体素质低下但稳步提升。

一般认为，高收入国家的平均劳动参与率偏高，反之偏低。虽然我国已经处于中等收入国家水平，但中国的劳动参与率是世界上最高的国家之一。从改革开放至今，中国在经济发展取得快速发展的同时，劳动力素质也得到一定提升。但

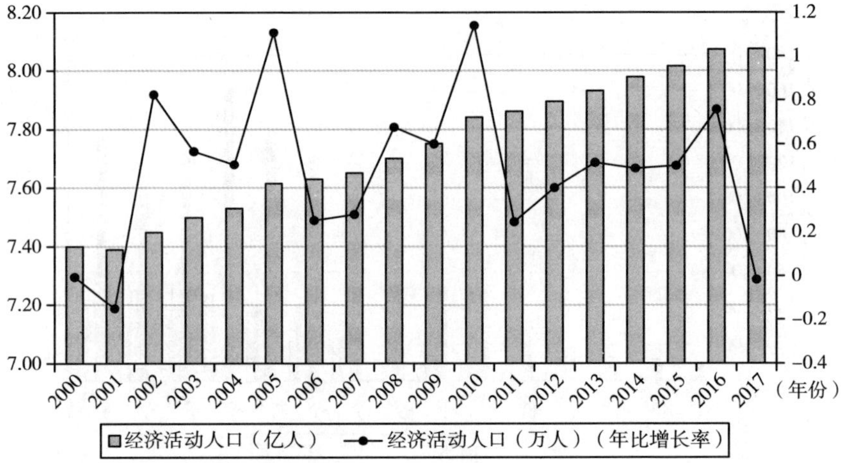

图 4－16　中国劳动力工体总体情况（2000～2017 年）

数据来源：中国国家统计局。

是我国的技能型人才总体上严重不足，高层次人才更为短缺，在很多高技术行业出现了所谓“技工荒”的现象。根据国家统计局网站数据统计，普通本专科毕业生人数从 1980 年 14.7 万人增长到 2016 年的 704.18 万，增长了近 50 倍。研究生人数从 1980 年的 476 人增长到 2017 年 57.8 万人，增长率 100 多倍。学成回国留学人员从 1980 年的 162 人增长到 2017 年 48.1 万人，具体如表 4－1 所示。中国高素质人才正蓬勃发展，为中国经济发展注入无限活力。

表 4－1　高等教育毕业生人数及回国留学人员数　　单位：万人

指标	研究生毕业人数	普通本专科毕业人数	学成回国留学人数
1980 年	0.05	14.7	0.02
1985 年	1.7	31.6	0.14
1990 年	3.54	61.36	0.16
1995 年	3.19	80.5	0.58
2000 年	5.88	94.98	0.91
2005 年	18.97	306.8	3.5
2010 年	38.36	575.42	13.48
2011 年	43	608.16	18.62
2012 年	48.65	624.73	27.29

续表

指标	研究生毕业人数	普通本专科毕业人数	学成回国留学人数
2013 年	51.36	638.72	35.35
2014 年	53.59	659.37	36.48
2015 年	55.15	680.09	40.91
2016 年	56.4	704.18	43.25
2017 年	57.8	/	48.09

数据来源：《中国统计年鉴》。

（3）就业矛盾呈现结构性特征，劳动力要素老龄化比重加大。

在新的经济发展形势下，劳动力市场主要矛盾已经从原有的结构矛盾转变为机构性矛盾，从供需两侧的数据来看，我国劳动力市场可能既存在企业招工不易，也存在劳动者求职难的现象。不同特征的劳动对象具备差异化的劳动力市场制度与不同产业的劳动力工作性质要求的差异，使劳动力市场格局的分化愈演愈烈，利益关系错综复杂。

根据 1956 年联合国《人口老龄化及其社会经济后果》确定的划分标准，当一个国家或地区 65 岁及以上年龄超过 7% 或者 60 岁及以上年龄超过 10%，意味着这个国家或地区进入严重的老龄化。本书根据国家统计数据库中 2000～2017 年人口年龄构成指标绘制图 4－17，由图中可以看出，2017 年年末，我国 15～64 岁人口占总人口比例 71.8%，65 岁以上人口占比 11.4%，人口老年化人口所占比重不断上升。人口老龄化的上升势必会导致劳动力老年化。

4.1.2.2　劳动力市场运行结果

（1）劳动力市场秩序不规范。

在法律层面，我国与 1994 年颁布了《中华人民共和国劳动法》，在就业解决与工资制定环节以法律的形式正式引入了法律机制。但是一方面我国劳动力市场相关法律制度的制定并不是很健全，某些方面的劳动力市场相关法律制度缺失，包括劳动法律责任制度不完善、劳动争议处理制度不合理。另一方面，劳动力市场的执法不严，导致劳动力市场僵化。因此要落实清单管理制度，发挥制度建设的后发优势。

（2）劳动力市场分割仍然存在。

我国在劳动力流动上制定了严格的政策制约，在农村劳动力流向城市的过程

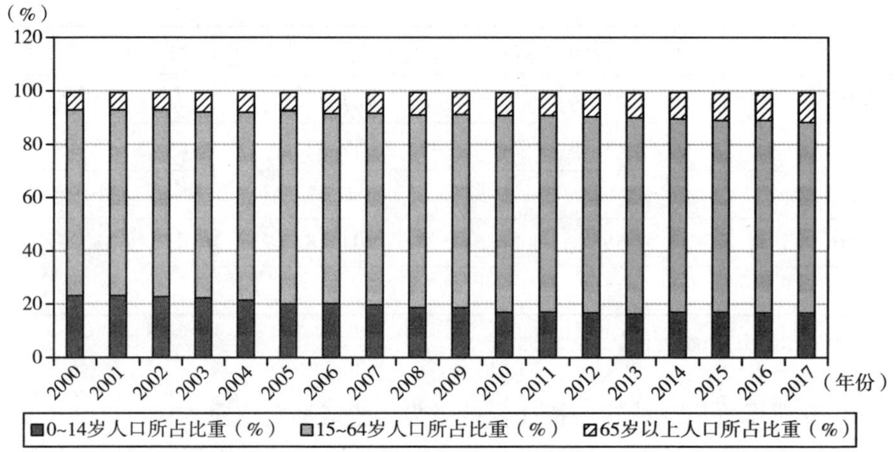

图 4-17 中国人口年龄分布比例(2000~2017 年)

数据来源:中国国家统计局。

中面临着户籍制度、社会保障、就业技能培训等多方面的隔绝措施,这些制度造就了我国劳动力市场的城乡分割。再有,不同所有制下的经济主体存在严格的准入门槛,受到国家用人指标的严格控制,产业结构分割也较为明显,从而造成了劳动力市场的两级分割。

(3)工会没有发挥其应有的功能。

在社会主义市场经济新形势下,作为劳动者的代表工会成为劳动力市场运行的一个重要环节。其对稳定和谐的劳动关系、稳定劳动力市场大局、维护劳动者权益具有十分重要的意义。但是,我国在某些方面并没有发挥劳动力市场应有的职责。一方面,某些非公有制企业并没有建立工会,所以劳动者的权益并没有得到合理的维护。另一方面,某些已成立的工会全部被老板等股东控制,在这种情形下,工会很难从真正意义上代表劳动力供给一方维护权益。

4.1.3 资本市场要素的发展概述

近些年来,中国逐渐建立起主板、中小板、创业板的多层次资本市场。中国资本市场发展经历了从有到无,从简单到复杂到逐渐走向规范的艰辛过程。资本市场在中国经济发展中发挥着重要的作用。在其中的发展过程中,中国的资本市场是在政府和市场的共同推动下,被迫“摸着石头过河”。党的十八大报告强调“深化金融体制改革,健全促进宏观经济稳定”,并明确提出“加快发展多层次资本市场，稳定推进利率和汇率市场化改革，逐步实现人民币资本项目可兑换”三项具体改革目标。因此，了解我国资本市场发展现状，促进资本市场健康发展是我国经济改革的一项重要战略任务。

（1）我国“金融通胀”仍在持续。

我们可以借用西方经济学中“通货膨胀”的概念来理解我国当前的资本市场背景。“通货膨胀”可以按照“货币派”来理解，简而言之，就是物价持续上涨，主要是由于货币供应过渡、商品或劳务供应不足而导致。把“通货膨胀”运用在目前我国资本市场就可以理解为：“过度的货币追求相对于不足的金融产品”。“过度的货币”主要源自于两个方面的表现：一是持续性的贸易顺差所带来的货币增加；二是由我国居民的结构性储蓄变化所致，由于资本市场发展的火热，部分居民将自己的储蓄从银行转移出来，投入资本市场。“相对不足的金融产品”是指，当前我国国内金融市场中可供投资的金融产品仅限于股票、债券及期货等数量较少的金融产品。因此，“金融通胀”将会导致金融产品价格的持续攀升，此外，还会导致金融产品价格的总水平的上升。

（2）中国经济增长方式发生改变。

2002 年以来，中国经济进入了新一轮的增长值周期，我国资本市场逐步发展起来，走向完善。此轮经济增长的一个重要特征就是传统型经济增长向资本化经济增长的转变。在此次的转变过程中，有两大类企业将会收益，其一是大型国企，这些企业同各大外资企业开展合作，引进了先进的管理理念与风控机制，为企业的转型发展提供很大的助力。其二是成长型的企业，经济方式的转变为这些企业创造了良好的发展空间，这些企业吸引外资之后能够迅速发展壮大，为更多的企业家创造更多的财富。这些成功的案例将进一步为其他类型的企业做出表率，促成中国产业的良性循环。

（3）资本市场社会融资结构过度依赖银行。

当前，资本市场的发展尚未根本改变社会融资结构过度依赖银行的问题。20 世纪 90 年代之前，我国金融体系完全由间接融资为主导。资本市场的出现与发展，改变了我国企业单一的融资结构，即完全依靠银行贷款和政府拨款。根据中国人民银行发布的《中国金融稳定报告（2018）》，2017 年年末我国贷款余额、股票市值、债券余额等三类主要金融资产存量 216. 7 万亿元人民币，其中，贷款余额近 120 万亿元，占比 55. 38%；股票市值 56. 7 万亿元，占比 26. 17%；各类债券余额 40 万亿元，占比 18. 45%。其中，约 54% 的债券余额由银行持有。也就是说，近 7 成的存量金融资产主要配置在银行体系，这不是一个稳健、灵活、高效的金融体系所应有的特征。因此，发展资本市场、提高融资比重、改善融资结构、分散融资风险，将是我国金融体制改革的一项重要课题。

4.1.4 中国能源要素市场发展现状概述

自改革开放以来，我国经济一直保持高速增长，其中工业的发展为经济增长做出了巨大的贡献，而工业体量的增大必然加速对各类资源的消耗，能源产品作为多种工业生产的必需原材料消耗量巨大，我国目前已经成为世界上最大的能源生产国和消费国。怎样保证能源要素的供给能满足不断增长的能源需求，消除市场中存在的扭曲情况，提高能源利用效率，为经济发展奠定能源基础，已经成为我国面临的巨大挑战。

4.1.4.1 我国能源生产现状

(1) 一次能源生产现状。

自然界中以原有形式存在的、未经加工的能源资源称作一次能源，一次能源包括化石燃料（煤炭、石油、天然气等）、水能、风能、海洋能、原子能、潮汐能等。在所有一次能源中对国民经济生产最为重要的是化石燃料能源，而且也最容易被量化来度量其产量。在改革开放以后，我国能源行业的基础设施建设逐渐完善，对能源产品的需求量也在持续增长，在这两者的刺激之下，我国的能源生产能力在进一步提升，一方面刺激能源行业的发展，另一方面也保证了国家经济的正常运行。

中国国家统计局的数据显示（见图 4 - 18），我国的一次能源生产总量从 2000 年的 13.85 亿吨标准煤上升至 2016 年的 34.60 亿吨标准煤，增长了 2.63 倍，年均增长率为 6.2%，能源生产的体量扩张十分明显，并且能保持一定的增速。

从全球能源市场角度来看，我国是能源生产大国，2000 ~ 2015 年我国的能源生产水平一直保持高速增长，一次能源产量全球占比持续增高，到了 2015 年我国一次能源产量已经达到 103.13 千兆英热，占全球一次能源产量的 19.07%，远超美国一次能源产量 83.53 千兆英热（见图 4 - 19），是全球一次能源产量第一大国。

(2) 原煤生产现状。

我国的煤炭总量十分丰富，根据《BP 世界能源统计年鉴》显示，截至 2017 年年底，我国煤炭探明储量总计为 1388 亿吨，占世界总煤炭储量的 13.51%，是世界第三的煤炭储量大国，前两位分别是美国和俄罗斯。而由于我国石油和天

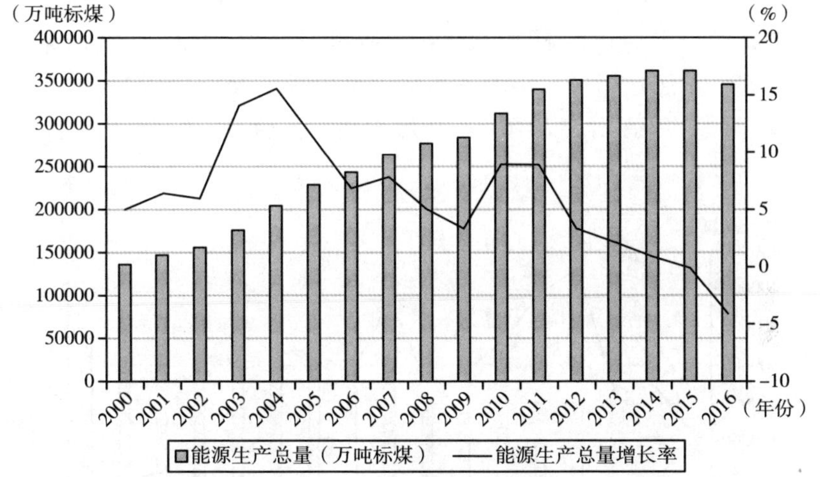

图4-18　2000~2016年我国能源生产总量及增长率变化

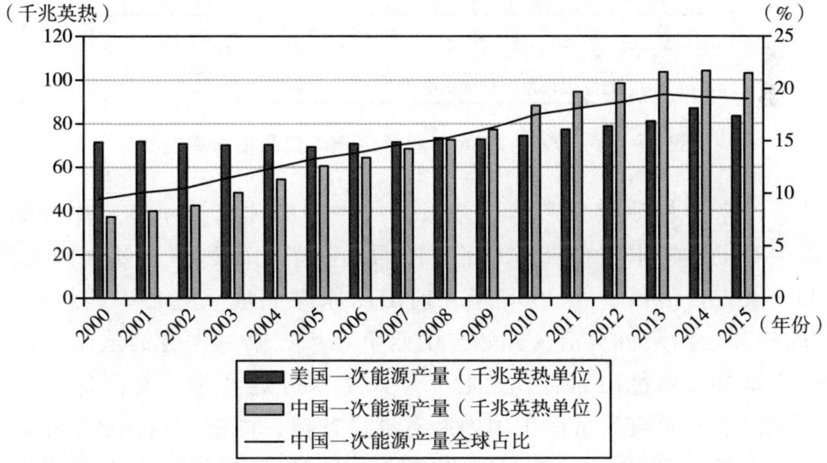

图4-19　2000~2016年中国和美国能源生产总量及增长率变化

然气资源储量并不丰富，从而促使煤炭资源在我国能源结构中承担更重要的作用，因此我国十分重视原煤的生产，近10年来原煤产量始终居于世界第一位。2015年，我国的原煤产量为37.46亿吨标煤，占全球原煤产量的48.49%，将近占全球原煤产量的一半，比原煤开采全球排名前二位到前七位的美国、俄罗斯、澳大利亚、印度、印度尼西亚、南非等6个国家的总和还要多。从原煤产量的变化趋势来说，在2000~2016年这十几年内，中国的原煤产量呈现先升后降的态势（见图4－20），以2013年为节点，之前的13年内中国原煤产量一直保持增长态势，但是增长率一直在下降，2000年原煤产量为12.21亿吨标煤，2013年原煤产量为39.74亿吨标煤，年均增长率为8.98%；第二阶段为2013～2016年，原煤产量总量持续下滑，2016年原煤产量为34.11亿吨，3年年均降速为4.97%。

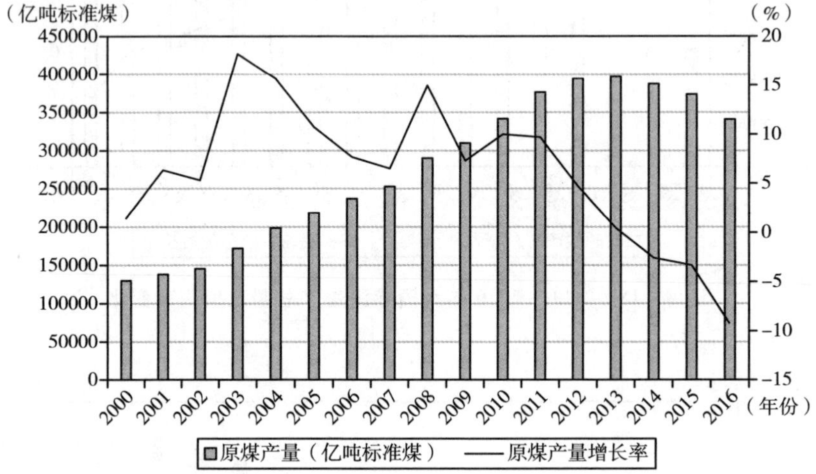

图4－20　2000～2016年原煤生产总量及增长率变化

再从省份来分析原煤生产情况，根据《中国能源统计年鉴》中的数据，中国的原煤生产主要集中在煤炭资源丰富的西北和华北地区，主要集中在陕西省、山西省和内蒙古自治区。在2008年之前山西原煤产量一直是中国最高的省份，而从2008年开始内蒙古自治区开始与山西争夺产煤第一大省的地位，2009年内蒙古原煤产量首次超过山西省，之后8年两地区原煤产量互有高低，截至2016年，内蒙古自治区原煤产量居于国内所有省份首位，内蒙古自治区、山西省和陕西省的原煤产量分别达到了8.46亿吨标煤、8.30亿吨标煤和5.16亿吨标煤，这三省的原煤生产总产量占到全国原煤总产量的64.26%。内蒙古自治区和山西省原煤产量在2013年之后均有所下降，而陕西省在2014年原煤产量有所回升，实现逆势增长。另外，原煤产量在5000万吨标煤以上的省区依次还有贵州、新疆、山东、安徽、河南、宁夏、河北、四川、黑龙江，这12个省区生产的原煤占全国原煤生产总量的92.27%，详见图4－21。

（3）原油生产现状。

我国石油工业在1949年前有一定基础，1949年后党与政府一直高度重视石

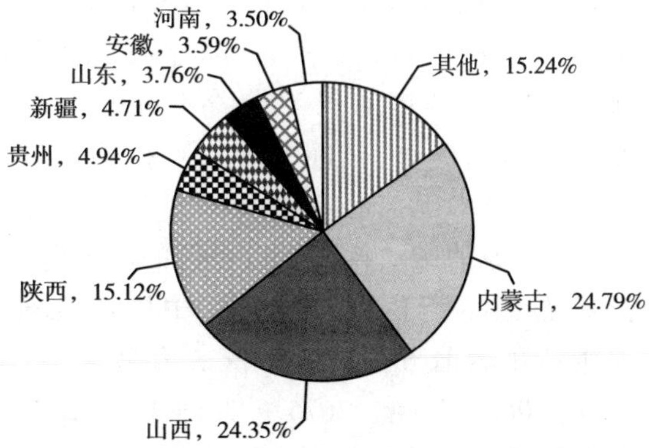

图4－21　2016年中国各省区市原煤生产总量及占比

油工业的发展，使石油工业获得巨大的发展，20世纪50年代以来陆续开发了长庆、胜利、大庆等大型油田，90年代实现石油工业的战略转移，使东部油田稳产，并开始勘探开发西部、海上和海外油田。从国家统计局的数据可以得知，2000年中国原油产量为1.63亿吨，到2016年产量为1.99亿吨，年均增幅约有1.28%。2000～2016年，中国原油产量整体呈现上升态势，但增幅参差不齐，2011年和2016年增长率为负，详见图4－22。

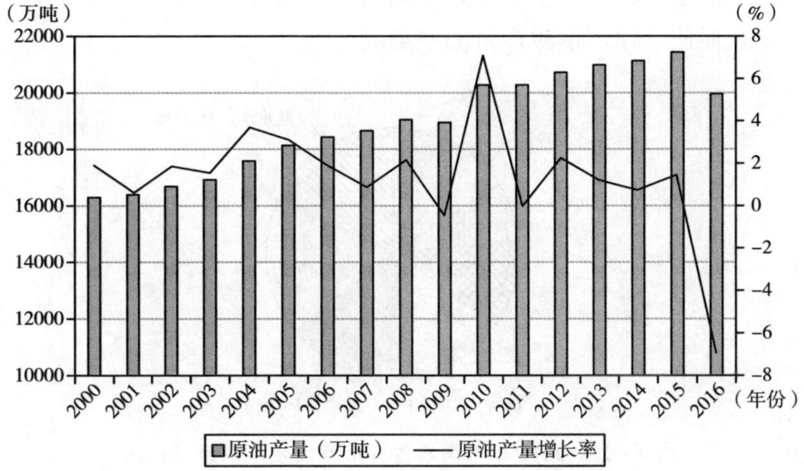

图4－22　2000～2016年原油生产总量及占比

根据《BP世界能源统计年鉴》显示，中国的原油生产能力在全球占据着重要地位，2006年中国成为第五大原油生产国，产量为1.85亿吨；占全球原油生产量的4.66%，在2014年中国的原油产量全球排名上升到第四位；2016年中国原油产量达到1.99亿吨，约占全球原油产量5%。虽然中国的原油生产量位列全球第四，但是与排名前三位的国家仍然有着不小的差距，美国原油产量为5.43亿吨，俄罗斯原油产量为5.54亿吨，沙特阿拉伯原油产量为5.87亿吨，约为中国产量的2.7倍。而且中国在近年来的原油产量增长并不明显，工业化继续进行下去必然还会增加对原油的消耗，所以中国的原油资源并不算丰富。

从省份角度来分析石油生产情况，根据《中国能源统计年鉴》的数据，2000年，我国的原油生产排名前五位的省份依次为黑龙江、山东、新疆、吉林和广东，其产量分别为5306.7万吨、2675.7万吨1848.2万吨、1401.1万吨和1393.3万吨，其余省份的原油产量均在1000万吨以下。到了2016年部分省份的原油产量有较大变化，由于大庆油田进入开采后期，黑龙江原油生产量有所下降，但是产量依然位居全国第一，为3656万吨，占全国原油产量的18.3%；产量排名第二位的省份改变为陕西，为3502.4万吨，占全国产量的17.5%；天津的原油产量排名第三位，产量3273.3万吨，占全国产量的16.4%；其余的产量突破1000万吨的省份还有新疆、山东、广东和吉林，产量排名前七位的省份的产量占全国比例约为90%，可以说是涵盖了全国大部分的原油产量（详见图4-23）。其中陕西和天津的原油产量与21世纪初相比变化很大，陕西石油资源大幅度增长是由于西部开发推进了陕西原油资源的开采，而天津地区的渤海油田的持续开采业促使天津原油生产量的剧增。

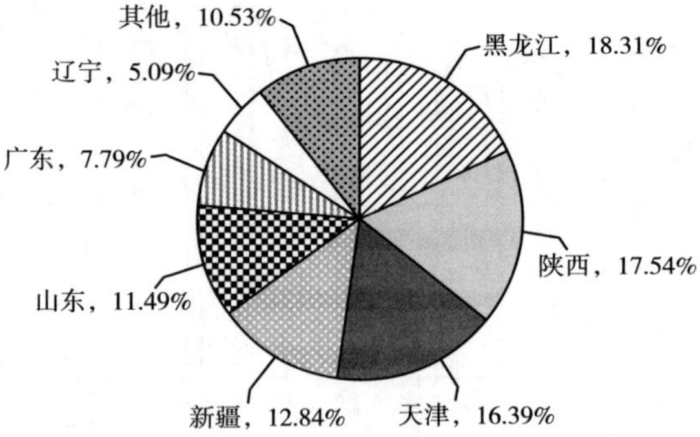

图4-23　2016年中国各省区市原油生产总量及占比

（4）天然气生产现状。

我国天然气生产起步较晚，20世纪90年代才初具一定规模，2000年后随着天然气管道建设的推进，我国的天然气生产发展才步入快速发展阶段，塔里木盆地、鄂尔多斯盆地等地的天然气资源得到大规模的开发，天然气生产量快速增长。根据《BP世界能源统计年鉴》的数据显示，2000年中国的天然气产量为23.6百万吨油当量，到2016年天然气产量增长到118.6百万吨油当量，增幅约有4倍，年均增长率为10%，增长幅度快，特别是2004—2007年年均增速达到18%（详见图4－24）。

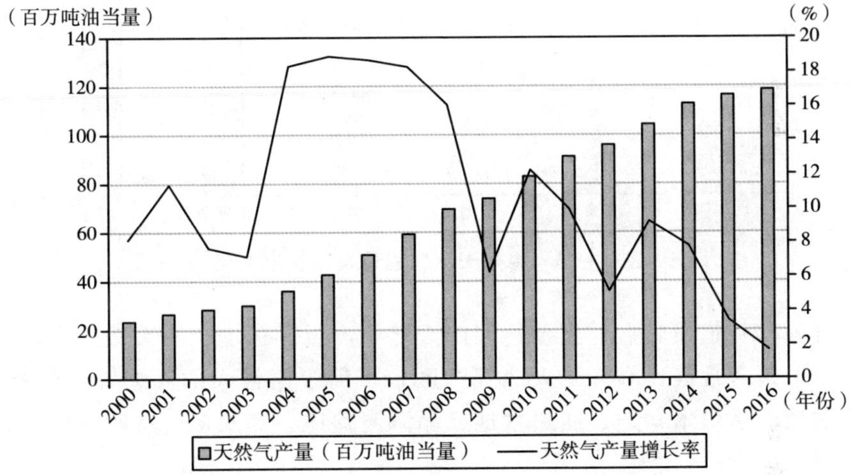

图4－24　2000～2016年天然气生产总量及增长率变化

但是从全球角度来看，中国的天然气产量仍然较低，2004年中国的天然气产量为38.6百万吨油当量，仅为世界第15位。之后中国天然气产量有大幅度上升，到2016年，中国的天然气产量上升至全球第6位，前面五国依次为美国、俄罗斯、伊朗、卡塔尔和加拿大，其产量分别为627.1百万吨油当量、506.7百万吨油当量、174.7百万吨油当量、152.2百万吨油当量和147.6百万吨油当量，可以看出中国的天然气产量和美国、俄罗斯还有一定差距（详见图4－25）。

再从省份角度分析中国的天然气生产，根据《中国能源统计年鉴》的数据，2000年天然气产量前三位的省份分别为四川、新疆、广东、黑龙江与陕西，产量分别为88.6亿立方米、35.38亿立方米、34.6亿立方米、23.04亿立方米和21.1亿立方米，其余省份均在20亿立方米以下；到了2016年天然气产量前五位的省份分别为陕西、四川、新疆、广东与青海，产量分别为411.91亿立方米、296.91亿立方米、291.24亿立方米、79.25亿立方米和60.81亿立方米，其余省份均在50亿立方米以下。从以上数据可见天然气省份排名变化较小，但是产量变化较大。这一方面是因为中国天然气产地比较固定，另一方面是因为随着天然

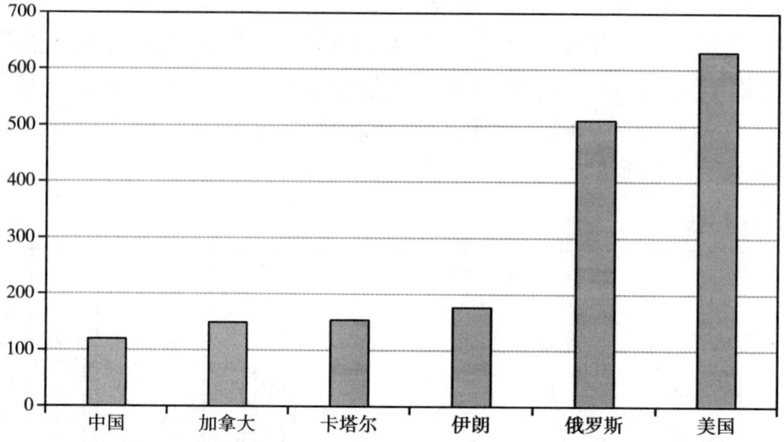

图 4－25　中外天然气总量及增长率变化

气开采设施和管道设施愈加完善，促使天然气产量迅速增长。天然气产量比较高的省份一般包含规模比较大的天然气产区，目前中国最大的天然气产区有七个：柴达木盆地、塔里木盆地、四川盆地、渤海湾盆地、鄂尔多斯盆地和沿海大陆架区域。

（5）电力能源生产现状。

工业生产和日常生活都离不开电力的供应，中国电力生产在 2000 年后获得了飞速的发展，根据国家统计局给出的数据，2000 年中国的电力产量只有 13556 亿千瓦时，到了 2016 年，电力产量已经达到 61332 亿千瓦时，16 年一直维持增长态势，年均增长率达到 9.89%，2004～2007 年四年内增长率甚至可以维持在 14%左右，详见图 4－26。

从全球角度来看，中国的电力产量也一直居于前列，根据世界能源组织、英国 BP、美国能源信息署的数据，中国在 2011 年以 47130 亿千瓦时的发电量超过美国，成为世界上第一电力生产大国，在 2016 年以 61332 亿千瓦时的发电量远远超过第二名美国 42818 亿千瓦时的成绩牢牢占据世界第一电力生产大国的地位。

从省份的电力生产情况来看，集中度没有像其他化石能源生产那样高，根据《中国能源统计年鉴》的数据显示，2016 年有 6 个省份的发电量在 3000 亿千瓦时以上，有 14 个省份的发电量在 2000 亿千瓦时以上，发电量前三位的省份分别为山东、江苏和广东，发电量分别为 5329 亿千瓦时、4709 亿千瓦时和 4264 亿千瓦时。

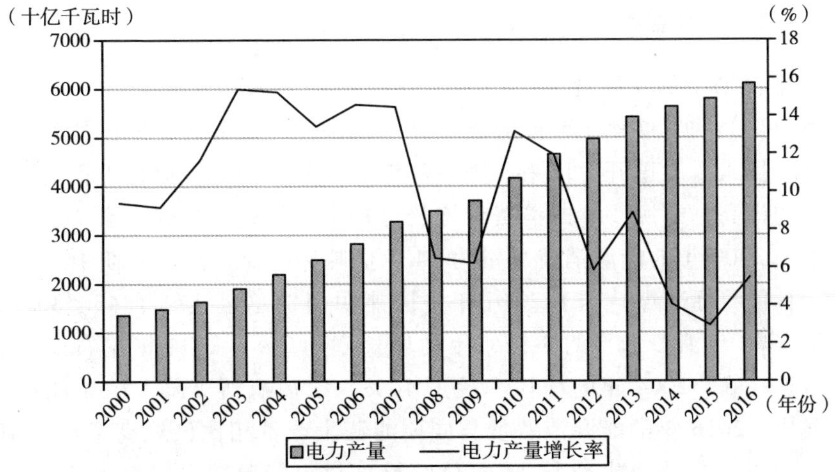

图4－26　2000～2016年电力生产总量及增长率变化

从电力生产结构来看，占比较大的有矿物燃料发电量、水力发电和核能发电，根据国家统计局提供的数据，矿物燃料发电量占比最高、水电次之，核能发电最少。2000年矿物燃料发电量为10415亿千瓦时，占总发电量的84%，水力发电量为2201.9亿千瓦时，占总发电量的17.7%，核能发电量为15.9亿千瓦时，占总发电量的1.3%。到2016年，矿物燃料发电量为39870亿千瓦时，占总发电量的70%；水力发电量为10989.2亿千瓦时，占总发电量的19.4%；核能发电量为161.2亿千瓦时，占总发电量的2.9%。通过对比可以发现非化石能源发电量逐年增长，电力生产结构趋于优化，详见图4－27。

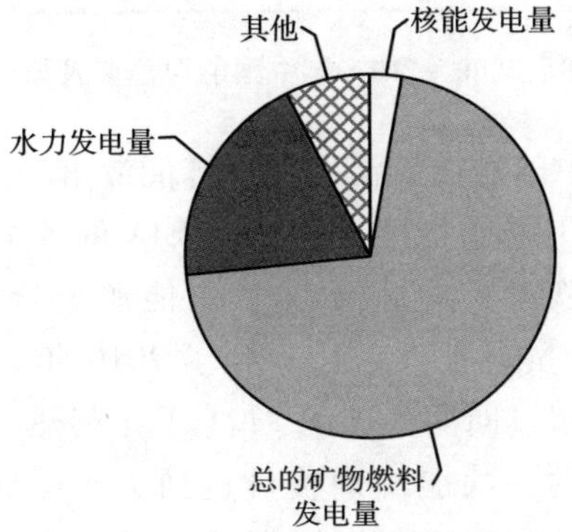

图4－27　2016年中国电力生产结构

4.1.4.2 我国能源消费现状

（1）能源消费的总体现状。

经济与社会的发展离不开能源要素，不仅是生产过程还是居民的日常生活都需要能源的投入。改革开放以来，随着经济的飞速发展、工业化进程的推进和城镇化程度的提高，能源要素的消费量增长也是十分迅速。根据国家统计局提供的数据，中国2000年的能源消费总量为14.7亿吨标准煤，高于同期中国的能源生产量13.86亿吨标准煤，到了2016年中国能源消费总量达到了43.58亿吨标准煤接近于2000年消费水平的3倍，年均增长率为7%，2004年左右能源消费量迎来的增长高峰，2004年的增长率超过16%，之后有所下降。由于能源消费量增长幅度快，2016年的能源消费量与同期能源生产量相比已经高了约有10亿吨标准煤，2016年的能源生产量34.6亿吨标准煤，能源缺口只有靠进口来解决，详见图4－28。

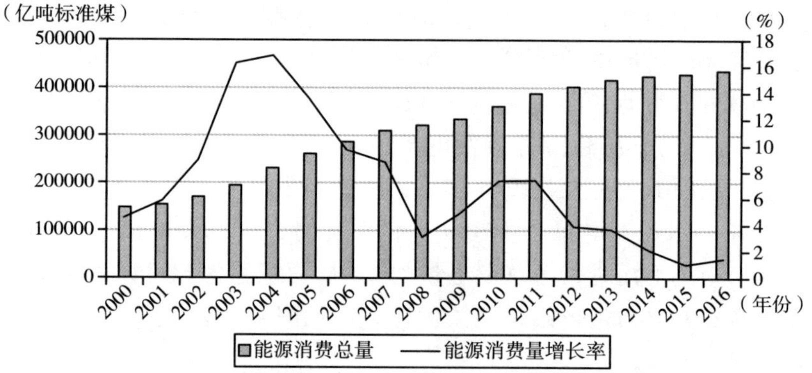

图4－28 2000～2016年中国能源总量及增长率变化

从全球角度来说，中国的能源消费在全球能源市场上的地位越来越重要，根据世界能源组织、英国BP、美国能源信息署EIA的数据，2000年中国的一次能源消费量为39.76千兆英热，只占全球一次能源消费量的9.98%，与美国的98.81千兆英热能源消费量有很大差距；到了2010年，中国的能源消费量达到103.52千兆英热，已经超过同期美国的97.1千兆英热，成为世界第一大一次能源消费国；2016年中国的一次能源消费量达到119.6千兆英热，占全球一次能源消耗量的22.3%，与美国和俄罗斯两国的能源消费量总和基本相等。中国的能源消耗总量所占比重在今后几年内可能还会继续增长，增速也会维持一个较高的水平。

分省份来看能源消费情况，根据国家统计局的数据，2000 年能源消费前五位的省份依次为山东、河北、辽宁、广东和江苏，消耗量分别为 11361 万吨标准煤、11195 万吨标准煤、10655 万吨标准煤、9447 万吨标准煤和 8612 万吨标准煤，但是集中度不高，能源消耗量在 5000 万吨标准煤以上的省份有 12 个；到了 2016 年能源消费排名前五位的省份依次为山东、广东、江苏、河北和河南，能源消耗量分别为 38723 万吨标准煤、31241 万吨标准煤、31054 万吨标准煤、29794 万吨标准煤和 23117 万吨标准煤，省份基本没有变化，但是能源消耗量基本上为 2000 年的 3～4 倍，能源消耗量在 1 亿吨标准煤以上的省份有 22 个。

①原煤消费现状。

我国煤炭资源储量较为丰富，但是随着中国工业化进程的推进对于煤炭的需求量越来越高，21 世纪以来中国逐渐从一个煤炭净出口国转变成煤炭净进口国。2000 年中国原煤消费量为 13.54 亿吨，此时原煤生产量还是 13.8 亿吨，可以满足能源的消费。而随着对原煤消耗量的增加，原煤消费量在 2009 年达到 30.12 亿吨，超过了原煤生产量 29.94 亿吨，中国从原煤净出口国变为原煤净进口国；2014 年中国原煤消费量 41.17 亿吨，原煤生产量为 38.75 亿吨，原煤的缺口量越来越大，见图 4－29。

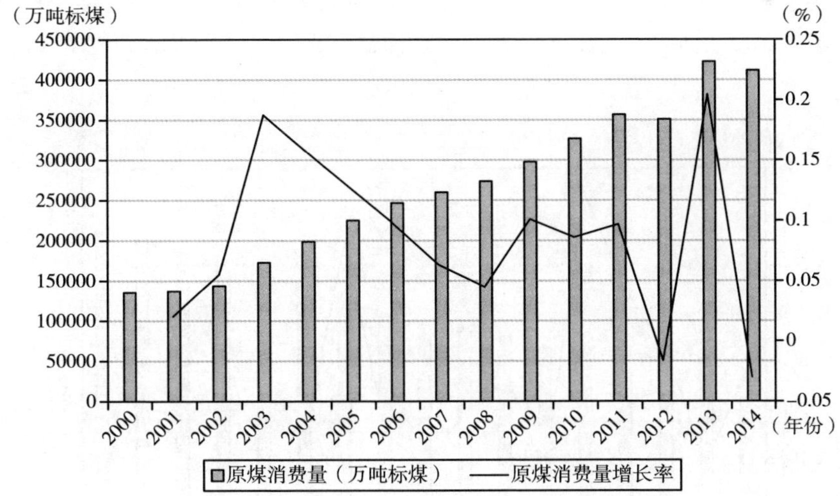

图 4－29　2000～2016 年中国原煤总量及增长率变化

从世界角度来看中国的原煤消费情况，根据《BP 世界能源统计年鉴》上的数据显示，2000 年中国的原煤消耗量为 6.99 亿吨标准油当量，已经是世界第一大原煤消耗国，超过第二美国的 5.68 亿吨标准油当量，占全球总消费量的

29.5%；2011 年中国的原煤消费量增长为 19.0 亿吨标准油当量，占全球能源消费总量的比例首次超过 50%；2016 年中国原煤消耗量为 18.9 亿吨标准油当量，占全球总消费量的 50.7%，远远超过超过第二美国的 3.32 亿吨标准油当量的原煤消费量，可见中国对于原煤资源的需求越来越大。

分省份来看，原煤消费量集中度不高，2000 年煤炭消耗量超过 5000 万吨的有 13 个省份，前五位依次是山西、河北、辽宁、江苏和河南，消费量分别为 14262 万吨、12115 万吨、9582 万吨、8769 万吨和 8724 万吨。到了 2016 年，原煤消费量排名前五位的省份分别为山东、内蒙古、山西、河北和江苏，消费量分别为 37327 万吨、27004 万吨、29865 万吨、27464 万吨和 23100 万吨，26 个省份的原煤消耗量都超过了 5000 万吨，平均每个省份的原煤消费量都为 2000 年的 3～4 倍。

②原油消费现状。

随着中国工业化进程的推进，尤其是石油化工和汽车工业的发展，我国对于原油量的消耗越来越高，根据《BP 世界能源统计年鉴》上的数据显示，中国 2000 年的原油消耗量还只有 2.24 亿吨，此时原油产量只有 1.63 亿吨；到 2016 年中国的原油消费量达到了 5.74 亿吨，年均增长率达到了 6.05%，2004 年和 2010 年增幅甚至达到了 15%以上，原油生产量增幅较低，到 2016 年中国的原油生产量还未到 2 亿吨（见图 4－30），原油缺口巨大，原油消费对进口依赖程度高。

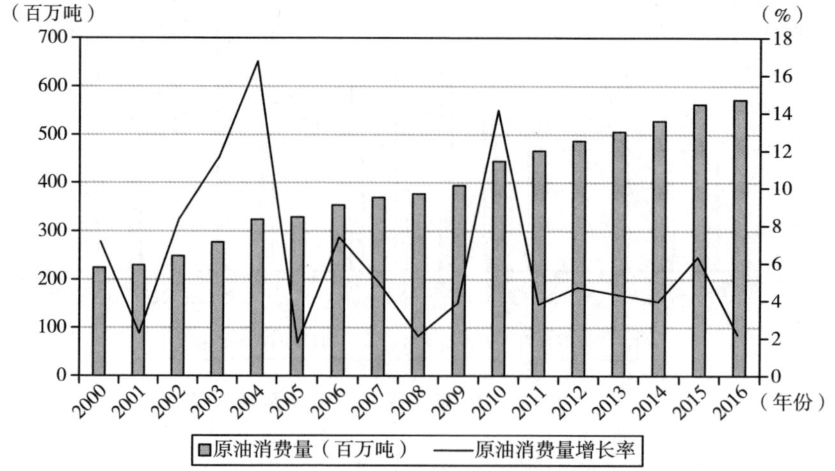

图 4－30　2000～2016 年中国原油消费总量及增长率变化

从全球角度看，根据世界能源组织、英国BP、美国能源信息署EIA的数据，中国在原油消费市场上占据重要地位，2000年中国的原油消费量占全球的6.25%，仅次于美国的24%，是世界第二大原油消费国；在之后10余年内中国的能源消费量迅速增长，到2016年的原油消耗量比排名后两位的印度与日本之和还多，在全球占比13%，美国的原油消费量为86.5亿吨，全球占比19%，与美国的原油消费量差距进一步缩小，也意味着原油缺口越来越严重。

从省份角度来看，2000年原油消费在1000万吨以上的省份有8个，依次为辽宁、广东、山东、黑龙江、江苏、上海、浙江和新疆，其中辽宁、广东和山东原油消费量分别为3938万吨、1956万吨和1771万吨。2016年原油消费在1000万吨以上的省份增加到17个，山东的原油消费量超过亿吨，达到了1.02亿吨，依次下去分别是辽宁、广东、江苏和浙江，消费量分别为7057万吨、5044万吨、4092万吨和2667万吨，这些省份都是沿海省份，并且省内石油炼化产业发达，对原油消耗量较大。

③天然气消费现状。

天然气是一种利用效率较高、清洁的低碳能源，具备很多其他化石能源不具有的优点，如利用广泛、使用方便、排放清洁等。因此，推动天然气产业的发展，提高天然气消费在一次能源消费中的比例，对我国调整能源结构、提高人民生活水平、促进节能减排具有重要的战略意义。2000年以前，我国天然气产业行业尚未起步，天然气开采设施和管道设施不完善，导致天然气消费增长得比较慢，2000年以后随着天然气管道设施的建设，天然气作为能源要素的一种进入了快速发展的时期。2000年，中国的天然气消费为2120万吨油当量，到2016年天然气消费量达到1.8亿吨油当量，为2000年消费量的8倍左右，年均增长率达到14.3%，在部分年份甚至能达到25%左右的增长率，天然气的消费量迅速增长。由于天然气消费量迅速增长，对天然气的需求大大增长，但是生产量满足不了消费，2016年中国天然气的生产量只有1.18亿吨油当量（见图4－31），天然气消费对外依赖度高。

从全球角度来说，2000～2016年中国的天然气消费量的地位有所提高。2000年中国的天然气消费量的1%；到2012年中国的天然气消费量为1.3亿吨油当量，占全球消费量4.3%，位居美国、俄罗斯、伊朗之后，居全球第四名；到了2016年中国的天然气消费量达到1.8亿吨油当量，占全球总消费量的5.9%，已经居全球第三位，但仍低于美国的645亿吨油当量和俄罗斯的308亿吨油当量。

分省份来分析天然气的消费情况，根据国家统计局提供的数据，在2000年

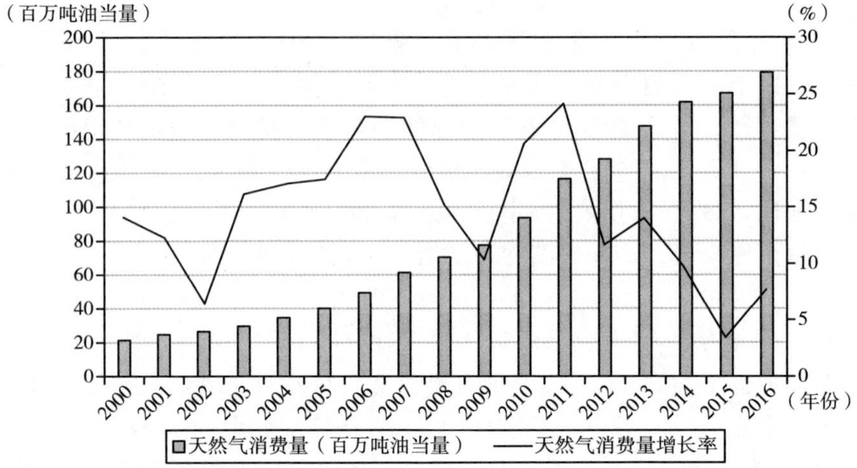

图 4－31　2000～2016 年中国天然气消费总量及增长率变化

中国天然气消费量超过 10 亿立方米的省区市只有 7 个，从高到低依次为四川、重庆、新疆、黑龙江、辽宁、河南与北京，其中消费量排名前三省区市的天然气消费量分别为 58.7 亿立方米、33.2 亿立方米与 23.4 亿立方米；到了 2016 年，各个省区市的天然气消费量有了大幅度的增长，基本上所有省区市的天然气使用量都达到了 10 亿立方米以上，消费量在 100 亿立方米以上的省区市依次是四川、江苏、广东、北京和新疆，天然气消费量分别达到了 181.6 亿立方米、172.7 亿立方米、167.8 亿立方米、162.4 亿立方米和 132.3 亿立方米，其余省区市均低于 100 亿立方米。由于天然气管道设施的完善，天然气消费量的省区市分布集中度不高。

④电力能源消费现状。

随着中国工业化的深入和城镇化程度的推进，工业用电和生活用电量都有大幅度提升。根据国家统计局提供的数据，2000 年中国的电力消费量只有 1.18 万亿千瓦时，到了 2015 年电力消耗量已达 5.21 万亿千瓦时，几乎是 2000 年的 5 倍，基本保持较高的增长率，年均增长率达到 10.5%，增长率最高的年份为 2004 年，增长率为 16.61%，见图 4－32。

在全球的电力消费市场上中国占据了重要地位，据世界能源组织、英国 BP、美国能源信息署 EIA 的数据显示，中国电力消耗 1.18 万亿千瓦时，占全球电力消耗的 8.89%，与美国电力消耗 3.59 万亿千瓦时和欧盟的 2.64 万亿千瓦时相比还有不小的差距；到了 2015 年，中国的电力消耗量达到 5.27 万亿千瓦时，占全

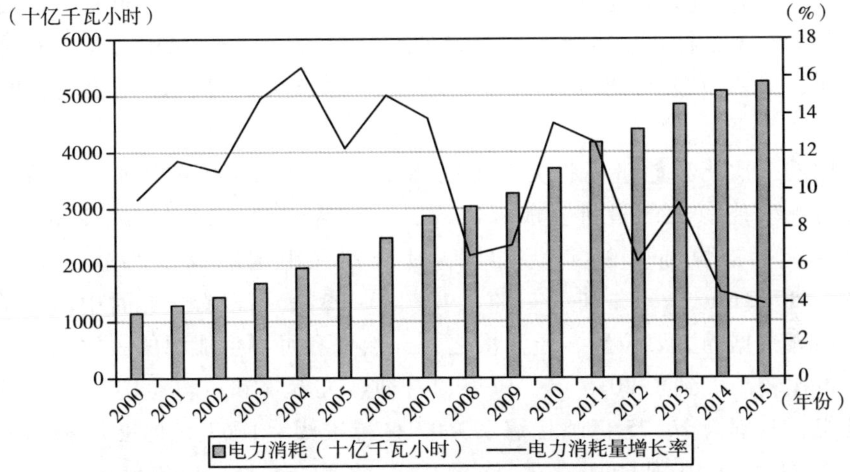

图4－32　2000～2016年中国电力消费总量及增长率变化

球电力消耗的24%，已经远远超过了美国3.9万亿千瓦时和欧盟的2.8万亿千瓦时，成为全球第一电力消费大国。

分省份来看中国电力能源消费情况，在2000年中国电力消费量前五位的省份依次为广东、山东、江苏、河北和辽宁，消费量依次为1334.6亿千瓦时、1000.5亿千瓦时、971.82亿千瓦时、809.33亿千瓦时和796.53亿千瓦时，全国个省份的电力能源消耗量基本都在100亿千瓦时以上；到了2016年，中国电力能源消耗排名前五位的省份依次是广东、山东、江苏、浙江和河北，消费量依次为5610.1亿千瓦时、5561亿千瓦时、5458.9亿千瓦时、3873.19亿千瓦时和3264.52亿千瓦时，大部分省份的电力消费量在1000亿千瓦时以上，随着经济的发展各省份的电力消费都有较大增长，与经济发展程度的不同造成电力消费量省份排名有所变化。

（2）我国能源结构现状。

中国目前一次能源的要素资源呈现出“多煤、少油、少气”的现状，而随着工业化的深入和城镇化的推进，中国的能源需求急剧上升，结合煤炭资源价格的相对低廉这一因素，决定了目前中国的能源生产与能源消费结构以煤为主。如果没有可以替代的能源出现，这种状况将在很长一段时间内持续下去。

中国的一次能源以煤炭、石油和天然气为主，再辅以可再生能源。一次能源中以煤炭资源较为丰富，根据世界能源组织、英国BP、美国能源信息署EIA的数据显示，截至2016年年底，中国的煤炭探明储量总计为2440.1亿吨，略少于美国的2515.8亿吨，占全球煤炭探明储量的21.4%，总量十分丰富；而石油探明储量为250.1亿桶，仅占全球石油储量的1.5%，列全球第十二位，石油储量相对较小；天然气探明储量为174.63万亿立方公尺，占全球天然气探明储量的2.5%。

中国的一次能源储量现状决定了能源生产结构。2000年将原煤、石油、天然气和可再生能源的产量折合成标准煤，分别为9.88亿吨标煤、2.32亿标准煤、0.34亿标准煤和0.96亿标准煤，其分别在中国能源生产总量中占比为73.18%、17.21%、2.5%和7.11%（见图4－33），可以看出此时中国能量生产结构中原煤占据的主要位置，原油次之，天然气和可再生能源的占比综合还不到10%，占比较小。到了2015年，原煤、石油、天然气和可再生能源的产量折合成标准煤，分别为26.75亿吨标煤、3.07亿标准煤、1.67亿标准煤和9.1亿标准煤，其分别在中国能源生产总量中占比为65.88%、7.55%、4.11%和12.47%（见图4－34），可以发现原煤生产和天然气生产依然是占比最高和最低的两项，但是之间的差距有所减小，原煤产量占比下降约8%，天然气产量占比上升约1.6%；可再生能源的产量占比大幅度升高，上升约17%，而原油产量虽然近年来也在升高，但是增长幅度没有总的能源产量增长幅度快，所以占比有所下降。按照这种增长幅度，可再生能源和天然气生产今后会在能源生产中发挥更重要的作用，原煤生产的主要地位暂时不会发生变化，但是原油生产在能源生产结构中的比例会有所下降。

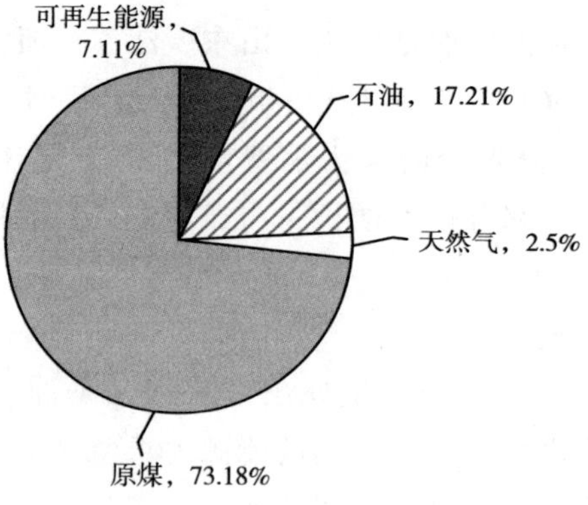

图4－33　2000年中国能源生产结构

要保证一个国家快速稳定的发展、工业化合理的推进、城镇化继续深入下去，一个合理的能源消费结构是十分必要的，是衡量一个国家或地区经济健康发展的重要标志，也是一国生态和居民生活水平的重要体现。通过分析世界能源消

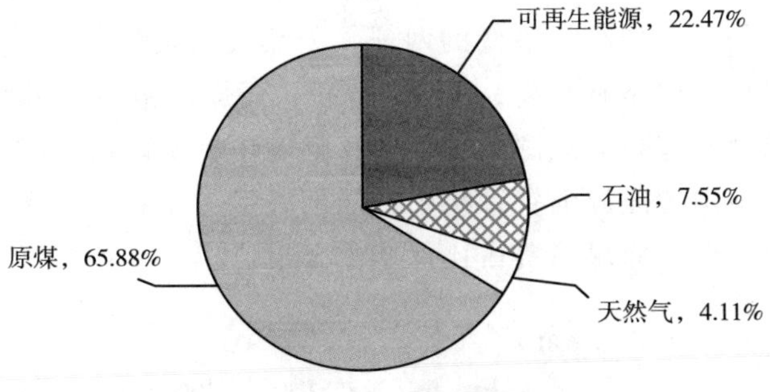

图4－34　2015年中国能源生产结构

费的变化情况可以看出，随着人类经济社会的进步与发展，对于能源消费的需求越来越高，能源消费的结构也越来越优化，从消费效率低、污染大的能源种类，一步步向消费效率高、较为清洁的能源迈进，从目前的能源消费结构来看，就是从化石燃料向天然气和可再生能源等清洁能源消费转变。

受自身能源储量和能源产量的影响，中国的能源消费以煤炭为主，石油和天然气、可再生能源次之。2000年将原煤、石油、天然气和可再生能源的消费量折合成标准煤，分别为9.67亿吨标煤、3.2亿标准煤、0.30亿标准煤和0.83亿标准煤，其分别在中国能源生产总量中占比为69.03%、22.86%、2.16%和5.94%（见图4－35），可以看出此时中国能量消费结构中依然是煤的消费占据主要地位，原油次之，天然气和可再生能源的占比较小。到了2015年，原煤、石油、天然气和可再生能源的产量折合成标准煤，分别为29.41亿吨标煤、7.54亿标准煤、2.31亿标准煤和2.87亿标准煤，其分别在中国能源消费总量中占比

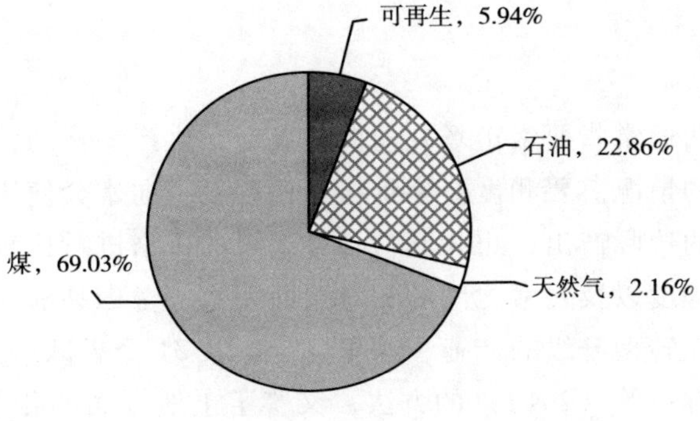

图4－35　2000年中国能源消费结构

为69.8%、17.9%、5.49%和6.81%（见图4-36），可以发现原煤消费量和天然气消费量依然是占比最高和最低的两项，天然气消费量占比上升约3.3%；可再生能源的消费量占比略有升高，上升约1%，而原油消费量虽然近年来也在升高，但是增长幅度没有总的能源消费量增长幅度快，所以占比略有下降。与能源生产结构相似，中国的能源消费结构中石油消费量占比有所下降，天然气和可再生能源消费占比上升，原煤消费占比保持主要地位。

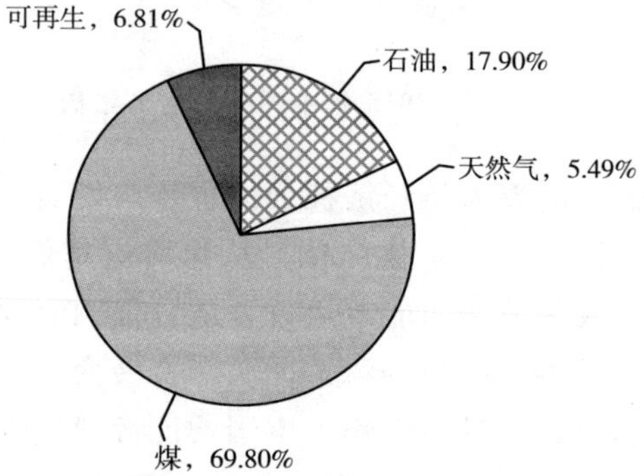

图4-36　2015年中国能源消费结构

4.2 中国各要素扭曲程度的测度

4.2.1　中国土地要素价格扭曲程度测算

（1）测算模型。

要素价格扭曲通常指要素市场在扭曲情况下，生产要素的价格与其边际产出之间产生了偏离的情况。要测度要素价格扭曲程度，通常会使用生产函数法，先计算出各种要素的边际产出，再将其与各种要素的价格进行比较，从而得出要素价格的绝对扭曲程度以及要素之间的相对扭曲系数。考虑到前面要素价格扭曲的定义以及目前正在转型升级的产业，这里以全国及31个省区市共32个样本为分析对象，借鉴聂辉华等（2012）的方法，又鉴于土地方面的相关数据在2002年以前有所缺失，因此选取了2002～2017年的数据来进行土地要素价格绝对扭曲系数的测算。在处理数据方面，本书使用EViews7.0以及Excel软件来计算并绘图。

在选择生产函数形式上，这里选择柯布—道格拉斯（C－D）生产函数。因为C－D函数在估计方法上最简单直接，估计之后的边际产出误差相对最小，同时变化的各种要素的数量和价格经过此生产函数中估计后也会得到变化的相应边际产出。

考虑到土地资源、资本和劳动力这三种生产要素，结合地区i与时间t，生产函数可以表示为：

$$Y_{it} = A \times e^{\lambda} \times LD_{it}^{\alpha} \times K_{it}^{\beta} \times L_{it}^{\gamma} \times \mu_{it} \tag{4-1}$$

对式（4－1）两边取对数可以得到：

$$\ln Y_{it} = A + \lambda + \alpha \ln LD_{it} + \beta \ln K_{it} + \gamma \ln L_{it} + \mu_{it} \tag{4-2}$$

其中，i、t分别表示地区和时间，λ、α、β、γ分别表示技术、土地、资本和劳动要素的产出弹性系数，μ_{it}为随机干扰项（通常小于等于1）。这里假设各要素的产出弹性系数λ、α、β、γ不随时间和地区的变化而变化，并且可以从不同地区与年份的Y、LD、K、L构成的面板数据估计得到。

对式（4－2）进行线性回归可以得到α、β、γ的估计值$\hat{\alpha}$、$\hat{\beta}$、$\hat{\gamma}$，得到各要素的边际产出如下：

$$MP_{LD_{it}} = \hat{\alpha} \times \frac{Y_{it}}{LD_{it}}, MP_{K_{it}} = \hat{\beta} \times \frac{Y_{it}}{K_{it}}, MP_{L_{it}} = \hat{\gamma} \times \frac{Y_{it}}{L_{it}} \tag{4-3}$$

设P_{LD}、P_K和P_L分别表示在完全竞争市场条件下的三种生产要素的价格，$Dist_{LD}$、$Dist_K$和$Dist_L$分别表示土地、劳动和资本要素的价格扭曲程度，为：

$$Dist_{LD_{it}} = \frac{MP_{LDit}}{P_{LDit}},\ Dist_{K_{it}} = \frac{MP_{Kit}}{P_{Kit}},\ Dist_{L_{it}} = \frac{MP_{Lit}}{P_{Lit}} \tag{4-4}$$

如果$Dist_{LD}=1$，则表示土地要素价格不存在扭曲现象；如果$Dist_{LD}>1$，则表示土地要素价格存在负向扭曲现象；如果$Dist_{LD}<1$，则表示土地要素价格存在正向扭曲现象，而且$Dist_{LD}$偏离1的程度越大，表示土地要素价格扭曲的程度越高。$Dist_K$，$Dist_L$同理。

（2）变量及数据说明。

总产出Y_{it}（亿元）：这里选取2002～2017年全国以及各省区市按照当年价格计算的国内生产总值GDP作为总产值的指标，并且按照每年的GDP指数将国内生产总值换算成以2002年为基期的数值，为了便于统计回归取其对数为$\ln Y_{it}$。

土地要素投入LD_{it}（千公顷）：由于农业用地不属于国家建设用地，因此第一产业的土地面积将选取农业面积来作为指标，通常为农作物播种面积、造林面积以及水产养殖面积的总和。由于第二、第三产业所使用的土地都以出让方式取得，因此将选取国有建设用地的出让面积来作为指标，为了便于统计回归取其对数为 $lnLD_{it}$。

土地要素价格 $P_{LD_{it}}$（万元/千公顷）：由于农业用地转让流转的价格是由流转的双方私下协商确定的，在法律上并没有一个统一的标准，而第二、第三产业的建设用地的转让在《土地管理法》中都有明确的标准规定，因此这里将选取国有建设土地的出让成交总额与出让面积的比值来作为土地要素价格的指标，并且将当年价格换算成以 2002 年为基期的价格。

资本要素投入 K_{it}（亿元）：使用资本存量作为指标，由于现有的统计年鉴里面没有可以直接使用的全国及各个省区市的资本存量数据，因此这里需要通过将固定资产投资额换算成相应的资本存量来进行进一步的统计回归。国内现在使用最频繁的计算资本存量的方法是张军等（2004）使用的永续盘存法，本书也将借鉴这个方法，选取 9.6% 的折旧率，将 2002 年的全社会固定资产投资总额换算成基期的资本存量额，并且以固定资产投资价格指数作为平减指数，将2003～2017 年当年全社会固定资产投资总额换算成以 2002 年为基期的固定资产投资总额，为了便于统计回归取其对数为 lnK_{it}，具体的资本存量计算公式可用：

$$K_t = \frac{I_t}{P_t} + (1-\delta) K_{t-1} \tag{4-5}$$

其中，K_t 代表第 t 年的实际资本存量额，I_t 代表第 t 年的固定资产投资额，P_t 代表第 t 年的固定资产投资价格指数，δ 代表折旧率。而基期资本存量额 K 可以表示为 2002 年的固定资产投资/（折旧率 + 投资额增长率）。

资本要素价格 P_{Kit}：这里借鉴张军等（2010）的方法，选择固定资产折旧率来表示，即固定资产折旧值与相应年份的固定资产投资额的比值，并以 2002 年为基期进行指数平减。

劳动要素投入 L_{it}（万人）：这里选取全国的从业人员人数作为劳动要素投入指标，并为了便于统计回归取其对数为 lnL_{it}。

劳动要素价格 $P_{L_{it}}$（万元）：因为现有的统计数据中没有可以直接使用的从业人员工资，所以使用从业人员总工资金额与从业人员人数的比值作为劳动要素价格，并且以 2002 年作为基期年将从业人员工资进行指数平减。

本节所需基础数据来自《中国统计年鉴》《中国农业统计年鉴》《中国工业统计年鉴》《中国国内生产总值核算历史资料》《中国劳动统计年鉴》《中国价格统计年鉴》《城市建设统计年鉴》以及《中国固定资产投资统计年鉴》。

相关变量的描述性统计结果如表 4－2 所示。

表4-2 相关变量的描述性统计结果

变量名称	样本数	平均值	最大值	最小值	标准差
lnY	512	9.124819	13.64100	5.087843	1.334722
lnLD	512	8.317770	12.09752	4.893352	1.305461
lnK	512	8.615099	13.36298	4.659280	1.404801
lnL	512	5.917233	9.813441	2.674149	1.097993
PLD	512	1.139707	58.23000	0.010000	3.444313
PK	512	0.329141	0.530000	0.170000	0.058518
PL	512	3.749452	13.17000	0.917400	2.200849

(3)测算过程。

为了避免出现“伪回归”，并提高测算结果的可靠性，通常会对时间范围超过5年的面板数据进行单位根的检验。这里将会使用LLC、Fisher-ADF以及Fisher-PP这三种方法来对相关变量进行单位根的检验。其中LLC是在同质性基础上进行的检验，Fisher-ADF和Fisher-PP是可以有异质性的检验，其检验结果如表4-3所示。

表4-3 相关变量的面板数据单位根检验

变量	LLC检验	Fisher-ADF检验	Fisher-PP检验
lnY	-14.6096*** (0.0000)	149.4490*** (0.0004)	227.6310*** (0.0000)
lnLD	0.83767*** (0.0009)	60.2212*** (0.0000)	49.2271*** (0.0000)
lnK	-15.9866*** (0.0000)	210.7570*** (0.0000)	342.6370*** (0.0000)
lnL	-2.46168*** (0.0069)	66.3181*** (0.0000)	49.6379*** (0.0064)

注：检验结果由EViews7.0得出，其中，***表示为在1%的水平上显著，**表示为在5%的水平上显著，*表示为在10%的水平上显著。小括号内表示的为对应的P值。

由表4-3可以得出，经过上述三种方法的单位根检验，全国以及各省区市的相关变量的一阶差分都在1%的水平以下，因此拒绝了“序列是非平稳的”的原假设，即相关变量是平稳的并且一阶单整，不会出现“伪回归”的结果。

同样为了避免出现“伪回归”，并提高测算结果的可靠性，对相关变量之间是否存在着协整的关系将会做一个检验。这里将会使用 Kao、Pederon 以及 Fisher - ADF 这三种方法来对相关变量之间的关系进行协整检验。其中，Kao 和 Pederon 是建立在 EG 两步法的基础上进行的检验，Fisher - ADF 是建立在 Johansen 协整基础上进行的检验，其检验结果如表 4 - 4 所示。

表 4 - 4　　相关变量的面板数据协整检验

统计量	Kao 检验	Pederon 检验	Fisher - ADF 检验
ADF	-6.942586*** (0.0000)		
Panel v - Statistic		1.304945*** (0.0060)	
Panel rho - Statistic		1.869860** (0.0092)	
Panel PP - Statistic		-0.891009** (0.0865)	
Panel ADF - Statistic		-0.578447** (0.0815)	
Group rho - Statistic		3.680242*** (0.0000)	
Group PP - Statistic		-6.721947*** (0.0000)	
Group ADF - Statistic		-3.690089*** (0.0000)	
None			978.5*** (0.0000)
At most 1			477.5*** (0.0000)
At most 2			286.5*** (0.0000)
At most 3			251.9*** (0.0000)

注：检验结果由 EViews7.0 得出，其中，*** 表示为在 1% 的水平上显著，** 表示为在 5% 的水平上显著，* 表示为在 10% 的水平上显著。小括号内表示的为对应的 P 值。

由表4－4可以得出，经过上述三种方法的协整检验，全国以及各省区市的相关统计量的协整结果都在1%的水平以下，因此拒绝了“不存在协整关系”的原假设，即相关变量是存在协整关系的并且保持长期趋势的，可以在此基础上直接进行面板数据回归分析。

（4）土地要素价格绝对扭曲程度测度结果及分析。

由于该部分测算要素价格绝对扭曲程度时使用的数据为面板数据，常用的模型有固定效应模型、随机效应模型以及混合效应模型这三种，具体使用哪一种模型来进行估计，需要使用数据来进行检验。因此为了使要素价格绝对扭曲程度被更加准确地衡量，这里将同时对固定效应、随机效应以及混合效应这三种模型进行回归估计，最后根据回归的结果来决定哪一种模型更适合用于衡量要素价格绝对扭曲程度。

在确定模型的形式上，可以使用F检验来确定使用变系数模型、变截距模型以及不变参数模型中的一种。分别构建这三种模型并考虑其自由度N(T－k－1)，得到残差平方和S_1、S_2和S_3，再根据计算公式得出相应的F统计量，其具体公式如下：

$$F_1=\frac{(S_2-S_1)/(N-1)k}{S_1/N(T-K-1)}\sim F[(N-1)k,N(T-k-1)] \tag{4-6}$$

$$F_2=\frac{(S_3-S_1)/(N-1)(k+1)}{S_1/N(T-K-1)}\sim F[(N-1)(k+1),N(T-k-1)] \tag{4-7}$$

计算得到两个F值之后，查找F值分布表对应的数值进行比对之后决定使用哪一种模型形式。具体的回归估计结果如表4－5所示。

表4－5　土地要素扭曲的参数估计结果

变量	混合回归模型	固定效应模型	随机效应模型
c	1.1683*** (0.0783)	5.4413*** (0.4738)	1.8505*** (0.1446)
lnLD	－0.0457*** (0.0115)	－0.2864*** (0.0563)	0.0896*** (0.0182)
lnK	0.6660*** (0.0128)	0.6741*** (0.0066)	0.6619*** (0.0064)

续表

变量	混合回归模型	固定效应模型	随机效应模型
lnL	0.4386*** (0.0180)	0.0437*** (0.0153)	0.1409** (0.2140)
Hausman 检验			0 [1.0000]
样本数	510	510	510

注：回归结果由 EViews7.0 得出，其中，*** 表示为在 1% 的水平上显著，** 表示为在 5% 的水平上显著，* 表示为在 10% 的水平上显著；小括号内的数值表示为标准误差，中括号内的数值表示为 P 值。

在确定模型的形式上，查询分布表之后的 F 值均大于其临界值，拒绝了“应建立不变参数模型”的原假设，即不能建立混合效应模型；再使用 Hausman 检验，得出 Hausman 值为 0，并且与其对应的 P 值等于 1，不能拒绝“个体效应与回归变量无关，应建立随机效应模型”的原假设，即应该选择建立随机效应模型。综上所述，土地要素扭曲程度的面板估计模型应该选择随机效应模型更为合理。

同时，从上述回归结果中我们也可以得出，土地要素的产出弹性 α 的估计值等于 0.089，并且在 1% 的水平上显著，这表示土地要素对国内生产产值有着正向的促进作用。资本要素的产出弹性 β 的估计值等于 0.662，也在 1% 的水平上显著。劳动力要素的产出弹性 γ 的估计值等于 0.241，在 5% 的水平上显著。α、β 与 γ 的数值之和接近于 1，这可以表示规模报酬基本保持不变，所选取的数据和模型都处于合理范围内，基本符合了柯布—道格拉斯函数对规模报酬的基本假设。使用上述模型估计后得到的参数，我们可以进一步计算得到我国 2002 ~ 2017 年各个地区的土地要素价格的扭曲程度如表 4 – 6 所示。

表 4 – 6　　各地区土地要素价格的扭曲程度 $Dist_{LD}$

	2002 年	2004 年	2006 年	2008 年	2010 年	2012 年	2014 年	2016 年
全国	0.3347	0.2625	0.3677	0.2864	0.2360	0.3443	0.2739	0.2232
北京	0.8982	1.2973	2.4807	0.8431	0.5358	0.8452	0.5721	0.9117
天津	0.4841	0.6216	1.8989	1.0100	0.9623	2.0239	1.1202	0.7005
河北	0.1694	0.3182	0.4469	0.4058	0.2813	0.3807	0.3588	0.2947

续表

	2002 年	2004 年	2006 年	2008 年	2010 年	2012 年	2014 年	2016 年
山西	0. 2811	0. 2860	0. 4500	0. 2821	0. 3281	0. 3944	0. 3050	0. 2237
内蒙古	2. 5064	0. 5561	0. 3478	0. 4806	0. 4224	0. 4771	0. 5521	0. 4955
辽宁	0. 4705	0. 3820	1. 1055	0. 3464	0. 3556	0. 3751	0. 3949	0. 3579
吉林	0. 4170	0. 2631	0. 3541	0. 3510	0. 2098	0. 2541	0. 2482	0. 2297
黑龙江	0. 4410	0. 2234	0. 2846	0. 1581	0. 1481	0. 2046	0. 1269	0. 1391
上海	2. 0600	2. 0161	4. 2209	1. 2485	0. 7199	1. 0488	0. 5372	0. 3536
江苏	10. 9349	0. 3996	0. 5209	0. 5467	0. 3336	0. 4919	0. 3924	0. 2673
浙江	0. 9429	0. 6984	0. 9719	0. 7280	0. 4303	0. 6720	0. 6605	0. 5020
安徽	0. 2926	0. 1602	0. 2503	0. 1797	0. 1312	0. 2099	0. 1547	0. 1234
福建	2. 2662	0. 7170	0. 5800	0. 6849	0. 3741	0. 6378	0. 5980	0. 4915
江西	3. 7158	0. 1964	0. 2558	0. 3081	0. 2060	0. 2673	0. 2226	0. 2050
山东	0. 8647	0. 5255	0. 6094	0. 4395	0. 4511	0. 5086	0. 4357	0. 4324
河南	0. 6473	0. 2878	0. 2730	0. 2409	0. 2589	0. 2833	0. 2332	0. 1684
湖北	0. 2274	0. 2404	0. 2654	0. 2611	0. 2833	0. 3745	0. 3165	0. 2653
湖南	0. 2771	0. 2239	0. 3064	0. 2486	0. 2736	0. 2321	0. 2383	0. 2413
广东	21. 5383	1. 3593	1. 0878	0. 7780	0. 7353	0. 7542	0. 4143	0. 3987
广西	0. 1666	0. 1581	0. 2671	0. 3264	0. 1970	0. 2748	0. 2236	0. 2071
海南	0. 5035	0. 3400	0. 5703	0. 2615	0. 1827	0. 2550	0. 2060	0. 2414
重庆	0. 3566	0. 2069	0. 2442	0. 1847	0. 1440	0. 1441	0. 1871	0. 2525
四川	0. 1919	0. 1322	0. 1440	0. 1677	0. 1495	0. 2032	0. 1911	0. 1859
贵州	0. 5475	0. 1523	0. 0932	0. 1397	0. 1389	0. 2045	0. 1709	0. 2176
云南	0. 1633	0. 2051	0. 2347	0. 1913	0. 1222	0. 1211	0. 1918	0. 2034
西藏	0. 4522	0. 2722	0. 4084	0. 4217	0. 7435	0. 7564	1. 1713	0. 6973
陕西	0. 1634	0. 1586	0. 1979	0. 2379	0. 3006	0. 3812	0. 3639	0. 5003
甘肃	0. 4519	0. 4161	0. 2597	0. 3071	0. 1762	0. 6922	0. 4716	0. 2908
青海	1. 5058	0. 6732	2. 5021	2. 6668	0. 3453	1. 0625	0. 7728	2. 1839
宁夏	0. 1561	0. 1563	0. 4095	0. 4736	0. 4017	0. 7391	0. 6434	0. 7762
新疆	0. 3183	0. 7327	1. 0422	0. 4339	0. 3793	0. 8387	0. 7666	0. 6370

从图4-37中可知，按照时间的趋势，全国的土地要素价格扭曲系数在较长期间内均小于1，主要在0.2~0.4呈“W”形波动趋势，并且系数呈现出缓慢减小的趋向，这点可以表明土地要素价格存在着持续的正向扭曲的现象，并且正向扭曲的程度小幅度加深。从分布区域上看，各个地区的土地要素价格扭曲程度都不一致。东部地区的土地要素价格扭曲系数基本上从一开始的大于1经过多次波动后转变为小于1，呈现出从开始的负向扭曲转变为正向扭曲的趋势，但总体上仍然高于全国的扭曲系数。中西部地区的土地要素价格扭曲系数均存在系数小于1，即表示为存在着正向扭曲的现象。其中，中部地区的扭曲系数均低于全国扭曲系数，并且其变化趋势与全国基本保持一致。

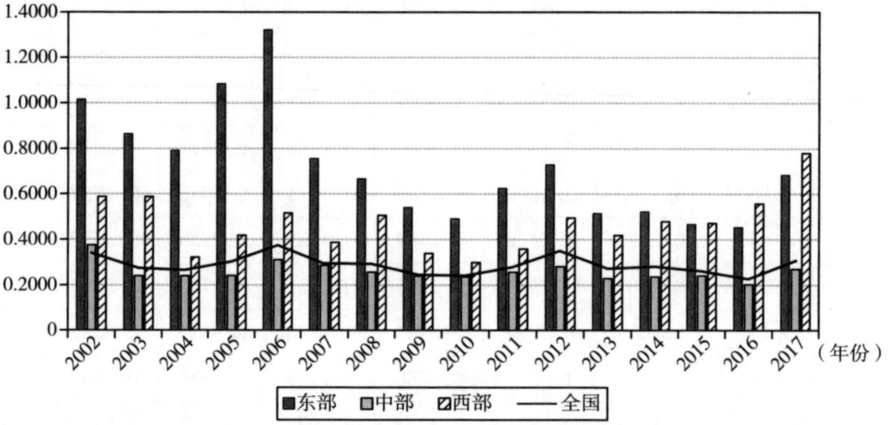

图4-37　2002-2017年分区域土地要素价格的扭曲程度差异

注：东部地区包括的省市有：北京、天津、河北、辽宁、上海、江苏、浙江、福建、山东、广东、海南；中部地区包括的省份有：山西、吉林、黑龙江、安徽、江西、河南、湖北、湖南；西部地区包括的省区市有：内蒙古、广西、重庆、四川、贵州、云南、西藏、陕西、甘肃、青海、宁夏、新疆。

按照各省区市的分布，可以发现全国各省区市的土地要素价格扭曲系数相差程度非常大，见图4-38。其中，2002~2017年平均扭曲程度大于1的省市有北京、天津、上海、江苏、广东以及青海。广东的扭曲系数为最高，达到2.1049，黑龙江的扭曲系数为最低，达到0.1935。总体上多数省区市的扭曲系数都与全国的扭曲系数较为接近。

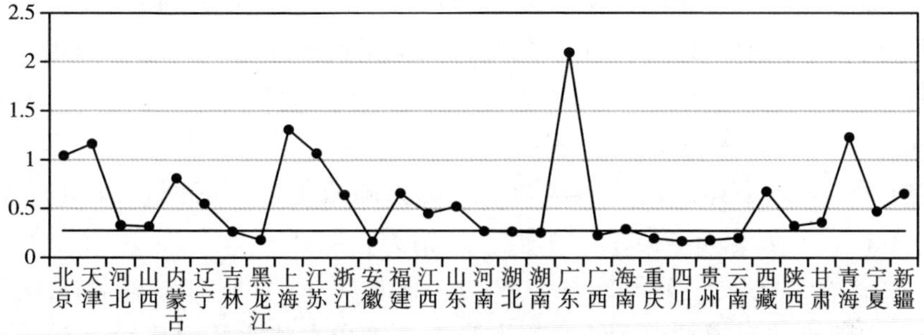

图 4-38　2002~2017 年分区域土地要素价格的扭曲程度差异

4.2.2　中国资本与劳动力市场扭曲程度的测度及结果

（1）测度方法的选择。

资本与劳动力要素市场扭曲主要通过各自要素价格扭曲指数来反映的，因此本书选取各自其价格扭曲程度指数代替市场扭曲程度。由前面的综述可知要素价格扭曲估计方法主要包括生产函数法、影子价格法和前沿技术法。本书在现有的研究基础上，选用 C-D 生产函数对要素价格扭曲进行测度。

C-D 生产函数形式：

$$Y = AL^{\alpha}K^{\beta} \tag{4-8}$$

则通过对数变换得出关系形式：

$$\ln Y = A + \alpha \ln L + \beta \ln K + \varepsilon \tag{4-9}$$

我们可得到 α 和 β 的估计值，然后再计算出劳动与资本的边际产出：

$$MP_L = A\alpha L^{\alpha-1}K^{\beta} = \alpha \cdot (Y/L) \tag{4-10}$$

$$MP_K = A\beta L^{\alpha}K^{\beta-1} = \beta \cdot (Y/K) \tag{4-11}$$

其中，劳动 L 的价格为 w，资本 K 的价格为 r，则有：

$$MP_L = \lambda \cdot w,\ MP_K = k \cdot r,\ 即\ \lambda = MP_L/w,\ k = MP_K/r \tag{4-12}$$

如果 $k=1$，$\lambda=1$，则说明要素价格是没有扭曲的；$k\neq1$，$\lambda\neq1$ 则说明要素价格是扭曲的，并且 k 与 λ 偏离 1 的程度越大，则说明要素价格扭曲程度越大。

在产出函数为 CD 形式的假设下，对数化的计量模型为：

$$\ln Y_{it} = c + \alpha \ln L_{it} + \beta \ln K_{it} + \varepsilon_{it} \tag{4-13}$$

如果所有的个体都拥有完全一样的回归方程，这样就可以把所有的数据放在一起，像对待横截面数据那样进行 OLS 回归，则被称为混合回归。这样势必忽略了横截面个体间不可观测或被遗漏的异质性。因此在本书中假定个体回归方程拥有相同的斜率，但可以有不同的截距，依次来捕捉异质性，从而引出了个体效应模型：

$$\ln Y_{it} = c + \alpha \ln L_{it} + \beta \ln K_{it} + u_i + \varepsilon_{it} \tag{4-14}$$

其中，u_i 表示个体异质性的截距项，ε_{it}为随机个体与时间而改变的扰动项，且与 u_i 不相关。如果 u_i 与某个解释变量相关，则进一步称其为固定效应模型（RE）。在这种情况下，OLS 是不一致的。而如果 u_i 与所有的解释变量均不相关，则称为随机效应模型（FE）。接下来本书采用上述方法对生产函数的投入产出弹性进行估计。

（2）数据来源和处理。

本书利用 Stata 软件对生产函数的参数 α 和 β 进行估计，由于西藏缺少部分年份的固定资产总额数据，无法测算其资本存量，因此截面数据不包括西藏。本部分的数据来源包括 2000～2016 年中国 30 个省区市共 510 个数据，本书的数据主要来源知网数据库、国家统计局、中经网数据库。

总产出（Y）。本书选取各省区市按当年价计算的 Y 以及 Y 指数，以 2000 年为基期，计算出各省区市 2000～2016 年实际 Y，然后取对数为 lnY。

资本存量（K）。采用张军等（2004）的估算方法，利用永续盘存法测度我国 30 个省区市年度的物资资本存量，即：

$$K_{it} = K_{it-1}(1 - \delta_{it}) + I_{it} \tag{4-15}$$

其中，K_{it}为 i 省 t 年的实际资本存量，K_{it-1}为第 i 省第 t－1 年的实际资本存量。I_{it}为 i 省 t 年的实际固定资本形成总额。δ_{it}为 i 省 t 年的资本折旧率，本书依旧采用张军等（2004）的做法，将各省区市各年度的资本折旧率统一为 0.096。最后取对数为 lnK。

劳动力投入（L）。本文将各省区市的年度城镇单位就业人数作为劳动力投入量，并取对数为 lnL。

资本的价格（r）。本书参考张军等（2004）的做法，用固定资产折旧率作为资本的价格，即用 2000 年为基期的固定资产折旧值除以相对应年份的实际固定资本存量。

劳动力的价格（w）。用城镇单位就业人员工资总额与城镇单位就业人数总量的比值表示。

各变量的统计描述结果如表 4－7 所示。

表4－7　　变量的描述性统计结果

变量	样本数	平均值	标准差	最小值	最大值
lnY	510	8.907768	1.114791	5.574395	11.30041
lnL	510	8.185084	0.744081	6.052089	9.890048
lnK	510	8.948297	1.058631	5.864911	11.34739

（3）测算过程及结果。

基于本节的数据回归模型采用2000～2016年30个省级面板数据，所以本节使用F检验和Hausman检验来判别使用混合模型、固定效应还是随机效应模型。具体结果如表4－8所示。

表4－8　　回归结果

模型形式	模型1	模型2	模型3
	混合模型	固定效应模型	随机效应模型
lnL	0.284954*** (0.00)	0.1852139** (0.03)	0.2126804*** (0.00)
lnK	0.872412*** (0.00)	0.9403392*** (0.00)	0.9319848*** (0.00)
_cons	－1.231205*** (0.00)	0.5502642* (0.07)	－1.172715*** (0.00)
F检验		7890.77*** (0.0000)	
Hausman检验			18.27*** (0.0004)
样本量	510	510	510
R^2	0.9711	0.9695	0.9703

注：括号内的值为p值***、**、*分别表示1%、5%、10%显著水平。

由表4－8可以看出，F检验的P值为0.0000，故强烈拒绝原假设，即认为固定效应模型明显优于混合回归；在Hausman检验中，由于P值为0.0004，故也拒绝原假设，认为应该使用固定效应模型，而非随机效应模型。因此本书的α

估计值为0.1852139，β的估计值为0.9403392。从而可以算出2000~2016年我国30个省区市的资本与劳动力的边际产出，从而得出各省区市的资本与劳动力价格扭曲程度。

从图4-39和图4-40中可以看出，我国近20年来资本与劳动力价格的扭曲程度，劳动力和资本要素价格的扭曲程度都不等于1，所以各要素均存在不同程度的扭曲，总体上两者都呈现波动上升的趋势。从资本价格的扭曲来看，各省区市在2000~2015年的价格扭曲程度均大于1，此时说明资本的价格被高估，资本要素价格被负向扭曲，即资本的价格相对于其边际产出偏低。与此同时，劳动力要素也反映了相同的机理，即劳动力要要素的价格相对于其边际产出也出现偏低的情况。

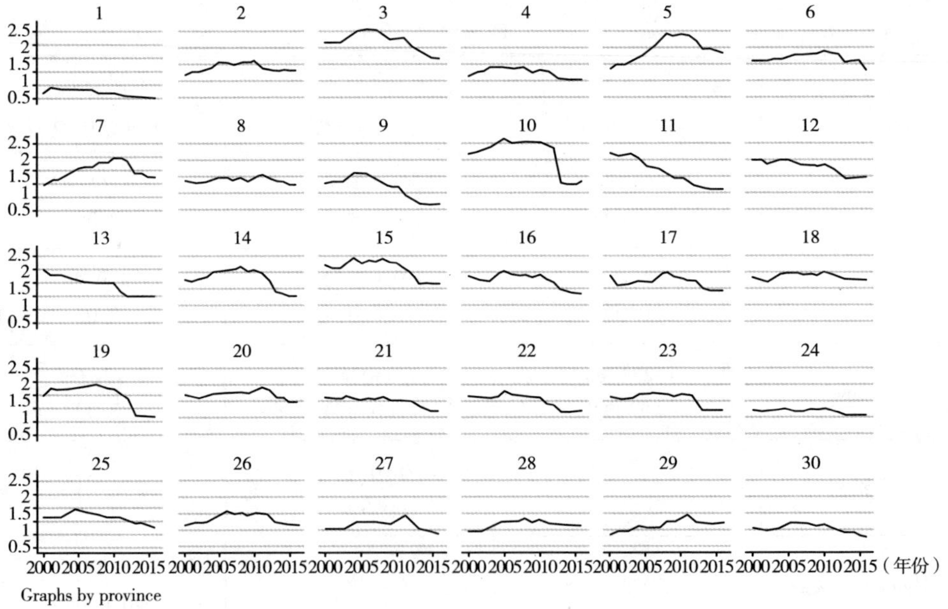

图4-39 各省区市2000~2016年劳动力价格扭曲程度

4.2.3 中国能源要素扭曲程度的测度

4.2.3.1 数据的选取

因为能源要素的投入在工业生产中的作用比较突出，而且中国的要素扭曲始

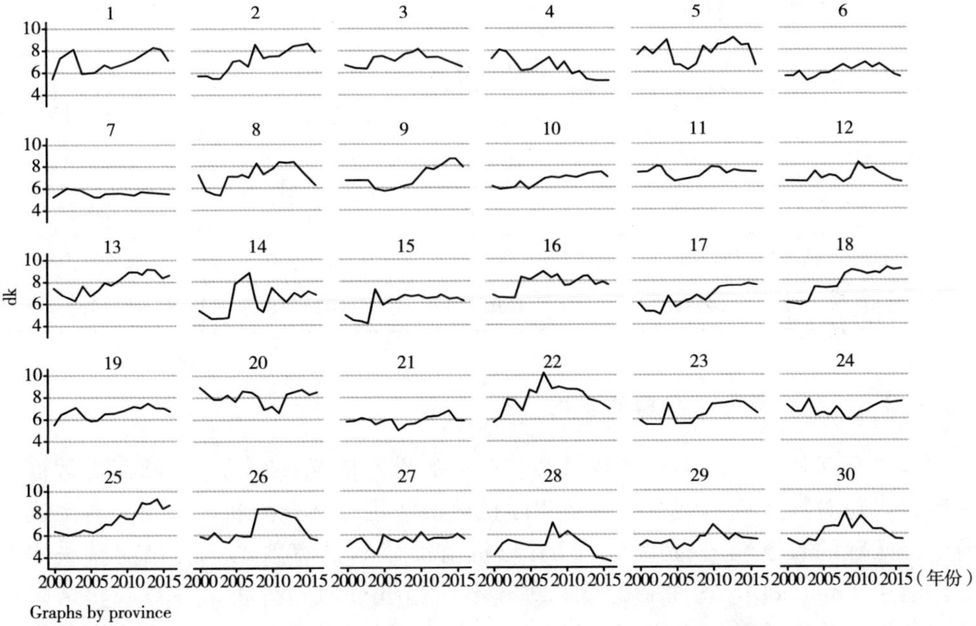

图4－40　各省区市2000～2016年资本价格扭曲程度

注：数字对应省区市为：1. 北京；2. 天津；3. 河北；4. 山西；5. 内蒙古；6. 辽宁；7. 吉林；8. 黑龙江；9. 上海；10. 江苏；11. 浙江；12. 安徽；13. 福建；14. 江西；15. 山东；16. 河南；17. 湖北；18. 湖南；19. 广东；20. 广西；21. 海南；22. 重庆；23. 四川；24. 贵州；25. 云南；26. 陕西；27. 甘肃；28. 青海；29. 宁夏；30. 新疆。

于计划经济制度下为优先发展工业从而在制度上提供的一系列（低工资、低利率、低能源价格）政策，市场化改革后，各个地方政府应该已经将这些价格与市场接轨，我们选择各省区市条件下工业行业中的要素市场扭曲，来观察要素扭曲程度。

所以本节所选数据范畴定位于省区市的规上工业企业，产值指标选择各省区市规上工业企业的工业产值，劳动力投入指标选择规上工业企业就业人数，资本投入指标选择规上工业企业固定资产净值，能源要素投入指标选择规上工业企业消费能源量（折算成标准油当量），能源要素的价格选择标准油价格（原油价格折算）。

本节所采用的数据主要来源于1995～2017年的《中国工业企业统计年鉴》《中国统计年鉴》《中国能源统计年鉴》和wind数据库。为了消除价格变动的影响，以1995年为基期，对工业总产值和不同时间不同地区的消费价格指数进行了调整。各变量的统计描述如表4-9所示。

表4-9 描述性统计

指标	工业产值	就业人数	固定资产净值	能源消耗
最小值	14705.0	108.8	8012.7	6480.7
最大值	110.7	1.7	150.5	224.6
标准差	155820.1	1005.4	72768.0	28052.7
均值	24089.7	159.2	10215.0	5117.3

4.2.3.2 能源要素扭曲的测度

本节利用随机前沿生产函数对各省区市的生产情况进行估计，将所需数据处理后代入超对数生产模型中，并运用随机前沿法进行回归分析，一定要对随机前沿生产函数的有效性进行检验，只有随机前沿函数是有效的，随机前沿法才有效。运用Frontier4.1软件根据模型对样本数据进行回归分析，并对回归结果进行有效性检验。结果如表4-10所示，由表4-10可知，显示前沿成本函数模型单边似然比是108.9，约束条件为1，显著性为1%的临界值为5.4，小于LR的值，因此技术非效率项存在，随机前沿法有效，我们需要的参数值也都显著。

表4-10 相关统计量

	参数值	t统计量
beta 0	-9.982	-2.655
beta 1	-1.764	-1.754
beta 2	0.934	1.061
beta 3	4.101	6.458
beta 4	0.036	0.755
beta 5	-0.235	-1.978
beta 6	0.147	1.976
beta 7	0.312	3.668
beta 8	0.347	3.750
beta 9	-0.143	-4.281
LR	108.9	

将随机前沿法求得的所需要的β3、β6、β8、β9代入上节式子中，求得每个省区市每年的能源要素的边际产值，进一步将各省区市的能源的边际产出除以能源价格，可以得到各省区市1995～2016年能源要素价格的扭曲情况。这16年每个省区市的平均的要素扭曲程度出如表4－11所示。

表4－11

地区	MPE	地区	MPE
北京	4.69	河南	1.83
天津	5.58	湖北	2.46
河北	1.37	湖南	2.73
山西	1.95	广东	1.60
内蒙	2.89	广西	4.89
辽宁	1.73	海南	26.15
吉林	4.09	重庆	4.98
黑龙江	2.88	四川	2.09
上海	3.29	贵州	3.66
江苏	1.69	云南	4.09
浙江	2.44	陕西	4.31
安徽	3.49	甘肃	5.22
福建	4.22	青海	13.80
江西	5.77	宁夏	10.02
山东	1.27	新疆	3.90

由表4－11可知，各省区市的能源要素价格普遍存在负向扭曲的情况，即能源要素在各省区市规上工业企业的生产中的边际产值大于其要素价格，说明能源要素的价格受到了压低。其中能源要素价格扭曲最为明显的三个地区是海南、青海和宁夏。其扭曲系数均在10以上，说明能源在生产中创造了其本身10倍的价值。

从图4－41中可以看出，1995～2016年的扭曲系数呈现波动变化，在1995年、2002年和2009年处于波峰阶段，1998年、2005年和2012年处于波谷阶段，能源要素价格扭曲的情况没有随着时间推进获得减缓。

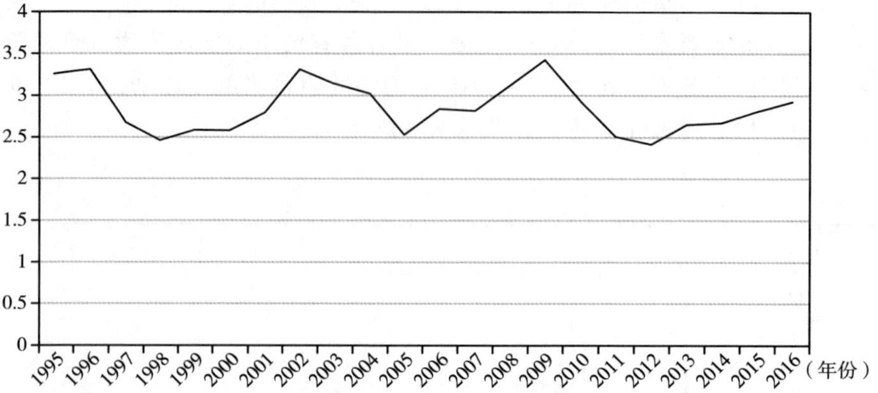

图 4-41　1995~2016 年的扭曲系数

4.3 中国产业结构优化升级的多维度描述

4.3.1　中国产业结构演化特征

（1）中国三大产业的基本情况。

产业结构演化问题本质上是一个资源配置问题，产业结构的动态调整实际上就是要素禀赋资源在产业间的优化配置，它包括“升级”和“优化”两个方面，前者讲的主要是高度化问题，后者则主要指的是合理化问题。其中，“升级”是“优化”的前提，“优化”是“升级”的结果。因此，所谓产业结构优化升级，总体上是指产业结构的改善和产业素质与效率的提高。产业结构的改善表现为产业的协调发展和结构的提升；产业素质与效率的提高表现为生产要素的优化组合、技术水平和管理水平以及产品质量的提高。

传统的产业结构演化研究经历了两个历史阶段：第一个阶段是在新古典经济学框架下，评价和分析了产业结构状态的变化；第二个阶段则是在“新增长理论”经济学家的主导下，以专业化知识和报酬递增思想为基础探讨产业结构演化的内生技术动力。

中国产业结构的演化与国内生产总值的不断腾飞有着密切的关系，我国1985~2017 年 GDP 总量，第一、第二、第三产业总量与第一、第二、第三产业占 GDP 的构成具体情况如表 4－12 所示。

表 4－12　中国 1985～2017 年 GDP 及三次产业总量占 GDP 比重情况

年份	当年价格（亿元）				构成（%）		
	GDP	第一产业	第二产业	第三产业	第一产业	第二产业	第三产业
1985	9098.9	2541.7	3886.5	2670.7	29.7	45.2	24.9
1986	10376.2	2764.1	4515.2	3096.2	29	46	25
1987	12174.6	3204.5	5274	3696.2	28.2	46.3	25.6
1988	15180.4	3831.2	6607.4	4741.8	27.4	47.1	25.5
1989	17179.7	4228.2	7300.9	5650.6	26.8	46.7	26.5
1990	18872.9	5017.2	7744.3	6111.4	28.1	43.6	28
1991	22005.6	5228.8	9192.8	7587	26.6	46.1	27.2
1992	27194.5	5800.3	11725.3	9668.9	23.8	48	28.2
1993	35673.2	6887.6	16473.1	12312.6	21.2	51.8	27
1994	48637.5	9471.8	22453.1	16712.5	21	47.3	31.8
1995	61339.9	12020.5	28677.5	20641.9	20.6	48.4	31.1
1996	71813.6	13878.3	33828.1	24107.2	20.2	49	30.8
1997	79715	14265.2	37546.0	27903.8	18.7	49.2	32.1
1998	85195.5	14618.7	39018.5	31158.3	18.4	48.7	32.9
1999	90564.4	14549	41080.9	34934.5	17.7	49.3	33
2000	100280.1	14717.4	45664.8	39897.9	15.9	50.9	33.2
2001	110863.1	15502.5	49660.7	45700	15.2	51.1	33.6
2002	121717.4	16190.2	54105.5	51421.7	15.4	51.1	33.5
2003	137422	16970.2	62697.4	57754.4	14.6	52.2	33.2
2004	161840.2	20904.3	74286.9	66648.9	15.2	52.9	31.9
2005	187318.9	21806.7	88084.4	77427.8	12.6	47.5	39.9
2006	219438.5	23317	104361.8	91759.7	11.7	48.9	39.4
2007	270232.3	27788	126633.6	115810.7	11.1	48.5	40.4
2008	319515.5	32753.2	149956.6	136805.8	11.3	48.6	40.1

续表

年份	当年价格（亿元）				构成（%）		
	GDP	第一产业	第二产业	第三产业	第一产业	第二产业	第三产业
2009	349081.4	34161.8	160171.7	154747.9	10.3	46.3	43.4
2010	413030.3	39362.6	191629.8	182038	10.1	46.8	43.1
2011	489300.6	45163.1	227038.8	216098.6	10	46.6	43.4
2012	540367.4	50902.3	244643.3	244821.9	10.1	45.3	44.6
2013	595244.4	55329.1	261956.1	277959.3	10	43.9	46.1
2014	643974	58343.5	277571.8	308058.6	9.2	42.7	48.1
2015	689052.1	60862.1	282040.3	346149.7	8.9	40.9	50.2
2016	743585	63673	296548	383365	8.6	39.8	51.6
2017	827122	65458	334623	427032	7.9	40.5	51.6

数据来源：国家统计局数据整理得到。

1985～2017年，我国第一、第二、第三产业的占比结构经历了较大的变化。1985～1990年，我国第二产业占GDP的比重最高，且一直在40%以上稳定增长，但在1990年有一定的回落，第一产业的占比位居第二，比重在28%左右浮动，但是一直呈下降趋势，第三产业的占比虽然在三大产业中占比最低，但是呈稳定上升趋势，并在1991年开始实现对第一产业的反超，成为占GDP比重第二高的产业；1990～2004年，第二产业仍然占GDP的比重最高，且稳定增长，并逐渐超过50%，但从2004年开始第二产业的占比开始下降，第三产业一直稳定增长，逐渐缩小与第二产业的差距，第一产业的比重退居末席，并一直持续稳定下降；2004～2012年，三大产业的大体情况与1990～2004年类似，但第三产业在2013年开始实现对第二产业的反超，成为我国占GDP比重最高的产业；2012年至今，第一产业的比重仍然逐渐缩小，并在2014年缩小到了10%以下，第二产业的比重也逐渐下降，2017年占比仅为40.5%，第三产业的占比稳定增长，并拉开了与第二产业的差距，2017年的占比为51.6%。具体走势如图4－42所示。

除了从三大产业占GDP的比重来分析我国产业结构的演化，三大产业对国内生产总值增长的拉动情况也能反映我国产业结构的演化的一般特征，具体情况如图4－43所示。

1985～1990年，第二产业一直是拉动我国经济增长的主要产业，其次是第

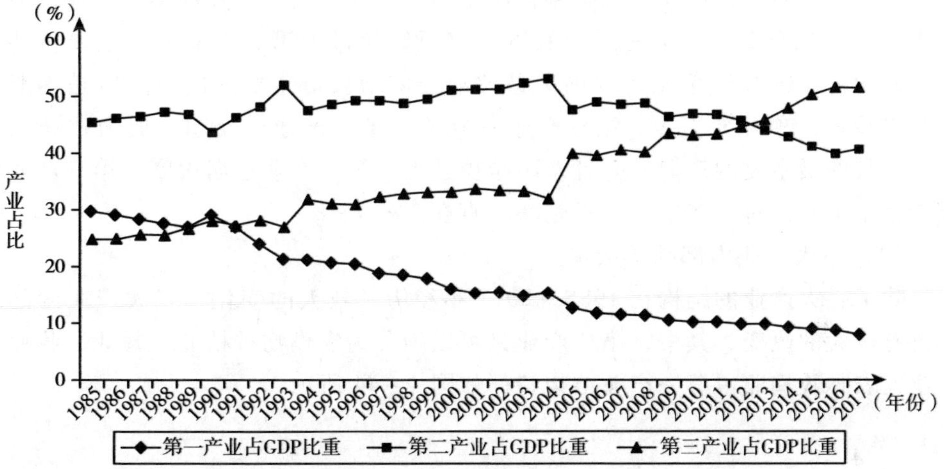

图4-42　1985~2017年中国三产占GDP比例示意

资料来源：根据1986~2018年《中国统计年鉴》整理得到。

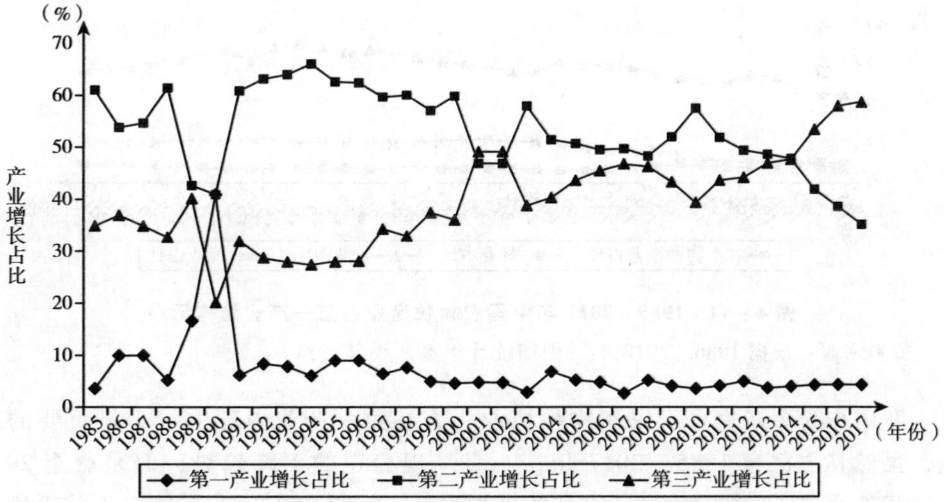

图4-43　1985~2017年中国三产对GDP增长贡献比例示意

注：贡献率指三次产业增加值增量与GDP增量之比。

资料来源：根据中华人民共和国国家统计局数据整理得到。

三产业，最后是第一产业，但是1990年有很大的不同，当年第一产业对经济增长的贡献突增到41%，与第二产业基本持平，与之相对的是第三产业的贡献骤降到20.5%，这与当年经济发展的大环境有很大的原因；1991~2002年，总体上回归正常，对经济增长的贡献率依次是第二产业、第三产业和第一产业，但是在2001年和2002年，第三产业的贡献率短暂超过了第二产业成为主要拉动产业；2002～2014年，第二产业仍然是拉动经济增长最主要的产业，但是逐渐呈现下降趋势；2014年至今，第三产业完成了对第二产业的反超，成为拉动我国经济增长的最主要的产业，并且差距越拉越大，第二产业退居次席，第三产业则保持稳定水平，对经济增长的贡献率一直在3%～5%。

（2）三大产业内部结构情况。

除了三大产业的结构在1985～2017年经历了较大的变化，三大产业内部结构也有较大的改变，其中，第一产业又可以细分为农作物种植业、林业、牧业和渔业，农林牧渔业占第一产业结构特征如图4－44所示。

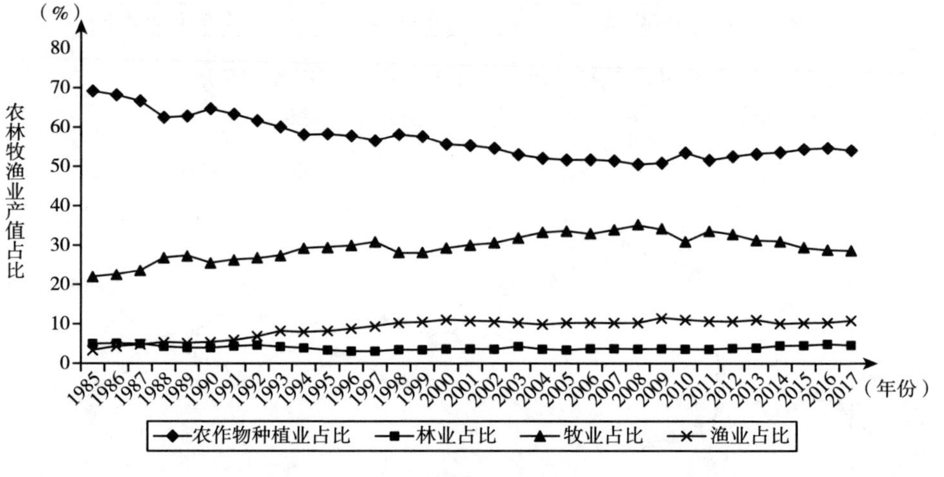

图4－44　1985～2017年中国农林牧渔业占第一产业结构示意

资料来源：根据1986～2018年《中国统计年鉴》整理得到。

我国作为鱼米之乡，农作物种植业一直在第一产业内部中居于最重要的地位，虽然其占比自1985～2017年，一直呈现稳定的下降趋势，但是截至2017年，仍然占第一产业的54.1%；牧业是第一产业内部的第二大产业，1985～2017年属于波动势上升的态势，其在2008年达到了历年占比的最高值35.5%，但是自2011年开始，牧业的占比开始有微小的下降；渔业自1987年开始超过林业成为第一产业内部的第三大产业，虽然30多年来占比一直不高，但是其稳定上涨的势头十分明显，2017年占第一产业的比例为10.9%；林业的发展比较缓慢，是第一产业内占比最小的产业，这与我国对林业限制性开发的政策和可持续发展政策有着密不可分的原因，林业的比重一直在3%～5.2%内浮动，2017年的占比为4.8%。

从国民经济行业分类标准可以具体把三大产业细分为农林牧渔业，工业，建筑业，批发和零售业，交通运输、仓储和邮政业，住宿和餐饮业，金融业，房地产业和其他行业，不同行业在不同时间段对我国GDP增长的贡献情况也是不同的，具体情况如图4-45所示。

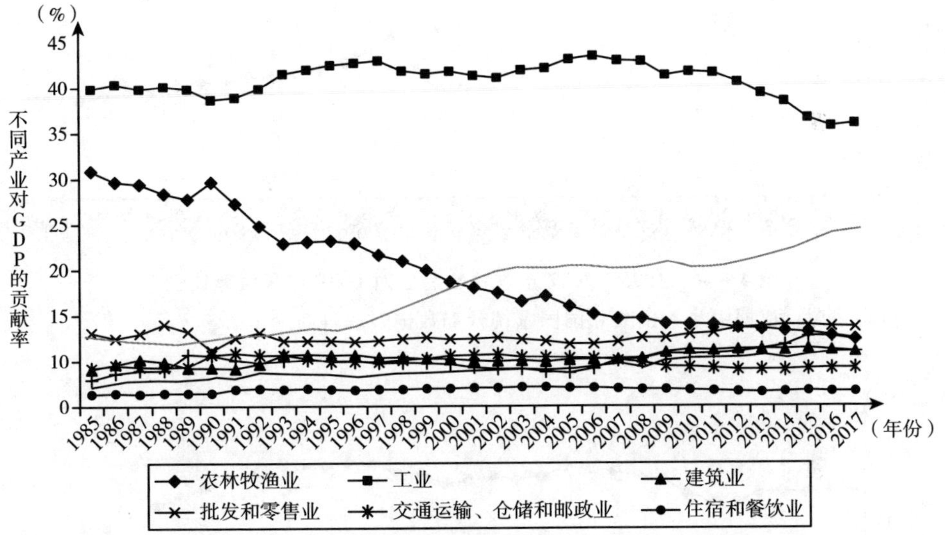

图4-45 1985~2017年不同产业对GDP增长贡献比例

注：行业分类采用《国民经济行业分类（GB/T 4754-2011）》。

资料来源：根据中华人民共和国国家统计局数据整理得到。

农林牧渔业对GDP增长的贡献长期位居第二，但是从1990年开始一直呈下降趋势，截至2017年，其对GDP的贡献仅为7.9%，具体情况如图4-46所示。

根据《国民经济行业分类（GB/T 4754-2011）》，工业与建筑业同属于第二产业，其对GDP增长贡献比如图4-47所示，其中工业一直对我国GDP的增长起着至关重要的作用，常年贡献率在35%以上，但是从2009年开始，贡献率开始不断下滑，2017年的贡献率已经跌至33.9%；建筑业相对来说对我国GDP增长的贡献较低，1985~2017年，虽然贡献率一直呈稳定的增长态势，但截至2017年也仅为6.7%。

批发和零售业，交通运输、仓储和邮政业，住宿和餐饮业，金融业，房地产业都是第三产业重要的组成部分，其对GDP增长的贡献率具体如图4-48所示。从图中可以看出，交通运输、仓储和邮政业虽然贡献率稳定在5%左右，但是从

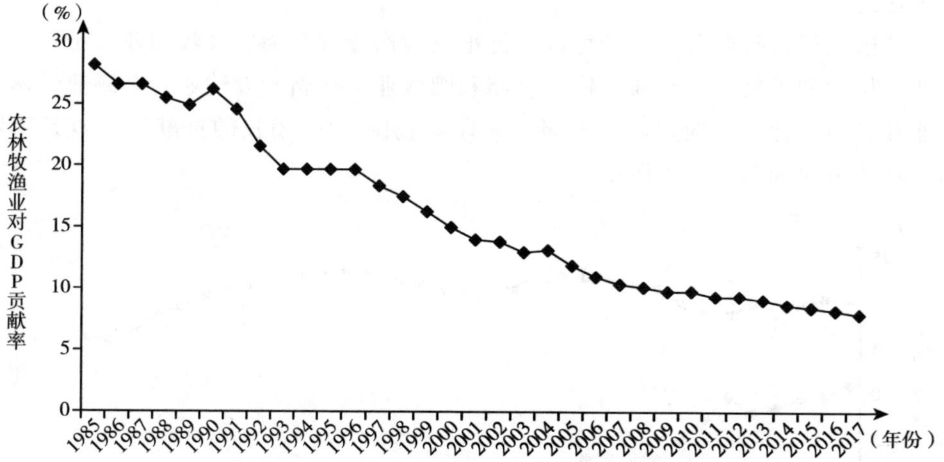

图 4-46　1985~2017 年农林牧渔业对 GDP 增长贡献比例

资料来源：根据中华人民共和国国家统计局数据整理得到。

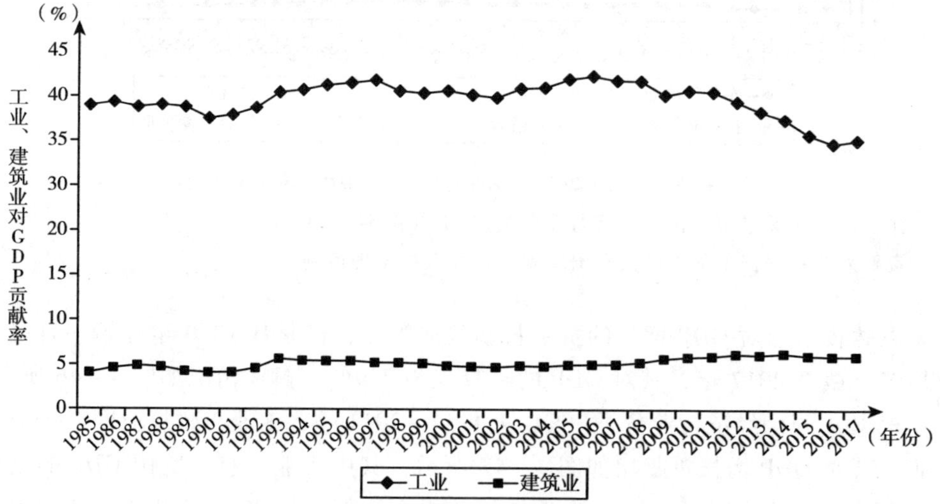

图 4-47　1985~2017 年工业、建筑业对 GDP 增长贡献比例

资料来源：根据中华人民共和国国家统计局数据整理得到。

2000 年开始不断走下坡路，除此之外，批发和零售业、住宿和餐饮业、金融业、房地产业 1985~2017 年基本持稳定的增长态势，这与我国当前第三产业成为占 GDP 主要构成部分的产业现状基本吻合。

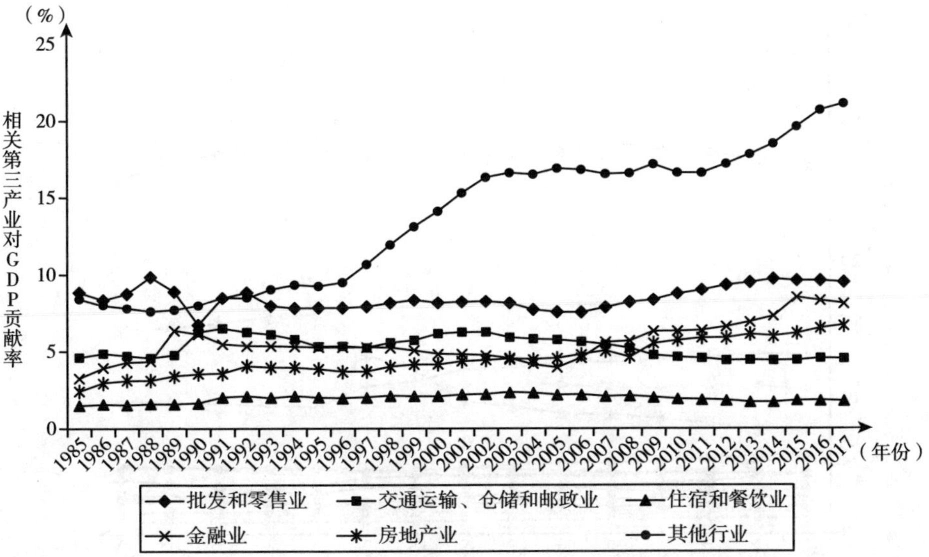

图4－48　1985～2017年批发、交通、住宿餐饮、金融、房地产业对GDP增长贡献比例

资料来源：根据中华人民共和国国家统计局数据整理得到。

4.3.2　中国产业结构优化升级的多维度描述

（1）中国产业结构优化升级——不同行业就业人数情况分析。

中国产业结构优化升级最明显的表现突出在不同时间段上不同行业之间从业人数的不同，根据国家统计局的产业分类标准，将2003～2017年中国产业细分为农林牧渔业、采矿业、制造业等19个产业，具体就业人数比例如图4－49所示。

从统计结果上来看，就业人数比例下降的产业主要是：农林牧渔业、采矿业、电力燃气及水的生产和供应业、交通运输仓储及邮电通信业、批发和零售业、教育业、文化体育和娱乐业、公共管理和社会组织业。在这些就业人数比例下降的产业里，农林牧渔业属于第一产业，采矿业属于第二产业中的重工业，交通运输仓储及邮电通信业、批发和零售业属于较为落后低附加值的第三产业，这些产业就业人数比例的下降，与我国第一产业、第二产业逐步让位于第三产业，低附加值产业逐步被淘汰的大环境现实相吻合；就业人数比例先上升后下降的产业主要是：制造业和建筑业。这两个产业占总就业人数比例最高的年份都是在2013年，分别为29.04%和16.14%，这与我国在2013年之前依靠劳动密集型产

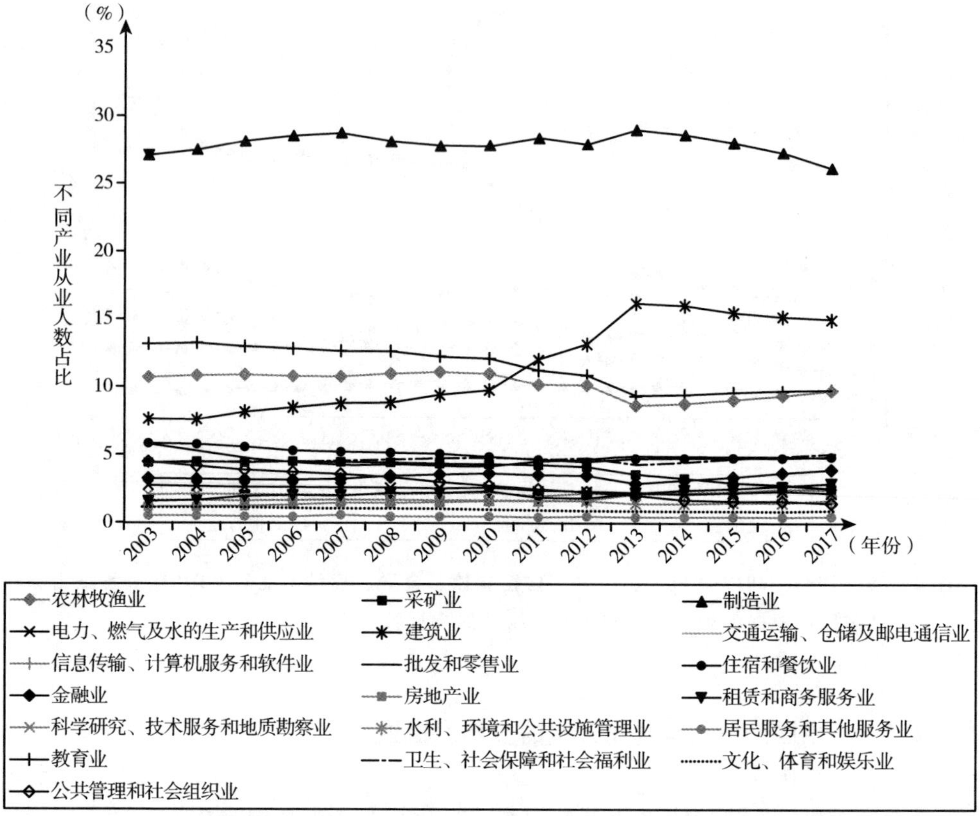

图 4-49　2003~2017 年中国不同产业就业人数比例示意

资料来源：根据中华人民共和国国家统计局数据整理得到。

业和高能耗产业拉动 GDP 的现实相符合，同时我国在 2015 年提出供给侧改革，淘汰高耗能产业、高污染产业、低端制造业等政策目标也导致了这两个产业的就业人数比例经历了先上升后下降的趋势；就业人数比例基本保持不变的产业有：住宿和餐饮业、居民服务和其他服务业。这两个产业属于生活必需产业，在就业人数的比例中，一直保持在 1.6% 和 0.5% 左右，波动的幅度很小，受国家产业结构优化升级的影响不是很大；就业人数比例上升的产业有：信息传输计算机服务和软件业、金融业、房地产业、租赁和商务服务业、科学研究技术服务和地质勘查业、水利环境和公共设施管理业、卫生社会保障和社会福利业。这些产业都属于高附加值、高技术含量的技术密集型第三产业，这些产业就业人数的不断增加，反映了我国产业结构优化升级的合理化与高度化的不断提高。

（2）中国产业结构优化升级——出口产品分类情况分析。

中国产业结构优化升级还体现在不同时间段上对外出口货物种类以及比例的不同。根据国家统计局 SITC 分类法，将 1985～2017 年中国出口产品细分为初级产品、食品及主要供食用的活动物、饮料及烟类等 11 个子类，具体出口比例如图 4－50 所示。

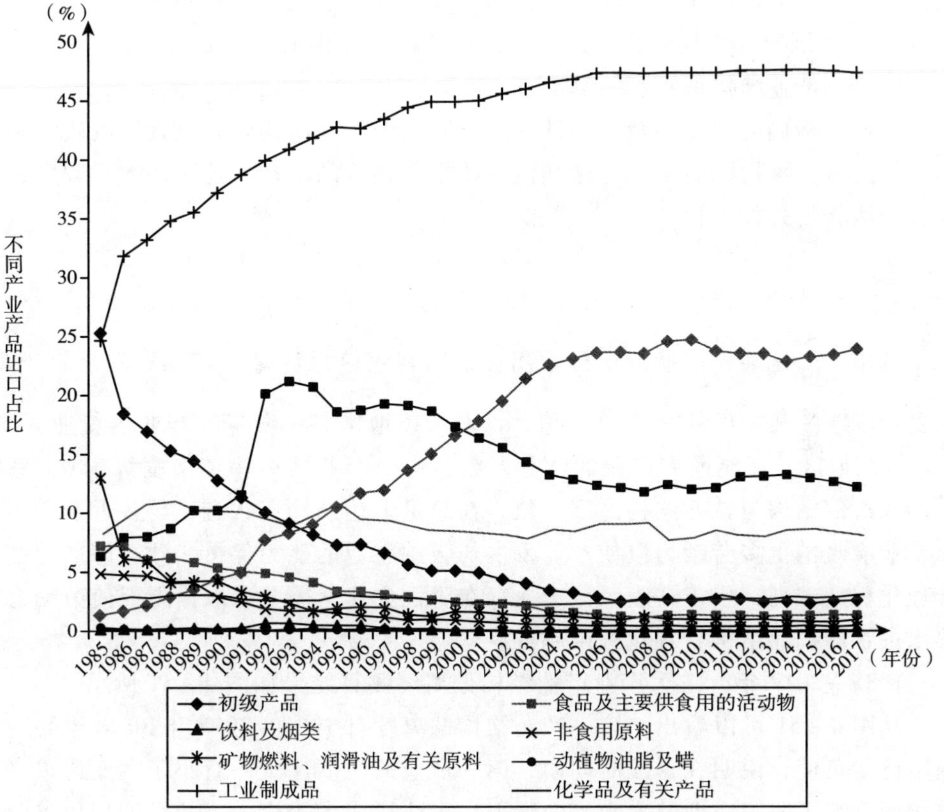

图 4－50　1985～2017 年中国不同产品出口比例示意

资料来源：根据中华人民共和国国家统计局数据整理得到。

从统计结果来看，出口货物比例下降的主要是：初级产品、食品及主要供食用的活动物、饮料及烟类、非食用原料、矿物燃料润滑油及有关原料、动物油脂及蜡。这些产品大多属于第一产业制品或者第一产业相关加工品以及第二产业中的原料制品等，在我国改革开放的初期，这些处于产业附加值低端的产品是我国出口货物的主要组成部分，但是随着我国产业结构的不断优化升级，对这些较为落后产业的制成品的依赖越来越小，出口的比例也不断下降；出口货物比例先上升后下降的主要是：轻纺织品橡胶制品矿冶产品及其制品、杂项制品。其中，前者在1988年占比达到最高值，为11.04%，后者在1993年占比达到最高值，为21.14%，其后虽然程度缓慢，但都开始呈现下降趋势；出口货物比例上升的主要是：工业制成品、化学品及有关产品、机械及运输设备。这些货物都是有一定技术含量的第二产业相关产品，其出口比例的不断上升在一定程度上体现了我国第二产业在三大产业中的不断进步，以及在第二产业内部的不断优化。

（3）中国产业结构优化升级——产业结构合理化测度与分析。

①全国产业结构偏离度测算。

产业结构偏离度是衡量某一地区一定时间内产业结构合理化程度的较为基础的指标之一。该指标是指产业增加值的比重与相应的劳动力比重的差异程度，该指标的测算公式如下：

$$\frac{S_i}{S}=\frac{Y_i/Y}{L_i/L}-1 \tag{4-16}$$

其中，$\frac{S_i}{S}$是某一产业的结构偏离度，Y_i表示该地区某一年第i产业的产业，Y表示该地区某一年的经济总产值，L_i表示该地区某一年第i产业的就业人数，L表示该地区某一年所有产业的就业人数。一个产业的结构偏离度等于0，意味着产业产值结构与就业结构高度一致，在总量上达到均衡状态；越接近于0表示该产业应吸纳更多劳动力以使产业发展与吸纳就业的能力保持一致，即产业结构合理化程度越高；小于0表示该产业存在隐性失业，需要采取措施促使劳动力转移出去，即产业结构合理化程度越低。

1985~2017年，三大产业产业结构偏离度测算结果如图4-51所示。

从图4-51可以看出，第一产业结构偏离度自1985~2017年30多年的时间内始终为负值，说明在这段时间内，第一产业的产值比重一直小于就业比重，这也侧面反映了我国农业技术水平的低下，无法形成大规模、高技术的现代农业体系；第二产业的结构偏离度在2002年后呈稳定的下降趋势，这与我国在当年加入世贸组织后（WTO）融入世界贸易体系密不可分。在2017年减小为0.44，十分靠近0点，反映出了我国第二产业的合理化程度越来越高；第三产业结构偏离度一直为正，且数值较小，其在1992年经历了较大下降，这与当时社会主义市场化的经济制度确立与国有企业改革、产业效率提升有很大的原因，其在2017年结构偏离度仅为0.15，十分合理；最后我们选择把三大产业的产业结构偏离度取绝对值并加总，得出我国总体三大产业的偏离情况，总体上属于波动式下降的态势，我国产业结构合理化情况总体向良性发展。

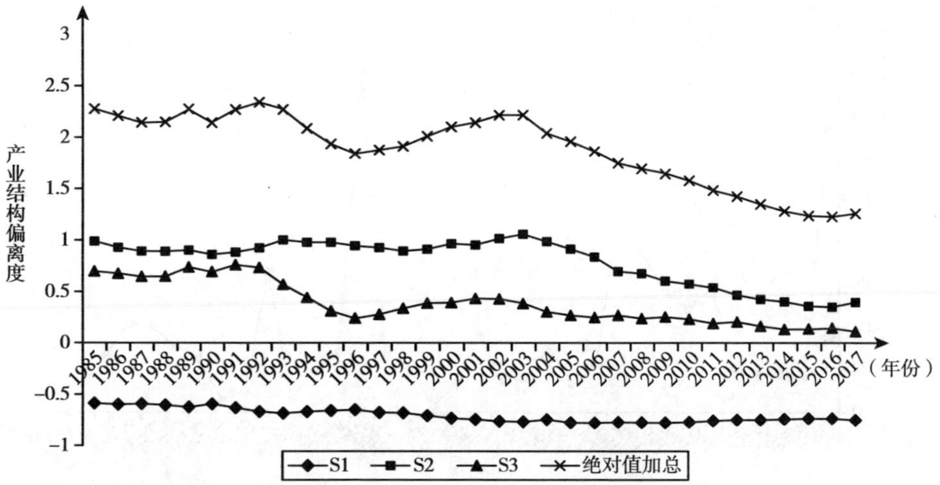

图 4-51　1985～2017 年产业结构偏离度测算结果示意

②结构变动值 K 测算。

结构变动值 K 的计算公式为：

$$K = \sum |q_{i1} - q_{i0}| \quad (4-17)$$

其中，q_{i1} 为第 i 产业报告期所占比重，q_{i0} 为第 i 产业基期比重，K 值越大说明产业结构变动幅度越大。

我国 1985～2017 年结构变动值 K 测算结果如图 4-52 所示，从结果中可以看出，1985～1995 年，我国产业结构变动显著，这与我国改革开放国策的实行与确立社会主义市场化经济体制有着密不可分的原因；1995～2005 年总体结构变动放缓，但 2005 年达到历年的最高点，当年的 K 值高达 0.16；2016～2017 年，K 值呈小幅度波动态势，这与我国实行供给侧改革、第三产业超过第二产业成为 GDP 增长贡献率最高的产业等原因有着密不可分的原因。

③Moore 结构值测算。

John 提出可利用结构变动指数来衡量产业结构的调整变化过程，该方法运用空间向量测定方法，以向量空间中夹角为基础来反映产业内部结构变动程度。将 n 个产业视为一组 n 维向量，当其中某一产业在整个国民经济中份额发生变化时，它与其他产业的向量夹角就会发生变化，把所有矢量累加起来，即可以得到整个经济系统中不同时期各产业的结构变化情况。因此，我们可以把不同时期间两组向量间的夹角作为表征产业结构变化程度的指标，该指标称为 Moore 结构变化值，其计算公式为：

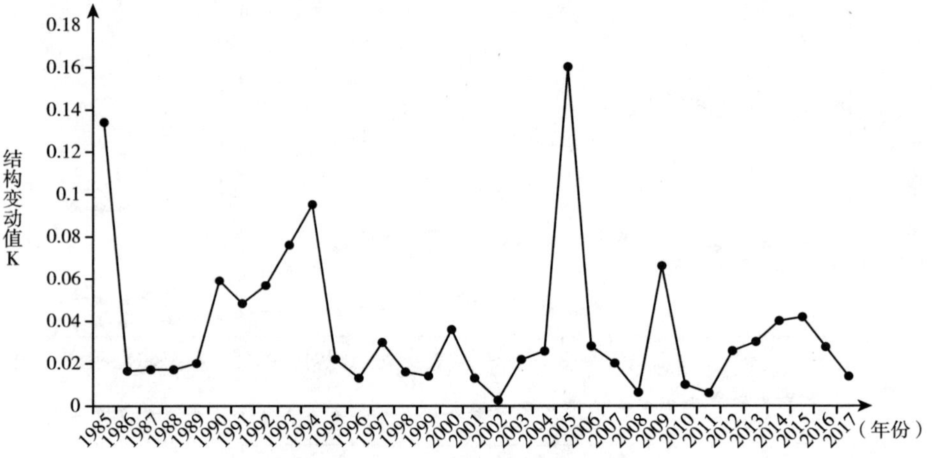

图 4-52　1985~2017 年结构变动值 K 示意

$$e = \arccos \frac{\sum_{i=1}^{n} W_{i,t_1} W_{i,t_2}}{\sqrt{\sum_{i=1}^{n} W_{i,t_1}^2} \sqrt{\sum_{i=1}^{n} W_{i,t_2}^2}} \qquad (4-18)$$

其中，W_{i,t_1}为第t_1期第 i 产业所占比重，W_{i,t_2}为t_2期第 i 产业所占比重。由于 Moore 值表示的是不同时期产业结构的相对变化程度，因此$0 \leqslant e \leqslant \frac{\pi}{2}$。如果 e 越大，则表明产业结构变化的程度越大。Moore 结构变化值既可用来反映宏观意义上三次产业的产业结构演变程度，也可深入产业内部，研究各产业内部行业结构的变动程度；同时，根据研究需要，可灵活确定t_1、t_2的取值，即确定不同的时间间隔，研究不同时期内产业结构的演变程度。

图 4-53 是我国 1985~2017 年 Moore 结构值测算值的序列图，从图 4-53 中发现其测算结果与前面结构变动值 K 的序列图 4-52 十分相似，因此，这里把两种测算结果的序列图放在一起进行比较，结果如图 4-54 所示。

图 4-54 表明，利用 K 值表示的我国产业结构变动和利用 Moore 指数的情况几乎完全一致。事实上，K 值序列和 Moore 值序列的相关系数高达 0.989。通过 Moore 值序列线图可以看出 1985 年至 20 世纪 90 年代中后期，我国产业结构变动剧烈，Moore 指数波动的标准差高达 1.45%，而自 1998 年以后，标准差降为 0.28%。应该说，这一结果与我国的实际情况相符，因为 1978 年至 20 世纪 90 年代中后期恰好是我国资本及人力等资源流动最频繁的时期。农民进城、城市

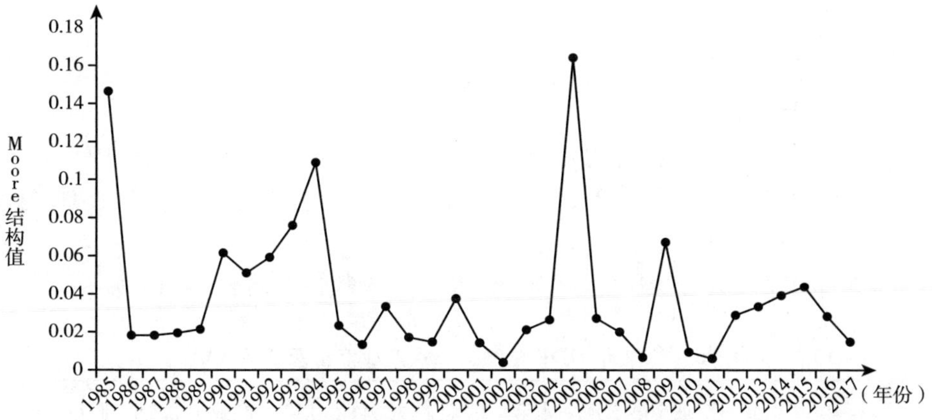

图 4-53　1985～2017 年 Moore 结构值测算值

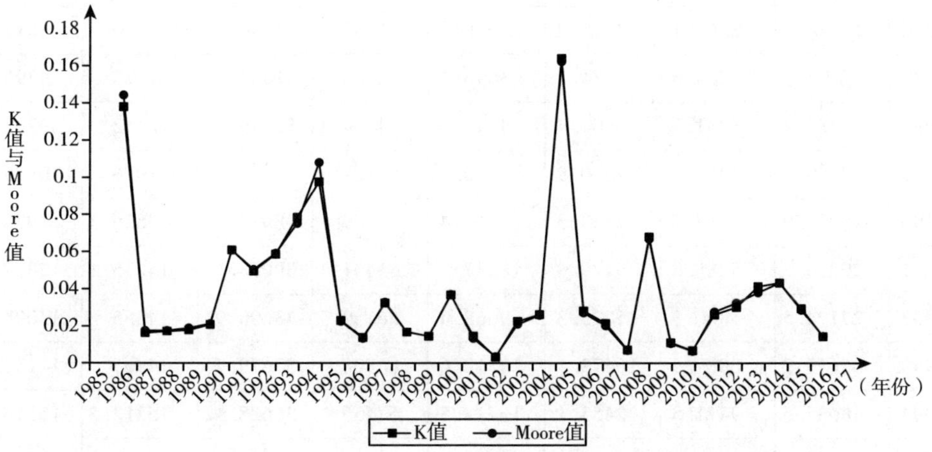

图 4-54　1985～2017 年结构变动值 K 与 Moore 结构值示意

化、制造业的膨胀等因素导致第一产业比重持续下降，第二、第三产业比重不断增加。而自 21 世纪初期以来，各种资源的流动趋于稳定，虽然第一产业的比重依然下降，第二、第三产业的比重依然上升，但下降和上升的势头已明显减弱。

④泰尔指数测算。

部分学者基于结构偏离度这一指标（韩永辉，2017；贾妮莎等，2014）对产业结构合理化进行度量，但此方法忽略产业的相对重要性并将绝对值纳入计算范畴。泰尔指数（Theil，1967）可规避结构偏离度的缺陷，并保留其理论基础和经济含义。这里借鉴干春晖等（2011）的做法，将泰尔指数的倒数作为度量产业结构合理化的指标：

$$TL = \frac{1}{\left[\sum_{i=1}^{n}\left(\frac{Y_i}{Y}\right)\ln\left(\frac{Y_i}{L_i}\Big/\frac{Y}{L}\right)\right]} \quad (4-19)$$

其中，TL 为产业结构合理化指数，Y 为产值，L 为就业人数，Y_i/Y 表示产出结构，Y/L 表示生产率。TL 越大，说明产业结构合理化程度越高；TL 越小，则产业结构合理化程度越低。

1985～2017 年历年 GDP、三产产值及就业人数情况如表 4－13 所示。

表 4－13　1985～2017 年 GDP 总额、三次产业产值及就业人数

年份	GDP	第一产业产值	第二产业产值	第三产业产值	总就业人数	第一产业就业人数	第二产业就业人数	第三产业就业人数
1985	9098.9	2541.7	3886.5	2670.7	49873	31130	10384	8359
1986	10376.2	2764.1	4515.2	3096.9	51282	31254	11216	8811
1987	12174.6	3204.5	5274	3696.2	52783	31663	11726	9395
1988	15180.4	3831.2	6607.4	4741.8	54334	32249	12152	9933
1989	17179.7	4228.2	7300.9	5650.6	55329	33225	11976	10129
1990	18872.9	5017.2	7744.3	6111.4	64749	38914.1	13856.3	11978.6
1991	22050.3	5288.8	9129.8	7587	65491	39098.1	14015.1	12377.8
1992	27194.5	5800.3	11725.3	9668.9	66152	38698.9	14355	13098.1
1993	35673.2	6887.6	16473.1	12312.6	66808	37679.7	14965	14163.3
1994	48637.5	9471.8	22453.1	16712.5	67455	36628.1	15312.3	15514.7
1995	61339.9	12020.5	28677.5	20641.9	68065	35529.9	15655	16880.1
1996	71813.6	13878.3	33828.1	24107.2	68950	34819.8	16203.3	17927
1997	79715	14265.2	37546	27903.8	69820	34840.2	16547.3	18432.5
1998	85195.5	14618.7	39018.5	31558.3	70637	35177.2	16599.7	18860.1
1999	90564.4	14549	41080.9	34934.5	71394	35768.4	16420.6	19205
2000	100280	14717.4	45664.8	39897.9	72085	36042.5	16219.1	19823.4
2001	110863	15502.5	49660.7	45700	72797	36398.5	16233.7	20164.8
2002	121717	16190.2	54105.5	51421.7	73280	36640	15681.9	20958.1

续表

年份	GDP	第一产业产值	第二产业产值	第三产业产值	总就业人数	第一产业就业人数	第二产业就业人数	第三产业就业人数
2003	137422	16970.2	62697.4	57754.4	73736	36204.4	15927	21604.6
2004	161840	20904.3	74286.9	66648.9	74264	34829.8	16709.4	22724.8
2005	187319	21806.7	88084.4	77427.8	74647	33441.9	17766	23439.2
2006	219439	23317	104361.8	91759.7	74978	31940.6	18894.5	24142.9
2007	270092	27674.1	126633.6	115784.6	75321	30731	20186	24404
2008	319245	32464.1	149956.6	136823.9	75564	29923.3	20553.4	25087.2
2009	348518	33583.8	160171.7	154762.2	75828	28890.5	21080.2	25857.3
2010	412119	38430.8	191629.8	182058.6	76105	27930.5	21842.1	26332.3
2011	487940	44781.4	227038.8	216120	76420	26594.2	22543.9	27281.9
2012	538580	49084.5	244643.3	244852.2	76704	25773	23241	27690
2013	592963	53028.1	261956.1	277979.1	76977	24171	23170	29636
2014	641281	55626.3	277571.8	308082.5	77253	22790	23099	31364
2015	685993	57774.6	282040.3	346178	77451	21919	22693	32839
2016	740061	60139.2	296547.7	383373.9	77603	21496	22350	33757
2017	820754	62099.5	332742.7	425912.1	77640	20944	21824	34872

资料来源：根据中华人民共和国国家统计局数据整理得到。

注：2003年起执行新的国民经济行业分类标准，三次产业的划分有所调整，相关的历史数据未作调整。

根据表4－13的数据，结合本书提出的泰尔指数计算公式，计算出历年中国产业结构泰尔指数值，具体序列图如图4－55所示。

1985～2017年的泰尔值总体表现出波动式上升的结构，这一点与中国改革开放的历程也是相契合的。

从20世纪80年代中期开始，中国改革重点转向城市但并未创造出大量的就业岗位，而与此同时，乡镇集体企业兴起过程中则主要是解决当地大量剩余劳动力的就业问题，因此此间泰尔值变动不大；90年代初期是中国经济改革的一个关键转折，市场经济制度的确立为劳动力的流动创造了条件，也为工业经济的发展提供了动力，但毕竟这一时期中国剩余劳动力供大于求，而且对外开放的加深

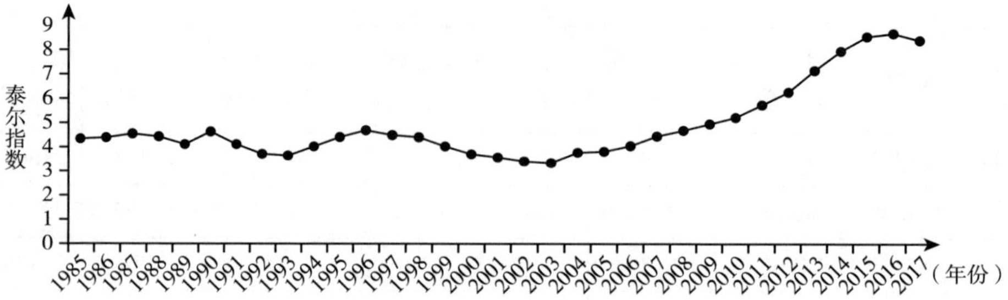

图 4-55　1985～2017 年中国产业结构泰尔指数值示意

和外资的涌入也开创了第三产业发展的另一个高峰，因此泰尔值在 90 年代早期的短暂下降之后又开始攀升。2002 年加入世贸组织之后，中国进一步融入全球，低端制造业给中国的大量劳动力提供了就业机会，农村劳动力大量涌入城镇，第二产业和第三产业得到了长远的发展，因此，2002～2016 年，我国产业结构泰尔指数不断上升，产业结构越来越趋于合理化，但 2017 年开始出现小幅度的下降，这与我国实行供给侧结构淘汰低附加值、高耗能的产业有很大的关系，在供给侧结构改革成果显现时，我国产业结构的合理化程度将会进一步提高，泰尔指数也会不断呈现上升趋势。

（4）中国产业结构优化升级——产业结构高度化测度与分析。

关于产业结构高级化的度量，现有文献所采用的度量方法主要有：非农产业（即第二产业和第三产业）产值占 GDP 的比重（高远东等，2015）、新产品产值（付宏等，2013）、产业比例关系和产业劳动率的乘积（田新民和韩端，2012）、产业产值占比的空间分向量与产业由低层次到高层次排列的向量的夹角（付凌晖，2012）、第三产业产值与第二产业产值之比（贾敬全和殷李松，2015）。在产业结构升级过程中，经济服务化是一个重要的特征，服务业产值的增长率明显高于第二产业和第一产业产值的增长率，因此我们这里借鉴高远东等（2015）、贾敬全和殷李松（2015）的方法来衡量产业结构高级化水平。

非农产业产值占 GDP 的比重的计算公式为：

$$AIS_1 = G_1 + G_2 \qquad (4-20)$$

其中，G_1、G_2分别表示第二产业和第三产业产值占当年 GDP 的比重，图 4-56 是部分年份我国非农产业占比示意图。

从图 4-56 中不难看出，除了 1990 年、2004 年和 2008 年外，我国非农产业占比呈现稳定的增长态势，这与我国第二产业和第三产业的不断发展相符合，截至 2017 年，我国非农产业产值占比高达 92.1%。但是 1985～2008 年我国非农产

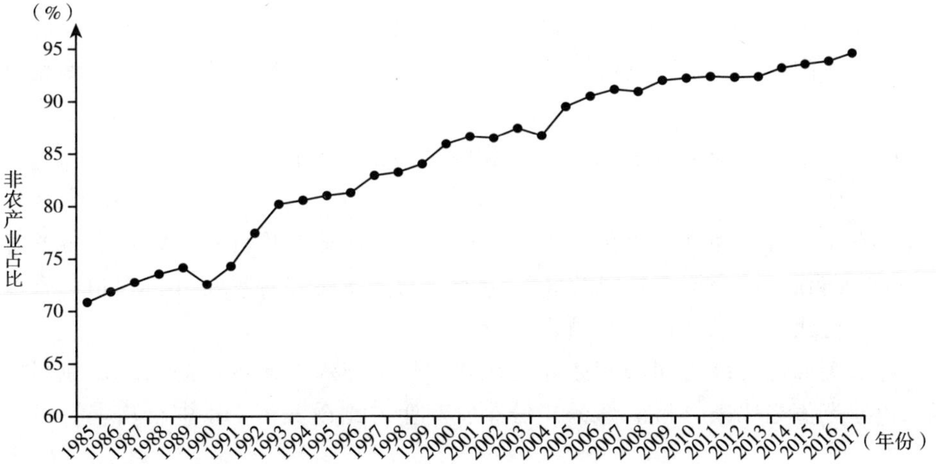

图4-56 1985~2017年中国非农产业占比示意

业占比年均增长率达到1.15%，2008~2017年我国非农产业占比年均增长率仅为0.43%，增速明显放缓。

第三产业产值与第二产业产值之比的计算公式为:

$$AIS_2 = \frac{Y_3}{Y_2} \tag{4-21}$$

其中，Y_2、Y_3分别表示第二产业和第三产业产值，AIS的值越大表明产业结构在向高级化方向发展。图4-57是部分年份我国第三产业产值比第二产业产值结果示意图。

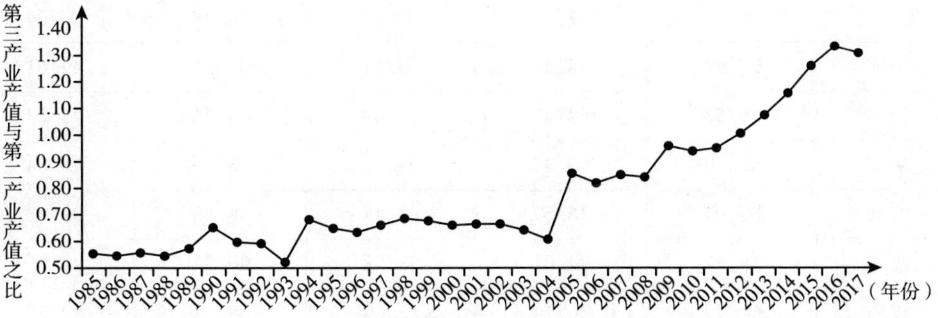

图4-57 1985~2017年中国第三产业产值与第二产业产值之比示意

如图4-57所示，与非农产业占比一直节节上升不同的是，第三产业产值与第二产业产值之比呈现明显的波动式上升的态势，其中在1993年达到最小值0.51，2016年达到最大值1.3，2013年首次比值超过1。这在一定程度上反映出很长一段时间我国经济发展的主要推动力是第二产业，第三产业的发展则相对较为落后。

（5）中国产业结构优化升级——省际之间情况分析。

中国的产业结构优化升级除了从行业就业人数与出口产品分类的国家级层面数据来看，以省级为观察单位，不同省份之间的产业结构优化升级情况也各有不同，结合前面中国产业结构演化特征中提出的高度化与合理化分析视角，省级的产业结构优化升级也从这两个角度分析。

与前类似，省级之间的产业高度化我们仍从非农产业占比与第三产业产值和第二产业产值之比来分析。部分年份非农产业占比在表4-14中给出。

表4-14　部分年份非农产业占比　单位:%

地区	1996年	2001年	2006年	2011年	2016年
北京	95.90	97.82	98.91	99.16	99.49
天津	93.97	95.9	97.68	98.59	98.77
河北	79.70	83.44	87.25	88.15	89.11
山西	84.65	91.57	94.33	94.29	93.99
内蒙古	69.42	79.06	87.16	90.9	90.97
辽宁	84.99	89.18	89.9	91.38	90.23
吉林	72.08	80.71	84.26	87.91	89.86
黑龙江	81.26	87.15	87.92	86.48	82.64
上海	97.68	98.5	99.11	99.35	99.61
江苏	85.53	88.43	92.89	93.76	94.73
浙江	85.80	90.44	94.11	95.1	95.84
安徽	68.07	76.57	83.46	86.83	89.48
福建	78.37	84.01	88.58	90.82	91.8
江西	68.79	76.74	83.69	88.11	89.7
山东	79.6	85.21	90.23	91.24	92.75
河南	74.2	77.69	84.5	86.96	89.41

续表

地区	1996 年	2001 年	2006 年	2011 年	2016 年
湖北	71.34	82.16	85.03	86.91	88.8
湖南	68.74	78.45	83.45	85.93	88.66
广东	86.32	91.79	94.24	94.99	95.43
广西	68.50	74.71	78.25	82.53	84.73
海南	63.78	66.03	69.65	73.87	76.6
重庆	78.13	85.08	90.11	91.56	92.65
四川	73.19	77.14	81.64	85.81	88.07
云南	76.25	79.22	81.84	84.13	85.16
贵州	64.8	75.79	83.67	87.26	84.32
陕西	79.39	86.89	89.78	90.24	91.27
西藏	58.14	73.02	82.49	87.71	89.94
青海	78.06	85.09	89.58	90.72	91.4
新疆	72.33	80.68	82.67	82.77	84.49
宁夏	78.67	85.28	89.04	91.24	92.38
甘肃	73.96	81.52	85.33	86.48	86.34

资料来源：根据中华人民共和国国家统计局数据整理得到。

从总体上看，所有省区市在1996～2016年非农产业的占比都是在不断上升的，其中，1996年各省区市非农产业占比的平均值为77.08%，最小值为西藏58.14%，最大值为上海97.68；2001年各省区市非农产业占比的平均值为83.40%，最小值为海南66.03%，最大值为上海98.50%；2006年各省区市非农产业占比的平均值为87.44%，最小值为海南69.65%，最大值为上海99.11%；2011年各省区市非农产业占比的平均值为89.39%，最小值为海南73.87%，最大值为上海99.35%；2016年各省区市非农产业占比的平均值为90.28%，最小值为海南76.6%，最大值为上海99.61%。1996～2016年各省区市非农产业占比的平均增长速度为17.11%。

部分年份第三产业产值和第二产业产值之比的结果在表4－15中给出。

表 4－15　　部分年份第三产业与第二产业产值之比结果

地区	1996 年	2001 年	2006 年	2011 年	2016 年
北京	1.4	2.18	2.66	3.29	4.17
天津	0.73	0.92	0.77	0.88	1.33
河北	0.65	0.71	0.64	0.65	0.87
山西	0.82	0.94	0.67	0.6	1.44
内蒙古	0.95	1.07	0.81	0.62	0.93
辽宁	0.75	0.84	0.83	0.67	1.33
吉林	0.81	1.01	0.88	0.66	0.9
黑龙江	0.52	0.67	0.62	0.82	1.89
上海	0.81	1.14	1.11	1.41	2.34
江苏	0.63	0.7	0.64	0.83	1.12
浙江	0.61	0.75	0.74	0.86	1.14
安徽	0.92	0.98	0.88	0.6	0.85
福建	0.9	0.9	0.82	0.76	0.88
江西	1.01	1.12	0.67	0.61	0.88
山东	0.68	0.72	0.57	0.72	1.01
河南	0.61	0.71	0.55	0.52	0.88
湖北	0.93	1.03	0.92	0.74	0.98
湖南	0.9	1.13	1.01	0.81	1.1
广东	0.78	1.01	0.86	0.91	1.2
广西	0.98	1.21	0.98	0.7	0.88
海南	2.05	1.86	1.4	1.61	2.43
重庆	0.81	1	0.88	0.65	1.08
四川	0.82	1.11	0.88	0.64	1.16
云南	0.73	0.95	0.91	0.98	1.21
贵州	0.84	0.98	1.02	1.27	1.13
陕西	0.88	0.99	0.74	0.63	0.87
西藏	2.34	2.18	1.99	1.54	1.41
青海	1.05	1.04	0.75	0.55	0.88
新疆	1.08	1.1	0.73	0.7	1.19
宁夏	0.98	1.12	0.84	0.82	0.97
甘肃	0.71	1	0.86	0.83	1.47

资料来源：根据中华人民共和国国家统计局数据整理得到。

与各省区市非农产业占比在 1996 ~ 2016 年不断呈上升趋势不同，第三产业产值与第二产业产值之比呈上升下降再上升的趋势，其中，1996 年第三产业与第二产业之比平均值为 0. 92，最小值为黑龙江 0. 52，最大值为西藏 2. 34；2001 年第三产业与第二产业之比平均值为 1. 07，最小值为黑龙江 0. 67，最大值为北京 2. 18；2006 年第三产业与第二产业之比平均值为 0. 92，最小值为河南 0. 55，最大值为北京 2. 66；2011 年第三产业与第二产业之比平均值为 0. 9，最小值为河南 0. 52，最大值为北京 3. 29；2016 年第三产业与第二产业之比平均值为 1. 29，最小值为安徽 0. 85，最大值为北京 4. 17。

除此之外，我国四大地区（东部、中部、西部与东北）之间产业高度化的横向比较也很有借鉴意义，图 4 – 58 为部分年份分地区产业高度化（第三产业产值与第二产业产值之比）示意图。

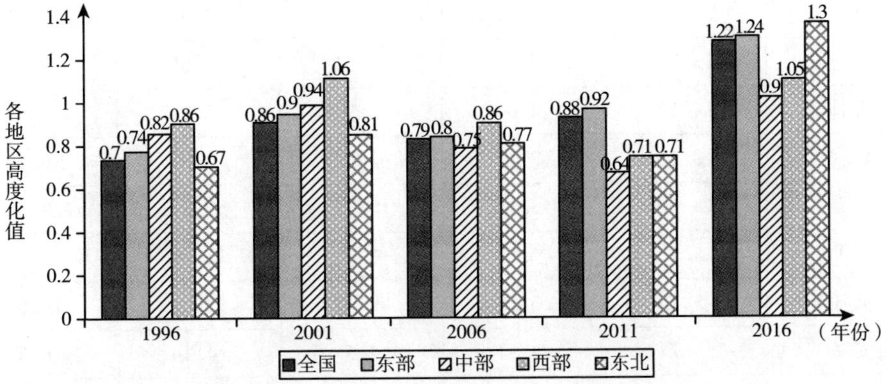

图 4 – 58　部分年份分地区产业高度化情况示意

资料来源：根据中华人民共和国国家统计局国家数据整理得到。

注：东部地区：北京、天津、河北、山东、江苏、上海、浙江、福建、广东、海南；中部地区：山西、河南、安徽、湖北、江西、湖南；西部地区：四川、云南、贵州、西藏、重庆、陕西、甘肃、青海、新疆、宁夏、内蒙古、广西；东北地区：黑龙江、吉林、辽宁。

从四大地区来看，东部地区高度化水平长期高于全国水平，在 2006 年下降到 0. 8，2016 年上涨到 1. 24，这与我国东部沿海率先发展劳动密集型产业然后施行产业升级换代着重发展第三产业有深大的关系；中部地区则大部分时间低于全国水平，2011 年达到最低值 0. 64，这与承接东部第二产业的转移有很大关系；西部地区则在 20 世纪末和 21 世纪初高度化水平领先全国，这主要与当时西部地区第二产业过去落后、产值较小有很大原因，但在 2011 年开始比值开始变低，这也与国家实行西部大开发战略、承接东部落后第二产业有很大关系；东北地区则仅在 2016 年超过全国平均水平，振兴东北的任务任重而道远。

前面在分析中国产业合理化水平时，选取了 K 值、Moore 值与泰尔指数三种测算方法，在测量中国省级产业结构合理化时，我们主要采取泰尔指数作为参考依据。表 4 - 16 为部分年份各省区市泰尔指数测算结果。

表 4 - 16　　部分年份泰尔指数测算结果

地区	1996 年	2001 年	2006 年	2011 年	2016 年
北京	30. 92	14. 06	27. 11	30. 37	35. 01
天津	21. 14	12. 56	10. 19	14. 48	20. 78
河北	5. 38	4. 15	4. 5	6	7. 6
山西	5. 18	2. 74	2. 69	2. 84	4. 11
内蒙古	9. 59	4. 34	2. 24	2. 08	2. 65
辽宁	13. 25	6. 62	5. 51	4. 66	7. 39
吉林	14. 51	4. 31	3. 9	2. 94	4. 37
黑龙江	10. 35	2. 71	2. 83	2. 9	10. 19
上海	15. 06	13. 18	19. 74	59. 1	39. 69
江苏	5. 13	4. 52	6. 46	11. 18	13. 48
浙江	5. 12	6. 28	9. 47	18. 23	19. 61
安徽	5. 71	3. 91	4. 5	4. 14	6. 53
福建	5. 95	4. 85	6. 62	10. 1	12. 81
江西	14. 03	8. 7	6. 25	5. 58	8. 62
山东	4. 23	3. 14	4. 07	5. 36	6. 73
河南	3. 81	2. 78	2. 92	4. 09	5. 03
湖北	9. 23	4. 66	3. 76	3. 25	4. 87
湖南	7. 56	3. 68	4. 64	4. 46	4. 48
广东	5. 72	3. 98	5. 32	7. 4	7. 96
广西	3. 5	3. 16	3. 03	3. 05	3. 08
海南	8. 3	6. 18	5. 33	6. 64	11. 84
重庆	3. 4	2. 84	2. 79	3. 22	6. 25
四川	3. 64	4. 38	4. 25	4. 17	5. 93

续表

地区	1996 年	2001 年	2006 年	2011 年	2016 年
云南	1.76	1.52	1.7	2.16	2.69
贵州	4.05	1.22	1.31	1.56	2.64
陕西	3.14	2.36	2.4	3.75	1.87
西藏	3.54	2.33	2.61	2.69	4.07
青海	3.67	2.11	2.52	2.89	3.9
新疆	5.37	2.92	2.45	2.78	3.84
宁夏	3.41	2.65	3.29	2.07	2.48
甘肃	3.42	2.79	1.87	1.89	2.55

资料来源：根据中华人民共和国国家统计局数据整理得到。

由于受我国总体发展在时间与空间上的不平衡以及各省区市支柱产业的不同，各省区市的产业结构合理化泰尔指数的变化情况也不尽相同，总体上来看，1996 年各省区市泰尔指数的平均值为 7.71，最小值为云南 1.76，最大值为北京 30.92；2001 年各省区市泰尔指数的平均值为 4.7，最小值为贵州 1.22，最大值为北京 14.06；2006 年各省区市泰尔指数的平均值为 5.36，最小值为贵州 1.31，最大值为北京 27.11；2011 年各省区市泰尔指数的平均值为 7.61，最小值为贵州 1.56，最大值为上海 59.1；2016 年各省区市泰尔指数的平均值为 8.81，最小值为陕西 1.87，最大值为上海 39.69。

与省级产业结构高度化分析相同，我们也从我国四大地区（东部、中部、西部与东北）之间进行产业结构合理化横向比较，图 4－59 为部分年份分地区产业合理化（泰尔指数）示意图。

从四大地区看，与高度化相似，东部地区的产业结构合理化也一直领先全国，在三大产业的平衡发展和产业的更新换代升级上一直是国内做得最好的地区；中部地区则在 21 世纪大部分时间内，产业的合理化程度都比全国的平均水平要低，主要原因在于中部地区第三产业的发展十分落后，该地区的经济增长主要依靠的是承接部分东部地区转移的较为落后的劳动密集型第二产业，这在一定程度上帮助了其经济发展，但是经济发展的合理化情况还没有完全顾及；西部地区的产业合理化水平也长期低于全国平均水平，且泰尔指数的值都小于同期的中部地区，西部地区的发展较为落后，第一产业在该地区的经济发展中仍然占有很大的地位，且该地区的第二产业的发展也相当依靠东部地区劳动密集型的转移，

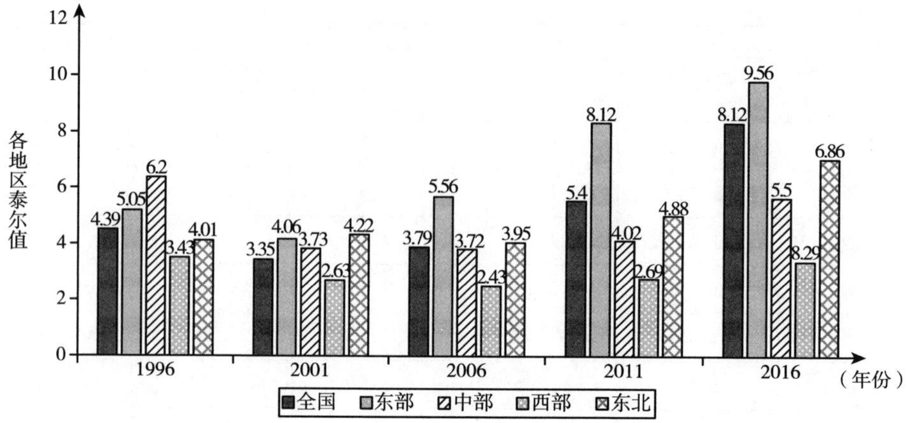

图 4－59　部分年份分地区产业合理化泰尔指数情况示意图

西部地区需要多加利用能源矿产丰富的优势，发展附加值较高的资源密集型产业和以旅游业为主导的第三产业；东北地区则在 21 世纪初时，依靠较为完善的工业基础和资源密集型产业，产业结构合理化程度领先全国，而由于产业升级较慢、第三产业发展落后、人力资源流失等原因，在 2010 年后逐步开始落后全国。

最后，我们可以把我国省与省之间的产业结构高度化和合理化结合起来分析。这里借鉴图 4－60 的二维矩阵，把所有省区市依据合理化和高度化水平分为四类地区。

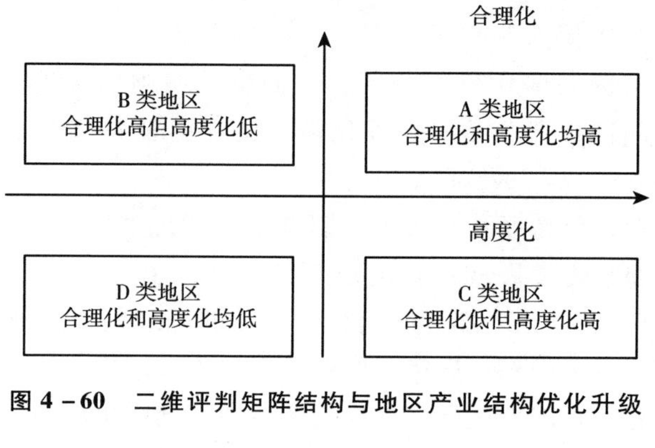

图 4－60　二维评判矩阵结构与地区产业结构优化升级

我们将全国除港澳台、西藏之外的 30 个省区市，分别按照产业结构的高度化和合理化从高到低进行排序，其中为避免受极值，根据中位数将合理化指标与高度化指标各自分为高与低两类，同时两大指标两两组合，以图 4－60 的矩阵评判标准分为A、B、C、D四大地区，表4-17为分类结果。

表4-17 矩阵评判结果示意

年份	A类地区	B类地区	C类地区	D类地区
1996	海南、北京、江西、内蒙古、湖北、安徽、湖南、福建	新疆、青海、宁夏、广西、陕西、贵州	上海、吉林、广东、辽宁、天津、黑龙江	山西、四川、重庆、云南、甘肃、山东、河北、江苏、浙江、河南
2006	北京、海南、上海、湖南、安徽、四川、广东	贵州、广西、湖北、云南、重庆、吉林、甘肃	辽宁、福建、天津、浙江、江西、江苏、河北	宁夏、内蒙古、青海、陕西、新疆、山西、黑龙江、山东、河南
2016	北京、海南、上海、黑龙江、天津、辽宁、广东、浙江	甘肃、山西、云南、新疆、四川、贵州	江苏、山东、江西、福建、河北、安徽	湖南、重庆、湖北、宁夏、内蒙古、吉林、青海、河南、广西、陕西

1996~2016年，北京和海南一直属于A类产业结构合理化和高度化均很高的地区，而在1996年，中部地区有江西、湖北、湖南、安徽四个省份上榜，但在2016年则没有一个中部地区上榜，这也在一定程度上反映出了我国中西部地区发展的不充分性与不合理性。B类合理化高但高度化低在这20年的时间内一直以中西部地区为主，没有东部地区上榜过，这很符合我国发展的实际情况，中西部地区在我国的发展相对于东部地区有着一定的滞后，因此具有一定的后发优势，能在一定程度上规避掉产业结构的不合理性，但是由于技术水平、教育环境等方面相对落后，因此高度化水平有待提高，这也是在供给侧改革的新背景下，中西部地区发展需要着重注意的地方。C类合理化低但高度化高的地区则在20世纪末、21世纪初主要以东部地区和东北部地区为主，而在2006年以后，中部地区上榜的数量开始增加。究其原因主要在于东部地区发展较早，前期大规模依靠代工加工等产业的发展，虽然大部分属于劳动密集型产业，但是需要一定的技术含量，同时东部地区第三产业服务业的发展在全国范围内属于领先水平，因此该地区产业结构虽然合理化程度有待提高，但是高度化水平足够。而东北地区则主要依靠石油、天然气等资源密集型产业和重工业的发展，十分需要技术水平和科研实力的支撑，因此产业发展的高度化足够，但是由于轻工业与第三产业的发

展较为滞后，因此产业发展的合理性不足。D类合理化和高度化均很低的地区则在2006年以后几乎全部属于中西部地区，这一点也很好理解，中西部地区的发展还任重而道远。

4.4 国家和地方重点产业政策的比较分析

产业政策是政府为实现一定的经济和社会目标而对产业的形成和发展进行干预的各种政策的总和。产业政策具有调控经济结构、影响经济的长期发展、调节供给等特点，调控经济结构，即调控产业结构、产业组织结构、产业区域布局结构，使社会资源在各产业、行业、企业、地区之间得到合理配置，逐步实现产业结构的优化；影响经济的长期发展，即改造产业结构，实现产业结构的优化，促进经济的增长，必须经过长期的努力；调节供给，即通过促进或限制某些产业的发展，改造产业结构，调整各产业之间的相互关系，使供给总量和结构都能满足需求，实现供给和需求的总量、结构的平衡；产业结构政策、产业组织政策、产业区域布局政策表现为“集合”政策。每一种具体政策都以市场机制的调节为依据，对市场起着直接调控、对企业起着间接调控的宏观作用。

在市场经济运行中，产业政策可以调整商品供求结构，有助于实现市场上商品供求的平衡；可以通过差别利率等信贷倾斜政策对资金市场进行调节，有助于资金合理流动和优化配置；可以打破地区封锁和市场分割，促进区域市场和国内统一市场的发育和形成。同时，以“看得见的手”在出现“市场失灵”时弥补市场的不足，助力国家经济战略实施，提高企业和产业的竞争力。

我国的产业政策历史可溯源到改革开放初期，国家将发展的重点转移到经济建设，并于1989年发布了中国第一部以产业政策命名的政策文件《国务院关于当前产业政策要点的决定》，并一同发布《当前的产业发展序列目录》，为各行业、部门、地区的经济发展提供了依据和指导方针。自20世纪80年代以来，依据着我国经济环境和制度环境的变化，我国相继出台了一系列产业政策文件，如《九十年代国家产业政策纲要》（1994）、《国务院关于投资体制改革的决定》（2004）、《促进产业结构调整暂行规定》（2005）、《产业结构调整指导目录》、《船舶工业调整振兴规划》等文件，贯穿了不同时期不同地区的五年计划纲要安排。可见国家和地方产业政策的制定多是以出台规划的形式予以统筹的，故我们首先收集国家层面上的“十五”“十一五”“十二五”及“十三五”4个五年规划，对其中的重点产业政策进行了梳理，并比较了4个五年规划期间支柱型、传统型和新兴型产业政策变化趋势。然后收集我国30个省区市（除港澳台、西藏）的“十五”“十一五”“十二五”及“十三五”4个五年规划，采取同样的方法予以整理。

制造业在国民经济中占有重要份额，体现一国的生产力水平，故我们仅整理了国家层面及各省区市规划中制造中各重点产业。在整理过程中，鉴于不同省区市的规划涉及的产业名称不尽相同，且与国民经济行业分类中的各产业名称难以一一对应，为此我们做了一定的简化处理：（1）国家和各省区市规划中均有一章专门讨论工业发展的，其中会论述工业发展和工业结构调整目标。我们将其中提到的所有制造业产业均提取出来，视为重点产业。（2）对于规划中提到的具体的制造产品，我们按照国民经济行业代码（GB/T4754－2011）将其归入相应的二位码产业，如将汽车归入汽车制造业（行业代码36），水泥归入非金属矿物制品业（行业代码30），船舶、航天器等制造归入铁路、船舶、航空航天和其他运输设备制造业（行业代码37）。（3）对于规划中提到的新材料、新能源、智能制造等，由于涉及众多产业，无法归入某个具体产业，参照宋凌云和王贤彬（2013），未作考虑。

从国家级层面来看，为了对我国国家层面重点产业政策的演进进行描绘，首先对比分析“十五”至“十三五”4个国家五年规划中被选为重点产业的二位码产业变化，见表4－18。

表4－18　国家层面二位码产业在不同规划期的演变趋势

产业代码	产业名称	“十五”规划	“十一五”规划	“十二五”规划	“十三五”规划
13	农副食品加工业	1			
17	纺织业	1	1	1	
18	纺织服装、服饰业	1			
22	造纸和纸制品业	1	1		
25	石油加工、炼焦和核燃料加工业		1	1	1
26	化学原料和化学制品制造业	1	1	1	1
27	医药制造业	1	1	1	1
28	化学纤维制造业	1			1

续表

产业代码	产业名称	“十五”规划	“十一五”规划	“十二五”规划	“十三五”规划
30	非金属矿物制品业	1	1		
31	黑色金属冶炼和压延加工业	1	1	1	
32	有色金属冶炼和压延加工业	1	1	1	1
34	通用设备制造业	1	1		1
35	专用设备制造业	1		1	1
36	汽车制造业	1	1	1	1
37	铁路、船舶、航空航天和其他运输设备制造业	1	1	1	1
38	电气机械和器材制造业	1	1	1	1
39	计算机、通信和其他电子设备制造业	1	1	1	1
合计		16	13	11	11

根据国民经济行业二位码在“十五”至“十三五”4个国家五年规划中选为重点产业，在4个国家五年规划中均被选为重点产业的分别是：化学原料和化学制品制造业，医药制造业，有色金属冶炼和压延加工业，汽车制造业，铁路、船舶、航空航天和其他运输设备制造业，电气机械和器材制造业，计算机、通信和其他电子设备制造业。“十五”至“十三五”规划期间，被选为重点产业的数量再下降，主要表现为轻工业产业数量的减少。这既表明我国经济的进步和产业结构升级优化，也表明重点产业政策随着我国的经济发展和产业结构的变化适宜地进行调整，即将更多的资源投入当下人民最需要的地方，如更注重改造提升传统产业，新能源汽车产业及生物医药，信息科技等新兴产业。

从我国重点城市群来分析不同区域重点产业政策的演进，我国重点城市群主要为京津冀城市群、长三角城市群、粤港澳大湾区、成渝城市群、长江中游城市群、中原城市群、关中平原城市群等城市群①，这里主要分析长江三角洲城市群、珠江三角洲城市群、京津冀城市群这三大经济圈。鉴于本书规划选择主要为国家和省际层面，因此选取的三大经济圈中涉及的相关城市均归入各省区市。长

① 2018年11月18日，中共中央、国务院发布的《中共中央 国务院关于建立更加有效的区域协调发展新机制的意见》。https：//baike. so. com/doc/5513621 -5748418. html.

江三角洲城市群①涉及省市为上海、江苏、浙江、安徽，珠江三角洲城市群②涉及的省市主要为广东，京津冀城市群③涉及的省市主要为北京、天津和河北。我们分别整理各城市群“十五”至“十三五”4个五年规划期制造业二位码产业被选为重点产业的变化情况，如表4－19、表4－20和表4－21所示。

表4－19　　长江三角洲城市群在不同规划期制造业二位码产业被选为重点产业次数

产业代码	产业名称	“十五”规划	“十一五”规划	“十二五”规划	“十三五”规划
13	农副食品加工业	1	0	1	0
14	食品制造业	4	3	0	1
15	酒、饮料和精制茶制造业	0	0	0	0
16	烟草制品业	0	0	0	0
17	纺织业	2	2	1	1
18	纺织服装、服饰业	4	2	1	1
19	皮革、毛皮、羽毛及其制品和制鞋业	0	1	0	1
20	木材加工和木、竹、藤、棕、草制品业	0	0	0	0
21	家具制造业	0	0	1	1
22	造纸和纸制品业	2	2	0	0
23	印刷和记录媒介复制业	1	0	0	0
24	文教、工美、体育和娱乐用品制造业	1	0	0	1
25	石油加工、炼焦和核燃料加工业	2	1	3	1
26	化学原料和化学制品制造业	3	2	3	3
27	医药制造业	4	3	2	3
28	化学纤维制造业	2	0	0	1
29	橡胶和塑料制品业	1	0	0	0

① https://baike.so.com/doc/5613951－5826561.html.

② https://baike.so.com/doc/24448906－25287548.html.

③ https://baike.so.com/doc/5512166－5747927.html.

续表

产业代码	产业名称	“十五”规划	“十一五”规划	“十二五”规划	“十三五”规划
30	非金属矿物制品业	1	2	3	0
31	黑色金属冶炼和压延加工业	2	1	1	3
32	有色金属冶炼和压延加工业	1	2	3	2
33	金属制品业	1	1	3	0
34	通用设备制造业	4	2	0	2
35	专用设备制造业	3	2	3	4
36	汽车制造业	3	4	2	3
37	铁路、船舶、航空航天和其他运输设备制造业	2	4	2	4
38	电气机械和器材制造业	4	2	2	2
39	计算机、通信和其他电子设备制造业	4	4	3	3
40	仪器仪表制造业	0	1	0	0
41	其他制造业	1	0	0	0
42	废弃资源综合利用业		0	0	0

表 4-20　珠江三角洲城市群在不同规划期制造业二位码产业被选为重点产业次数

产业代码	产业名称	“十五”规划	“十一五”规划	“十二五”规划	“十三五”规划
13	农副食品加工业				
14	食品制造业		1	1	
15	酒、饮料和精制茶制造业	1	1		
16	烟草制品业				
17	纺织业		1	1	
18	纺织服装、服饰业	1	1		
19	皮革、毛皮、羽毛及其制品和制鞋业				

续表

产业代码	产业名称	“十五”规划	“十一五”规划	“十二五”规划	“十三五”规划
20	木材加工和木、竹、藤、棕、草制品业				
21	家具制造业			1	
22	造纸和纸制品业	1	1	1	
23	印刷和记录媒介复制业				
24	文教、工美、体育和娱乐用品制造业				
25	石油加工、炼焦和核燃料加工业	1		1	
26	化学原料和化学制品制造业				
27	医药制造业	1	1	1	1
28	化学纤维制造业			1	
29	橡胶和塑料制品业			1	
30	非金属矿物制品业	1			
31	黑色金属冶炼和压延加工业			1	
32	有色金属冶炼和压延加工业		1	1	
33	金属制品业				
34	通用设备制造业		1		
35	专用设备制造业	1		1	1
36	汽车制造业	1	1	1	
37	铁路、船舶、航空航天和其他运输设备制造业	1	1	1	
38	电气机械和器材制造业	1	1		1
39	计算机、通信和其他电子设备制造业	1	1	1	1
40	仪器仪表制造业	1			
41	其他制造业				
42	废弃资源综合利用业				

表 4－21　　京津冀城市群在不同规划期制造业二位码产业被选为重点产业次数

产业代码	产业名称	“十五”规划	“十一五”规划	“十二五”规划	“十三五”规划
13	农副食品加工业	0	0	1	0
14	食品制造业	3	1	0	0
15	酒、饮料和精制茶制造业	0	0	0	0
16	烟草制品业	0	0	0	0
17	纺织业	2	0	1	1
18	纺织服装、服饰业	3	0	0	1
19	皮革、毛皮、羽毛及其制品和制鞋业	1	0	0	0
20	木材加工和木、竹、藤、棕、草制品业	0	0	0	0
21	家具制造业	1	0	0	0
22	造纸和纸制品业	0	0	0	0
23	印刷和记录媒介复制业	1	0	0	0
24	文教、工美、体育和娱乐用品制造业	1	0	0	0
25	石油加工、炼焦和核燃料加工业	2	2	2	2
26	化学原料和化学制品制造业	2	2	0	3
27	医药制造业	3	3	3	3
28	化学纤维制造业	0	0	0	0
29	橡胶和塑料制品业	1	0	0	0
30	非金属矿物制品业	2	2	0	2
31	黑色金属冶炼和压延加工业	3	2	1	2
32	有色金属冶炼和压延加工业	1	1	0	1
33	金属制品业	1	0	0	0
34	通用设备制造业	3	2	2	2
35	专用设备制造业	1	3	3	3
36	汽车制造业	2	2	1	3

续表

产业代码	产业名称	“十五”规划	“十一五”规划	“十二五”规划	“十三五”规划
37	铁路、船舶、航空航天和其他运输设备制造业	3	2	1	3
38	电气机械和器材制造业	3	1	0	1
39	计算机、通信和其他电子设备制造业	3	3	3	3
40	仪器仪表制造业	0	0	0	1
41	其他制造业	1	0	0	1
42	废弃资源综合利用业	0	0	0	0

由表4－19、表4－20和表4－21可知，对比长三角、珠三角和京津冀城市群在“十五”至“十三五”四个五年规划期制造业二位码产业被选为重点产业次数的变化，我们发现三个城市群的重点产业向高端制造业倾斜，如长三角城市群“十五”规划期间被列为重点产业次数最多的是食品制造业，纺织服饰业，医药制造业，通用设备制造业，电气机械和器材制造业，计算机、通信和其他电子设备制造业。珠三角城市群在“十五”期间重点产业涉及的产业种类较多，而“十一五”期间主要集中在医药制造业，电气机械和器材制造业，计算机、通信和其他电子设备制造业方面，京津冀城市带也表现出了同样的趋势。

从省级层面，为了对我国省级重点产业政策演进进行描绘，我们分别整理归纳了全国30个省区市（除港澳台、西藏外）“十五”至“十三五”4个五年规划期制造业二位码产业被选为重点产业的变化情况，见表4－22。

表4－22　各省区市在不同规划期制造业二位码产业被选为重点产业次数

产业代码	产业名称	“十五”规划	“十一五”规划	“十二五”规划	“十三五”规划
13	农副食品加工业	14	10	16	14
14	食品制造业	22	18	12	14
15	酒、饮料和精制茶制造业	9	3	1	3
16	烟草制品业	6	3	2	2
17	纺织业	19	14	13	11

续表

产业代码	产业名称	“十五”规划	“十一五”规划	“十二五”规划	“十三五”规划
18	纺织服装、服饰业	15	7	3	4
19	皮革、毛皮、羽毛及其制品和制鞋业	3	3	0	1
20	木材加工和木、竹、藤、棕、草制品业	4	1	6	3
21	家具制造业	3	0	2	2
22	造纸和纸制品业	11	13	3	4
23	印刷和记录媒介复制业	2	1	0	1
24	文教、工美、体育和娱乐用品制造业	2	0	0	5
25	石油加工、炼焦和核燃料加工业	18	13	24	17
26	化学原料和化学制品制造业	23	16	12	18
27	医药制造业	28	26	19	27
28	化学纤维制造业	5	2	6	3
29	橡胶和塑料制品业	6	3	2	1
30	非金属矿物制品业	18	16	12	12
31	黑色金属冶炼和压延加工业	17	16	19	18
32	有色金属冶炼和压延加工业	20	20	21	19
33	金属制品业	4	4	8	0
34	通用设备制造业	16	10	3	14
35	专用设备制造业	21	13	25	29
36	汽车制造业	19	17	16	20
37	铁路、船舶、航空航天和其他运输设备制造业	14	17	16	24
38	电气机械和器材制造业	21	9	6	14
39	计算机、通信和其他电子设备制造业	21	17	17	22
40	仪器仪表制造业	6	1	0	2
41	其他制造业	7	3	0	2
42	废弃资源综合利用业	0	0	0	3

根据各省区市在不同规划期制造业二位码产业被选为重点产业次数，对比分析了不同规划期排名前五位的产业。“十五”期间，排名前五位的产业为：食品制造业，化学品原料和化学品制造业，医药制造业，专用设备制造业，电气机械和器材制造业，计算机、通信和其他电子设备制造业。“十一五”期间，排名前五位的产业为：食品制造业，医药制造业，有色金属冶炼和压延加工业，汽车制造业，铁路、船舶、航空航天和其他运输设备制造业，计算机、通信和其他电子设备制造业。“十二五”期间，排名前五位的产业为：石油加工、炼焦和核燃料加工业，医药制造业，黑色金属冶炼和压延加工业，有色金属冶炼和压延加工业，专用设备制造业。“十三五”期间，排名前五位的产业为：医药制造业，专用设备制造业，汽车制造业，铁路、船舶、航空航天和其他运输设备制造业，计算机、通信和其他电子设备制造业。各省区市排名前五位的重点产业次数均在17次以上，这表明各省区市在同一计划期内倾向于选择相同的产业作为重点产业。另外，在不同规划期，排名前五位的重点产业中，除医药产业一直未变外，其他重点产业均有所变化，主要表现为轻工业减少，新兴产业相对增加。

为了对比分析各省区市选择的重点产业与国家层面重点产业间的关系，我们将各省区市不同规划期的重点产业与国家层面规划期的重点产业相同的情况进行分析，具体如表4－23所示。

表4－23　各省区市五年规划与国家五年规划重点产业相同情况

省区市	“十五”规划		“十一五”规划		“十二五”规划		“十三五”规划	
	个数	相同比例	个数	相同比例	个数	相同比例	个数	相同比例
北京	12	58%	5	80%	6	83%	8	100%
天津	15	80%	13	85%	6	83%	12	67%
河北	16	75%	8	88%	6	83%	12	67%
山西	8	63%	5	100%	4	75%	14	64%
内蒙古	12	75%	9	67%	7	71%	9	89%
辽宁	15	87%	14	71%	7	86%	11	82%
吉林	13	85%	9	78%	7	57%	7	86%
黑龙江	17	76%	6	67%	8	75%	13	69%
上海	13	77%	5	100%	7	100%	4	75%
江苏	9	89%	11	73%	9	78%	10	80%
浙江	18	67%	12	67%	10	60%	12	58%

续表

省区市	“十五”规划		“十一五”规划		“十二五”规划		“十三五”规划	
	个数	相同比例	个数	相同比例	个数	相同比例	个数	相同比例
安徽	13	92%	13	77%	8	63%	11	91%
福建	16	81%	8	50%	12	58%	14	57%
江西	10	90%	12	67%	11	64%	11	64%
山东	12	92%	11	91%	10	80%	7	100%
河南	9	56%	10	90%	7	71%	7	57%
湖北	9	89%	13	77%	11	73%	5	100%
湖南	14	71%	11	64%	9	56%	13	69%
广东	12	83%	12	75%	14	64%	3	100%
广西	14	79%	15	53%	13	62%	17	59%
海南	7	57%	6	67%	12	58%	8	50%
重庆	15	80%	11	73%	7	86%	13	69%
四川	10	70%	14	71%	12	67%	12	75%
云南	20	65%	8	75%	7	57%	19	37%
贵州	14	71%	2	50%	9	78%	10	50%
陕西	10	90%	10	90%	13	77%	11	73%
青海	9	78%	4	75%	8	88%	10	50%
新疆	8	88%	8	63%	8	88%	9	56%
宁夏	13	62%	5	80%	9	78%	10	50%
甘肃	11	91%	6	67%	7	57%	7	57%

在“十五”至“十三五”规划期间，各省区市重点产业与国家层面重点产业相同的个数比例较高，在不同规划期，均在50%及以上。对比4个五年规划期，“十五”规划期间各省区市重点产业与国家五年规划相同的比例为77%，为4个五年规划中占比最高的。“十一五”期间为74%，“十二五”期间为72%，“十三五”期间为70%，在三个规划期，均有省区市与国家层面重点产业重叠率达到100%。这表明各省区市在某种程度上倾向于按照国家五年规划的产业规划方向选择自己的重点产业，但是不同省区市选择自己的重点支柱产业时，还会综合结合考虑本地区产业发展的现状、区位优势和资源禀赋，有一定的自主性与能动性。

第5章

要素市场扭曲影响中国产业升级的存在性检验

5.1 检验土地要素市场扭曲对产业结构优化升级的影响

5.1.1 模型设计

前面的理论分析表明，产业结构升级通常包括产业结构合理化和产业结构高级化这两个过程，下面将从这两个方面入手，结合中国整体以及31个省区市的样本数据，检验土地要素价格扭曲是否对产业结构的优化升级产生影响。具体的计算模型如下：

$$\Delta TL_{it} = \alpha + \beta_1 \cdot \Delta \ln LD_{it} + \sum_{k=2}^{n} \beta_k X_{kit} + \mu_{it} \tag{5-1}$$

$$\Delta TS_{it} = \alpha + \beta_1 \cdot \Delta \ln LD_{it} + \sum_{k=2}^{n} \beta_k X_{kit} + \mu_{it} \tag{5-2}$$

模型（5-1）中的被解释变量ΔTL_{it}表示地区i在第t年相对前一年的产业结构合理化程度的变化率，模型（5-2）ΔTS_{it}表示地区i在第t年相对前一年的产业结构高度化程度的变化率，主要解释变量$\Delta \ln LD_{it}$表示地区i在第t年相对前一年的土地要素价格扭曲程度的变化率，其他解释变量X_{kit}主要包括外商直接投资FDI_{it}、创新水平RD_{it}、贸易依存度FTD_{it}、消费需求结构CON_{it}、投资需求结构INV_{it}以及劳动力水平L_{it}。

5.1.2 变量及数据选取说明

产业结构合理化程度变化率 ΔTL_{it}：产业结构合理化程度 TL_{it}的计算方法参见第 4 章，这里进一步对其进行差分计算得到 ΔTL_{it}；

产业结构合理化程度变化率 ΔTS_{it}：产业结构高度化程度 TS_{it}的计算方法参见第 4 章，这里进一步对其进行差分计算得到 ΔTS_{it}；

土地要素价格扭曲程度变化率 $\Delta lnLD_{it}$：土地要素价格扭曲程度 $lnLD_{it}$的计算方法参见参见第 4 章，这里进一步对其进行差分计算得到 $\Delta lnLD_{it}$；

外商直接投资水平变化率 $\Delta lnFDI_{it}$：这里参考武晓霞（2014）的方法，选取全国以及各省区市的外商投资企业的投资额（FDI）占 GDP 总额的比值来表示外商直接投资水平。为了便于统计回归取其对数，并进行差分计算得到 $\Delta lnFDI_{it}$。因为统计年鉴中的 FDI 值是以美元为单位，这里将按照当年的人民币平均汇率将其换算成以人民币为单位。其中各个地区的外商投资企业的投资额（FDI）数据取自相关年份的《中国金融年鉴》。

创新水平变化率 $\Delta lnRD_{it}$：这里参考朱月仙等（2007）的方法，选取全国以及各省区市的专利授予数来表示创新水平。为了便于统计回归取其对数，并进行差分计算得到 $\Delta lnRD_{it}$。其中各个地区的专利授予数据取自相关年份的《中国金融年鉴》。

贸易依存度变化率 $\Delta lnFTD_{it}$：这里选取全国以及各省区市的进出口总额与 GDP 的比值来表示贸易水平。因为统计年鉴中的进出口总额是以美元为单位，这里将按照当年的人民币平均汇率将其换算成以人民币为单位。为了便于统计回归取其对数，并进行差分计算得到 $\Delta lnFTD_{it}$。其中各个地区的进出口总额的数据取自相关年份的《中国金融年鉴》。

消费需求结构变化率 $\Delta lnCON_{it}$：这里选取全国以及各省区市的居民消费水平数来表示消费需求水平。因为统计年鉴中给出的居民消费水平为当年价格，因此这里以 2002 年为基期年，对 2003 ~ 2017 年的居民消费水平进行指数平减。为了便于统计回归取其对数，并进行差分计算得到 $\Delta lnCON_{it}$。其中各个地区的居民消费水平的相关数据取自《中国统计年鉴》。

投资需求结构 $\Delta lnINV_{it}$：这里选取全国以及各省区市的固定资产投资额来表示投资需求水平。为了便于统计回归取其对数，并进行差分计算得到 $\Delta lnINV_{it}$。其中各个地区的固定资产投资额的相关数据取自《中国固定资产投资统计年鉴》。

劳动力水平 ΔlnL_{it}：这里选取全国以及各省区市的就业人员数量来表示劳动力水平。为了便于统计回归取其对数，并进行差分计算得到 ΔlnL_{it}。其中各个地区的就业人员数量的相关数据取自《中国统计年鉴》。

相关变量的描述性统计结果如表5-1所示。

表5-1　相关变量的描述性统计结果

变量名称	样本数	平均值	最大值	最小值	标准差
ΔTL_{it}	512	0.107417	1.117400	0.000001	0.223287
ΔTS_{it}	512	0.040328	0.170700	0.000700	0.038770
$\Delta lnLD_{it}$	512	0.013861	0.051000	0.000200	0.012504
$\Delta lnFDI_{it}$	512	0.116373	0.290000	0.002400	0.070901
$\Delta lnFTD_{it}$	512	0.033702	0.174700	0.003500	0.032962
$\Delta lnRD_{it}$	512	0.202569	0.410900	0.011600	0.107412
$\Delta lnCON_{it}$	512	0.121283	0.237800	0.049200	0.038581
$\Delta lnINV_{it}$	512	0.192700	0.350600	0.056500	0.066183
ΔlnL_{it}	512	0.037714	0.189400	0.003600	0.034528

5.1.3　实证过程分析

（1）稳定性检验。

为了避免出现“伪回归”，并提高测算结果的可靠性，通常会对时间范围超过5年的面板数据进行单位根的检验。这里将会使用LLC、Fisher-ADF以及Fisher-PP这三种方法来对相关变量进行单位根的检验。其中LLC是在同质性基础上进行的检验，Fisher-ADF和Fisher-PP是可以有异质性的检验，其检验结果如表5-2所示。

表 5－2　　相关变量的面板数据单位根检验

变量	LLC 检验	Fisher－ADF 检验	Fisher－PP 检验
ΔTL_{it}	－3.90131*** (0.0000)	18.5995** (0.0172)	18.3614** (0.0187)
ΔTS_{it}	－3.37759*** (0.0004)	28.6435*** (0.0004)	31.2771*** (0.0001)
$\Delta lnLD_{it}$	－2.47809*** (0.0066)	30.0383*** (0.0002)	40.0419*** (0.0000)
$\Delta lnFDI_{it}$	－6.53129*** (0.0000)	42.3504*** (0.0000)	43.6439*** (0.0000)
$\Delta lnFTD_{it}$	－5.78631*** (0.0000)	25.3338*** (0.0014)	23.3917*** (0.0029)
$\Delta lnRD_{it}$	－5.56364*** (0.0000)	21.4174*** (0.0061)	21.3866** (0.0062)
$\Delta lnCON_{it}$	－7.76659*** (0.0000)	35.7478*** (0.0000)	44.2205*** (0.0000)
$\Delta lnINV_{it}$	－9.22596*** (0.0000)	45.2304*** (0.0000)	60.9008*** (0.0000)
ΔlnL_{it}	－1.41934* (0.0779)	12.0910** (0.0472)	19.6278** (0.0118)

注：检验结果由 EViews7.0 得出，其中，*** 表示为在 1% 的水平上显著，** 表示为在 5% 的水平上显著，* 表示为在 10% 的水平上显著。小括号内表示的为对应的 P 值。

由表 5－2 可以得出，经过上述三种方法的单位根检验，全国以及各个地区的相关变量的一阶差分都在 5% 的水平以下，因此拒绝了“序列是非平稳的”的原假设，即相关变量是平稳的并且一阶单整，不会出现“伪回归”的结果，因此可以直接进行面板数据回归。

（2）参数估计结果及分析。

由于本部分测算土地要素价格扭曲程度对产业结构优化升级的影响所使用的数据为面板数据，常用的模型有固定效应模型、随机效应模型以及混合效应模型三种，具体使用哪一种模型来进行估计，需要进行数据来进行检验。因此为了使影响程度被更加准确地衡量，这里将同时对固定效应、随机效应以及混合效应三种模型进行回归估计，最后根据回归的结果来决定哪一种模型更适合用于衡量土地要素价格扭曲程度对产业结构优化升级的影响程度。

在确定模型的形式上，可以使用F检验来确定使用变系数模型、变截距模型以及不变参数模型中的一种。分别构建这三种模型并考虑其自由度 N(T－k－1)，得到残差平方和 S_1、S_2 和 S_3，再根据计算公式得出相应的F统计量。

计算得到两个F值之后，查找F值分布表对应的数值进行比对之后决定使用哪一种模型形式。具体的回归估计结果如表5－3和表5－4所示。

表5－3　ΔTL_{it}的参数估计结果

变量	混合回归模型	固定效应模型	随机效应模型
c	－0.0003* (0.0015)	－0.000514* (0.0014)	－0.0005* (0.0016)
$\Delta lnLD_{it}$	0.0319*** (0.0034)	0.0374*** (0.0033)	0.0354*** (0.0032)
$\Delta lnFDI_{it}$	－0.0006* (0.0027)	－0.0016* (0.0027)	－0.0012* (0.0026)
$\Delta lnFTD_{it}$	－0.0413*** (0.0089)	－0.0056* (0.0110)	－0.0229** (0.0098)
$\Delta lnRD_{it}$	0.0090*** (0.0030)	0.0077*** (0.0029)	0.0082*** (0.0028)
$\Delta lnCON_{it}$	0.0042* (0.0076)	0.0007* (0.0071)	0.0020* (0.0070)
$\Delta lnINV_{it}$	0.0204*** (0.0049)	0.0141*** (0.0048)	0.0173*** (0.0046)
ΔlnL_{it}	－0.0069* (0.0052)	－0.0009* (0.0050)	－0.0031* (0.0049)
Hausman 检验			0 [1.0000]
样本数	512	512	512

注：检验结果由 EViews7.0 得出，其中，*** 表示为在1%的水平上显著，** 表示为在5%的水平上显著，* 表示为在10%的水平上显著。小括号内表示的为对应的P值。

表 5-4　ΔTS_{it}的参数估计结果

变量	混合回归模型	固定效应模型	随机效应模型
c	0.0476*** (0.0104)	0.0580*** (0.0101)	0.0545*** (0.0111)
$\Delta lnLD_{it}$	0.0451** (0.0230)	0.0357* (0.0229)	0.0395* (0.0224)
$\Delta lnFDI_{it}$	0.0332** (0.0182)	0.0042* (0.0190)	0.0144* (0.0183)
$\Delta lnFTD_{it}$	0.2535* (0.0610)	0.1268* (0.0768)	0.1837*** (0.0683)
$\Delta lnRD_{it}$	0.0600*** (0.0203)	0.0497* (0.0202)	0.0532* (0.0197)
$\Delta lnCON_{it}$	-0.0555*** (0.0520)	-0.0501** (0.0493)	-0.0523*** (0.0490)
$\Delta lnINV_{it}$	0.0042* (0.0352)	0.0138* (0.0351)	0.0070* (0.0343)
ΔlnL_{it}	-0.0069* (0.0333)	-0.0380* (0.0333)	-0.0259* (0.0323)
Hausman 检验			0 [1.0000]
样本数	512	512	512

注：回归结果由 EViews7.0 得出，其中，*** 表示为在 1% 的水平上显著，** 表示为在 5% 的水平上显著，* 表示为在 10% 的水平上显著；小括号内的数值表示为标准误差，中括号内的数值表示为 P 值。

在确定模型的形式上，查询分布表之后的 F 值均大于其临界值，拒绝了“应建立不变参数模型”的原假设，即不能建立混合效应模型；再使用 Hausman 检验，得出 Hausman 值为 0，并且与其对应的 P 值等于 1，不能拒绝“个体效应与回归变量无关，应建立随机效应模型”的原假设，即应该选择建立随机效应模型。综上所述，土地要素价格扭曲程度对产业结构优化升级的影响估计模型应该选择随机效应模型显得更为合理。

使用上述模型估计后得到的参数，为了便于回归分析，这里把全国、东部、中部和西部四个方面分开来进行面板回归估计，可以进一步得出相关变量对产业结构合理化与产业结构高度化之间的回归估计结果5-5和表5-6所示。

表5-5　相关变量对产业结构合理化的回归估计结果

变量	全国	东部	中部	西部
c	-0.0005* (0.0016)	0.0013* (0.0010)	-0.0016* (0.0025)	-0.0033* (0.0035)
$\Delta lnLD_{it}$	0.0354*** (0.0032)	0.0114*** (0.0021)	0.0761*** (0.0071)	0.0381*** (0.0060)
$\Delta lnFDI_{it}$	-0.0012* (0.0026)	-0.0002* (0.0016)	0.0136*** (0.0051)	-0.0044* (0.0054)
$\Delta lnFTD_{it}$	-0.0229** (0.0098)	-0.0068* (0.0044)	-0.0224* (0.0555)	0.1223*** (0.0402)
$\Delta lnRD_{it}$	0.0082*** (0.0028)	-0.0014* (0.0023)	0.0125** (0.0054)	0.0120** (0.0049)
$\Delta lnCON_{it}$	0.0020* (0.0070)	0.0029* (0.0030)	-0.0134* (0.0128)	0.0085* (0.0127)
$\Delta lnINV_{it}$	0.0173*** (0.0046)	0.0038* (0.0057)	0.0261*** (0.0074)	0.0236** (0.0226)
ΔlnL_{it}	-0.0031* (0.0049)	0.0004* (0.0022)	-0.0403** (0.0173)	-0.0326* (0.0110)

注：回归结果由EViews7.0得出，其中，***表示为在1%的水平上显著，**表示为在5%的水平上显著，*表示为在10%的水平上显著；小括号内的数值表示为标准误差，中括号内的数值表示为P值。

表 5-6　相关变量对产业结构高度化的回归估计结果

变量	全国	东部	中部	西部
c	0.0545*** (0.0111)	0.0491*** (0.0160)	0.0766*** (0.0182)	0.0605*** (0.0205)
$\Delta lnLD_{it}$	-0.0395* (0.0224)	-0.1358*** (0.0325)	-0.0025* (0.0522)	-0.0206* (0.0363)
$\Delta lnFDI_{it}$	0.0144* (0.0183)	0.0183* (0.0241)	0.0006* (0.0381)	0.0369* (0.0328)
$\Delta lnFTD_{it}$	0.1837*** (0.0683)	0.2768*** (0.0671)	0.9394** (0.4062)	-0.2362* (0.2403)
$\Delta lnRD_{it}$	0.0532* (0.0197)	-0.0282* (0.0347)	-0.0096* (0.0396)	0.1321*** (0.0300)
$\Delta lnCON_{it}$	-0.0523*** (0.0490)	-0.1793** (0.0873)	-0.0427* (0.0937)	0.0047* (0.0782)
$\Delta lnINV_{it}$	0.0070* (0.0343)	0.0388* (0.0466)	-0.0315* (0.0540)	-0.0276* (0.0673)
ΔlnL_{it}	-0.0259* (0.0323)	0.0378* (0.0332)	-0.1581* (0.1265)	-0.2187* (0.1386)

注：回归结果由 EViews7.0 得出，其中，*** 表示为在 1% 的水平上显著，** 表示为在 5% 的水平上显著，* 表示为在 10% 的水平上显著；小括号内的数值表示为标准误差。

由表 5-5 和表 5-6 的回归结果可知，在全国范围内，产业结构合理化模型中的 $\Delta lnLD_{it}$ 项系数为 0.0354，在 1% 的显著性水平下拒绝了原假设，产业结构高度化模型中的 $\Delta lnLD_{it}$ 项系数为 -0.0395，在 10% 的显著性水平下拒绝了原假设，这些可以说明，土地要素价格扭曲确实会对产业结构的优化升级产生一定的阻碍影响。同时土地要素价格扭曲程度每增加 1%，产业结构合理化系数便会增加 0.0354，更加偏离 0，即产业结构合理化程度会进一步下降；产业结构高度化系数会减少 0.0395，即产业结构高度化程度也会进一步下降。分区域看，东部地区的两个模型的 $\Delta lnLD_{it}$ 项系数分别为 0.0114 和 -0.1358，该地区的土地要素价格扭曲对产业结构合理化的影响小于全国水平，而对产业结构高度化的影响略大于全国水平。中部地区的两个模型的 $\Delta lnLD_{it}$ 项系数分别为 0.0761 和

-0.0025，西部地区的两个模型的 $\Delta \ln LD_{it}$ 项系数分别为0.0381和-0.0206，这两个地区的土地要素价格扭曲对产业结构合理化的影响均大于全国水平，而对产业结构高度化的影响均小于全国水平。

另外，从回归结果中还可以发现，外商直接投资（FDI）对产业结构合理化程度和高度化程度都有着较为显著的正向影响，原因是通过外商直接对国内的一些新的产业进行投资，而投资量的变化会直接地引导三次产业之间的结构产生变化，投入在上游产业还是下游产业也会间接地改变供应链的结构以达到新的平衡，同时由于外资投入带来的技术溢出效应更加能直接促进产业结构的优化升级。贸易依存度对产业结构合理化程度和高度化程度都有着较为显著的正向影响，原因是持续不断的进出口可以累积一定的资本用来获得外国的先进产品及技术进而为国内传统产业以及新兴产业提供最新生产力，产业结构越来越合理化发展，中间产品和资本作为新的贸易商品，也使产业结构一步步向高度化进行转变。创新水平对产业结构高级化有比较明显的正向影响，原因是技术创新可以在一定程度上更新和完善产业部门的生产效率，并且技术创新可以促成新兴产业的萌芽以及壮大，最终引导产业结构逐渐走向高度化。消费需求的变动对产业结构的合理化和高度化程度都有略微的负面影响，原因是居民的消费水平主要还停留在衣食住行为主要消费支出，投资服务等行为所占的比例仍然为少数支出，无法支撑起第二、第三产业的投资需求，因此会在一定程度上阻碍产业结构的合理化与高度化，进而对产业结构的升级优化产生负面的影响。投资需求的变动对产业结构的合理化有较为显著的正面影响，原因是第二产业持续进行的改造使其投资形势严峻，而第三产业的投资仍在持续增长，直接影响三次产业的结构占比，进而优化产业结构。劳动力的变动对产业结构的合理化带来了一些正向的影响，但是对产业结构的高度化有一些负向的影响，原因在于现在劳动力的素质都普遍得到了提高，更多的劳动力愿意从业于高端的产业而不是简单地只使用劳力的产业，因此促使产业结构发生了有效的变化，但是高端产业的种类有限性确实限制了产业结构向高度化程度的提升。

综上所述，本节的实证的结果中表明，在全国范围内，土地要素价格的扭曲确实可以对产业结构的优化升级产生一定的阻碍影响。在分区域上，东部地区的土地要素价格扭曲对产业结构合理化的影响小于全国水平，而对产业结构高度化的影响略大于全国水平。而中、西部两个地区的土地要素价格扭曲对产业结构合理化的影响均大于全国水平，而对产业结构高度化的影响均小于全国水平。

5.2 资本、劳动要素市场扭曲对产业结构优化升级是否存在影响

5.2.1 计量经济模型的构建

本节从要素价格扭曲这一角度探讨资本、劳动力要素市场扭曲对产业结构优化升级的影响。具体的计量分析模型如下：

$$RIS_{it} = \alpha + \beta_1 DL_{it} + \beta_2 DK_{it} + X_{it} + \varepsilon_{it} \quad (5-3)$$

$$ISA_{it} = \alpha + \beta_1 DL_{it} + \beta_2 DK_{it} + X_{it} + \varepsilon_{it} \quad (5-4)$$

其中，RIS_{it}和ISA_{it}为被解释变量，分别表示第i个省区市第t年产业结构合理化和高级化程度，DL_{it}和DK_{it}为核心解释变量，分别表示第i个省区市第t年的劳动力和资本要素的价格扭曲程度，X_{it}是控制变量，其中主要包括外商直接投资FDI_{it}、基础设施水平$INFR_{it}$、政府对经济的干预程度STA_{it}、环境规制ER_{it}、消费需求结构、外贸规模FTC_{it}、研发资本$R\&D_{it}$。

5.2.2 变量说明及数据来源与处理

本节的数据来源包括2000～2016年中国30个省区市共510个数据，本节的数据主要来源于知网数据库、国家统计局、中经网数据库。产业结构升级合理化和高级化程度，以及劳动力、资本要素价格扭曲程度等指标同5.1节。因此，下面主要介绍控制变量的选取方法。

外商直接投资FDI_{it}：外商直接投资不仅可以为经济发展带来充足的资金支持，还可以为区域产业发展带来技术，创新和其他溢出效应，促进产业结构优化升级。本节参考汤哲（2018）的做法，选用实际利用外商直接投资人民币总额（剔除物价因素的对外直接投资总额）占GDP的比重反映一个国家和地区对外资的依赖程度。从数据库得到的数据是以美元为表示单位，为了统一单位，本节使用人民币兑换美元的汇率换算成人民币表示的金额。数据来源于国家统计局、各省区市的统计年鉴。

基础设施水平$INFR_{it}$：使用铁路营业里程、公路里程以及高速公路里程数之和表示地区内公路密度。数据来源于中国统计局网站，各省区市统计年鉴。

政府对经济的干预程度STA_{it}：中国的地方经济增长具有政府投资促进的典

型特征。地方政府参与实体经济的程度直接影响要素市场的市场化程度。本节使用地方财政支出在地方 GDP 中的比例来衡量地方政府对经济的干预程度。数据来源于国家统计局，部分缺失数据通过各省区市统计年鉴补齐。

环境规制 ER_{it}：关于环境规制，本节借鉴沈能（2012）的做法，选取各省区市环境污染治理投资总额占 GDP 的比重来衡量环境规制力度。

消费需求结构 C_{it}：从凯恩斯的消费理论可以得知，消费需求与个人收入密不可分，由于收入水平决定着消费层次，从而影响产业结构。关于消费需求结构，本节参考吴晓霞（2014）的做法，采用人均各省区市 GDP 的指标来衡量。

外贸规模 FTC_{it}：外贸市场的繁荣为我国经济发展的多元化奠定了巨大基础，也是推动产业结构变动不可或缺的因素。本节用进出口总额与 GDP 的比重来表示，其中进出口总额使用人民币兑换美元的汇率换算成人民币表示的金额。数据来源国家统计局。

研发资本 $R\&D_{it}$：研发资本对产业结构升级存在明显的正向促进作用，内生增长理论将技术进步内生化，认为研发资本会引起边际利润的扩大化和产业结构的调整，从而加快经济发展方式的转型升级。本节采用研究与发展经费内部支出指标来衡量 R&D 的投入。数据来源科技部、国家统计局。

各个变量的定义如表 5－7 所示。

表 5－7　相关变量的选择及定义

变量类别	变量名称	变量代码	变量定义
被解释变量	产业结构合理化	TL	泰尔指数
	产业结构高级化	SA	第三产业产值/第二产业产值
解释变量	劳动力价格扭曲	DL	劳动力的机会成本/实际价格
	资本价格扭曲	DK	资本的机会成本/实际价格
控制变量	外商直接投资水平	FDI	外商直接投资/GDP
	基础设施水平	INFR	铁路、公路、高速公路里程数
	政府对经济干预程度	STA	地方财政支出/地方 GDP
	环境规制	ER	环境污染治理投资/GDP
	消费需求结构	C	人均 GDP
	外贸规模	FTC	进出口总额/GDP
	研发资本	R&D	研究与发展经费内部支出

表5－8列出了2000～2016年30个省区市（不含西藏）实证部分所涉及的相关变量的描述性统计，可以看出，在510个样本期内，外商直接投资（FDI）与基础设施建设（INFR）和外贸规模（FTC）的标准差较大，说明中国近20年来，更加注重在外商直接投资与基础设施建设方面的发展，发展速度迅速，三者有较大水平的提高；同时，对于三变量最值之间的差异也说明省区市利用外商直接投资和基础设施建设以及外贸规模存在较大水平的差异。对于政府干预市场程度（STA）这一变量，其标准差较大，表明政府需要简政放权，激发市场活力的政策实施的比较突出，让市场拥有更多的自主权，发挥市场中在资源配置中的决定性作用。从环境规制（ER）的标准差中可以看出，中国致力于环境保护的力度比较大，波动率也比较小，同样，最值之间的差距也表明省区市之间存在较大的异质性。从消费需求结构（C）和研发资本（R&D）的数据中可以看出这两方面的指标最值差距较大，主要是由于省区市之间的经济发展水平和科研力量所造成的。

表5－8　变量的描述性统计

变量	样本数	平均值	标准差	最小值	最大值
ISA	510	0.93869	0.46430	0.49437	4.16527
RIS	510	6.70570	7.81828	1.14016	62.0542
DL	510	1.55198	0.41927	0.49316	2.64532
DK	510	6.78554	1.13760	3.54336	10.1607
FDI	510	2.59576	2.22241	0.03860	14.6520
INFR	510	11.2220	7.36241	0.47230	33.5284
STA	510	0.79632	1.08992	0.06889	5.62686
ER	510	1.29577	0.67592	0.32130	4.24101
C	510	2.09967	3.28648	0.00831	20.3514
FTC	510	0.31572	0.39216	0.32147	1.722840
R&D	510	2.92439	2.30276	0.26616	11.81980

5.2.3　实证结果分析

（1）变量稳定性检验。

面板数据的单位根检验方法有很多，如LLC、HT、Breitung检验、IPS、ADF

检验等。本节选择 LLC、IPS、ADF－Fisher 和 PP－Fisher 四种检验方法，以四种方法都通过检验作为最终结果，增加单位根检验结果的说服力。最终检验结果如表 5－9 显示，各变量经过一阶差分之后均是平稳数据。

表 5－9　　面板数据的单位根检验

变量	LLC		IPS		ADF－Fisher		PP－Fisher		结论
	检验值	P 值	检验值	P 值	检验值	P 值	检验值	P 值	
ISA	－1.0164	0.155	0.5657	0.714	29.0168	0.996	31.9972	0.994	不平稳
ΔISA	－11.9426	0.000	－8.28067	0.000	176.434	0.000	295.806	0.000	平稳
RIS	－1.75177	0.040	0.89431	0.814	56.3179	0.611	43.5710	0.945	不平稳
ΔRIS	－12.2421	0.000	－9.01459	0.000	186.574	0.000	255.319	0.000	平稳
DL	－0.33459	0.369	2.93206	0.997	35.3089	0.995	38.2054	0.987	不平稳
ΔDL	－9.0549	0.000	－9.2360	0.000	186.179	0.000	199.104	0.000	平稳
DK	－1.31386	0.094	6.05271	0.009	66.3983	0.266	8.14483	0.005	不平稳
ΔDK	－11.2061	0.000	－12.0245	0.000	236.223	0.000	373.409	0.000	平稳
FDI	－5.60274	0.000	－3.47600	0.000	112.561	0.000	85.8988	0.000	平稳
ΔFDI	－18.3605	0.000	－11.0113	0.000	182.325	0.000	234.703	0.000	平稳
INFR	－1.57258	0.058	0.72149	0.765	50.6002	0.801	48.6629	0.852	不平稳
ΔINFR	－16.8552	0.000	－10.5759	0.000	200.586	0.000	215.935	0.000	平稳
STA	－1.20618	0.113	－0.04675	0.481	58.8890	0.516	49.7525	0.825	不平稳
ΔSTA	－13.1455	0.000	－11.9917	0.000	228.934	0.000	307.331	0.000	平稳
ER	－3.77642	0.000	－2.53578	0.006	88.2664	0.010	81.5198	0.034	平稳
ΔER	－13.8775	0.000	－11.8765	0.000	230.580	0.000	347.524	0.000	平稳
C	－2.71928	0.033	4.35139	0.504	228.764	0.842	18.1987	0.891	不平稳
ΔC	－6.13649	0.007	－4.56466	0.000	119.706	0.000	120.039	0.000	平稳
FTC	－1.02783	0.152	－0.66664	0.253	57.3843	0.572	54.1947	0.687	不平稳
ΔFTC	－6.00318	0.000	－5.85267	0.000	135.296	0.000	241.226	0.000	平稳
R&D	－5.52033	0.000	－0.77191	0.220	58.8795	0.517	90.6454	0.007	不平稳
ΔR&D	－5.10679	0.000	－2.14348	0.016	75.3873	0.087	71.6980	0.014	平稳

（2）面板回归结果。

在进行要素市场对产业结构高级化影响面板数据回归分析之前，我们先用 F 检验和 Hausman 检验对省级数据地区模型的选取。由表 5－10 结果显示，在进行 F 检验时，拒绝原假设，即在混合模型和固定效应模型中选择了固定效应模型；在进行 Hausman 检验中，接受原假设，因此，在固定效应模型和随机效应模型中，选择随机效应模型。综上所述，在进行要要素市场扭曲对产业结构高级化影响的回归分析中，本部分采用随机效应模型进行回归，具体结果见表 5－10。

表 5－10　　要素市场扭曲对产业结构高级化影响的回归结果

模型形式	模型 1	模型 2	模型 3
	混合模型	固定效应模型	随机效应模型
ΔDL	-1.390^{*}	-1.436^{*}	-1.390^{**}
	0.10	0.06	0.05
ΔDK	-0.162	-0.162^{**}	-0.162^{**}
	0.19	0.05	0.05
ΔFDI	-0.167^{*}	-0.171^{*}	-0.167^{*}
	0.09	0.10	0.09
ΔINFR	0.054	0.035^{***}	0.054^{***}
	0.32	0.00	0.01
ΔSTA	0.283	-0.041	-0.283^{*}
	0.10	0.10	0.09
ΔER	0.039^{*}	0.071^{*}	0.039^{*}
	0.09	0.08	0.06
ΔC	0.029	0.013	0.029^{*}
	0.23	0.28	0.05
ΔFTC	2.267^{*}	2.127	2.267
	0.07	0.41	0.40
ΔR&D	0.063	0.436	0.063
	0.38	0.39	0.25

续表

模型形式	模型1	模型2	模型3
	混合模型	固定效应模型	随机效应模型
_cons	0.018***	0.016***	0.017***
	0.00	0.00	0.01
F		2.63***	
		0.00	
Hausman检验			8.99
			0.4379
样本量	480	480	480

注：括号内的值为p值***、**、*分别表示1%、5%、10%显著水平。

由表5-10的实证结果可以看出，资本和劳动力要素市场价格扭曲对产业结构高级化的回归系数分别为-0.162、-1.436，且均在1%显著性水平下显著。具体来看，劳动力和资本要素的价格扭曲对产业结构高级化升级对存在负向关系。在劳动力和资本要素存在负向扭曲时，即劳动力和资本的实际工资低于其边成本，那么此时劳动报酬和资本回报率就会被压低。对于低技能和低存款的人而言，他们过少的劳动收入仅仅满足于自身的温饱，过低的工资存款占据了总收入的绝大部分，使其减少对自身或者后代能力的培养及教育的投资，阻碍了人力资本的发展，从而抑制了创新，最终导致产业结构升级受阻。相反，对于那些高收入者而言，由于劳动力和资本要素的负向扭曲，使其劳动付出得不到相对应的报酬，从而使劳动者丧失劳动积极性，离开企业，进一步导致企业丧失更多的人力资本，抑制企业产业结构高级化升级。与此同时，对于企业而言，资本的价格扭曲同样也会抑制企业产业结构。由表5-10可以看出，相对于资本要素而言，劳动力要素市场的价格扭曲对产业结构高级化影响系数的绝对值要大，说明了劳动力要素对产业结构优化升级的负向影响要大于资本要素价格扭曲对产业结构高级化的负向影响。由此可见，改善我国现阶段劳动力价格扭曲的发展情况迫在眉睫。

另外，在控制变量中外商直接投资（FDI）不仅可以为经济发展带来充足的资金支持、先进的管理方法，还可以为区域产业发展带来技术、创新和其他溢出效应，促进产业结构优化升级。但是，在本节其对产业结构高级化的影响却不是特别显著的，此外，在模型中可以看出，FDI对产业结构高级化具有负向影响，出现这一现象的原因可能是近年来一些地区的外资企业强大竞争力占据了内资企业的市场份额，从而使一些内资企业发展缓慢甚至淘汰出局，尤其是先进的技术性产业等第三产业，而本节的产业结构高级化指标选用的是第三、第二产业比值来衡量。对于基础设施建设（INFR）而言，其对产业结构发展是有显著的正向促进作用，基础设施条件的改善在很大程度上吸引投资者投资和促进经济发展，从而优化产业结构升级。政府对地方经济的干预程度（STA）对产业结构高级化呈现出负向影响，表现政府应该简政放权，减少对地方经济的干预，发挥市场在资源配置中的决定性作用，让市场又好又快发展。停止对那些无法盈利的“僵尸”企业进行政策扶持，让企业通过市场这一环节自行优胜劣汰，从而刺激企业生产积极性，促成产业优化转型升级。近年来，中国致力于环境保护的力度加大，为第三产业的健康发展打下优质的外部基础，从表5－10可以看出环境规制（ER）对产业结构高级化存在显著的正向作用，环境规制的力度加大更加有利于第三产业的快速发展，在此基础上，促成产业结构高级化的发展，比较符合现阶段中国国情。对于消费需求结构（C），由表5－10可以看出，在10%的显著性水平下与产业结构高级化呈正相关，在前面分析中可以得知，消费需求与个人收入密不可分，而收入水平又决定着消费层次，进而影响着产业结构，与已有文献的结果一致。从外贸规模（FTC）的角度来看，外贸市场的繁荣为我国经济发展的多元化奠定巨大基础，尤其在推动第三产业方面的发展非常显著，同时也是推动产业结构变动的不可或缺的因素。外贸对产业结构高级化是有正向关系，但是显著性水平并不显著。最后从研发资本（R&D）角度来看，研发资本会引起边际利润的扩大化和产业结构的调整，从而加快经济发展方式的转型升级，从回归结构来看，的确研发资本与产业结构高级化呈现出正向关系，但是显著性水平并不显著，可能存在的原因是R&D自身内部的扭曲错配所影响的。

在进行要素市场对产业结构合理化影响面板数据回归分析之前，我们先用F检验和Hausman检验对省级数据地区模型的选取。表5－11的结果显示，在进行F检验时，拒绝原假设，即在混合模型和固定效应模型中选择了固定效应模型；在进行Hausman检验中，拒绝原假设，因此，在固定效应模型和随机效应模型中，选择固定效应模型。综上所述，在进行要固定市场扭曲对产业结构合理化影响的回归分析中，本部分采用固定效应模型检验其之间的影响，具体回归结果见表5－11。

表 5-11　　要素市场扭曲对产业结构合理化的影响回归结果

模型形式	模型 1	模型 2	模型 3
	混合模型	固定效应模型	随机效应模型
ΔDL	-0.120***	-0.143***	-0.127***
	0.00	0.01	0.04
ΔDK	-0.024***	-0.024***	-0.024***
	0.00	0.00	0.00
ΔFDI	-0.006	-0.007	-0.006
	0.23	0.12	0.14
ΔINFR	0.008***	0.007***	0.007***
	0.00	0.00	0.00
ΔSTA	1.216***	1.245***	1.221***
	0.00	0.00	0.00
ΔER	-0.029***	-0.030**	-0.029***
	0.00	0.01	0.01
ΔC	0.002**	0.001**	0.001**
	0.03	0.01	0.02
ΔFTC	0.354***	0.331***	0.343***
	0.00	0.00	0.00
ΔR&D	0.006*	0.020*	0.012*
	0.08	0.06	0.08
_cons	0.014*	0024**	0.017*
	0.06	0.05	0.10
F		88.92***	
		0.00	
Hausman检验			19.35**
			0.036
样本量	480	480	480

注：括号内的值为 p 值 ***、**、* 分别表示 1%、5%、10% 显著水平。

从表 5－11 的实证结果可看出，资本要素市场价格扭曲度、劳动力市场价格扭曲度对产业结构合理化的回归系数分别为－0.024、－0.143，且均在 1% 的显著性水平下显著。具体来看，资本要素市场价格扭曲的对产业结构合理化有显著的负向影响。因为资本要素市场价格扭曲越大，其要素成本就越低，对于资本密集型行业而言，它的资本收益就比较低。所以对于资本密集型行业来说，其资本要素市场价格扭曲越大，其行业越难发展，最终阻碍产业结构合理化升级。对于资本要素价格的扭曲，同样对前面的结构高级化的影响机制一样，因为无论是产业结构高级化和产业结构合理化，资本要素价格的扭曲会使企业在维持自身较高利润的同时牺牲自身的创新研发能力，或者说企业自身还是停留在初始的发展状态，这样就会抑制了产业结构的优化升级。此外，劳动力要素市场的价格扭曲对产业结构合理化影响系数的绝对值要大于资本要素市场价格扭曲对产业结构合理化的影响。这与前面的产业结构高级化的结果是一致的。

另外，在控制变量中外商直接投资（FDI）不仅可以为经济发展带来充足的资金支持、先进的管理方法，还可以为区域产业发展带来技术、创新和其他溢出效应，促进产业结构优化升级。但是从本部分的回顾可以看出，外商直接投资对于产业结构合理化的影响并不是显著的。对于基础设施建设（INFR）而言，其对产业结构发展是有显著的正向促进作用，基础设施条件的改善在很大程度上吸引投资者投资和促进经济发展，从而优化产业结构升级。与产业结构高级化不同，政府对地方经济的干预程度（STA）对产业结构高级化呈现出正向影响，这也从侧面可以看出政府的宏观经济调控在一定程度上起到自动稳定器的作用。与此同时，政府要防止市场垄断，加快要素市场价格市场化改革，创新和完善宏观调控。对于环境规制（ER）这一控制变量来说，中国致力于环境保护的力度加大，从而使大多污染密集型企业对环保方面要求提高，短期内加大企业运行成本，从表 5－11 可以看出环境规制对产业结构高级化存在显著的负向作用。对于消费结构（C）的影响，与产业结构高级化结论一致，消费需求与个人收入密不可分，而收入水平又决定着消费层次，进而影响着产业结构。对于外贸规模（FTC）和研发资本（R&D）来说，两个变量对产业结构合理化都有显著的正向关系，不管对于外贸规模还是研发资本，两者对于产业提供的技术、资金、经验支持都是非常显著的，都能引起边际利润的扩大和产业结构的调整，最终影响产业结构的优化升级。

综上所述，本节的实证结果表明，资本和劳动力要素市场的价格扭曲对产业结构优化升级均产生影响。其中，在产业结构高级化方面，劳动力和资本要素的价格扭曲对产业结构高级化升级存在着负向关系。相对于资本要素而言，劳动力要素市场的价格扭曲对产业结构高级化影响系数的绝对值要大，说明了劳动力要素对产业结构优化升级的负向影响要大于资本要素价格扭曲对产业结构高级化的负向影响。在产业结构合理化方面，资本要素市场价格扭曲对产业结构合理化有显著的负向影响，劳动要素市场价格扭曲对产业结构合理化是显著的正向影响。此外，劳动力要素市场的价格扭曲对产业结构合理化影响系数的绝对值要大于资本要素市场价格扭曲对产业结构合理化的影响。

5.3 检验能源要素市场扭曲对产业结构优化升级是否存在影响

5.3.1 资源错配对产业结构的影响

资源配置与产业结构变迁有着极其密切的关联性。根据罗斯托（1962）的发展阶段理论，产业结构变迁的过程是各生产部门通过产出效率提高、产出水平增加进而进行主导部门更替的过程，由投入决定产出，在这个过程中资源在不同部门间的动态配置发挥着决定性的作用。Ngai 和 Baumol（1967），Pissarides（2007），Acemoglu 和 Guerrieri（2008）认为，各产业部门资源配置的密集度不同，其资源的产出弹性也不同，如资本深化使资本密集型产业生产成本降低，并且，资本的流入往往伴随着一定程度的技术进步，因此资源在各部门配置的密度影响着部门资源的产出效率，改变部门的产出水平和整体的产业结构。因此，产业结构变迁的过程也是资源在产业部门间动态配置的过程，具有共时性和因果性的关联。库兹涅茨认为，在经济发展的过程中，资源会不断地从生产效率较低部门流向生产效率较高的部门，通常从农业部门向非农业部门流入，再由第二产业流向第三产业，资源重新配置的过程不断地促进资源产出效率提升，改变各部门的产出水平，促进产业结构不断优化。由此可见，产业结构的优化也是资源配置效率优化的过程。

但是，当资源错配存在时，资源配置偏离帕累托最优状态，资源在产业部门间的自由流动受阻，生产效率较高的部门无法更多配置从生产效率较低的部门转移出来的资源，前者因无法获取更多的资源而无法扩大产出，后者因配置过多与其生产效率不相符的资源而导致资源产出效率下降及低效率扩张，这将使各产业部门产出水平及在整体经济中的产出份额产生变化，使产业结构变迁背离技术选择，不符合产业结构演进的一般趋势，造成产业结构失衡。袁富华（2012）在针对发展中国家的产业结构变迁的研究中认为，由于服务业的生产效率相对较低，如果在产业结构变迁的过程中，服务业部门的资源配置比例增加过快以及服务业部门的过快扩张，将会阻碍整体经济的生产效率提升，使之滞后于产业结构升级，这种情况下的产业结构演进是无效率的。由此看来，资源错配使产业结构不能够按照效率原则进行合理化的变迁，并且使产业结构演进缺乏效率基础，造成产业结构失衡及效率损失。

5.3.2 要素价格扭曲、资源配置与产业结构关系的理论研究

要素价格、资源配置与产业结构变迁的思想最初源自威廉·配第的《政治算术》中对具有不同附加值的行业间收入差距的观测，被称为配第定理，为之后的研究奠定了基本方向；亚当·斯密在《国富论》中对产业部门进行了农、工、批发零售商业的划分，并认为资本要素投入的部门转化应依照上述部门分类的顺序，同时，这些部门的发展程度也依次加快。配第及亚当·斯密的思想为资源配置与产业结构变迁的理论研究开启了先河，对其后相关的理论研究及实证研究都有着重要的意义。

已发展起来的资源配置与产业结构变迁研究按照研究思路基本上可分为两种类型：

第一种类型是二元经济机构。刘易斯认为（1954）经济中存在农业和工业两个生产部门，其中农业部门的边际劳动生产率较低，且其决定了较低的工资水平，当工业部门吸纳农业部门的转移劳动力时，能够以远远低于工业部门边际劳动生产率的农村剩余劳动力供给价格来获得飞速的发展。但随着经济发展和累积效应增加，农业部门与工业部门的边际劳动生产率呈相反趋势变化，其中前者逐渐上升，后者逐渐下降，两者边际劳动生产率差异逐渐趋近一致，两部门的工资水平也逐渐趋同，这时，二元经济带来的劳动力的价格水平即工资会达到最优值，资源配置达到最优化水平，产业结构也是最优配置。

费景汉—拉尼斯模式。费景汉—拉尼斯（1964）在刘易斯的基础上进行修正，对二元经济发展的阶段进行延伸，并将发展过程分为三个阶段：在第一阶段中，农业部门存在隐形失业和大量剩余劳动力且劳动生产率几近为零，而在其后两个阶段中，农业部门劳动力的相对边际产出较低，劳动力价格被扭曲，在生产剩余出现的情况下得以释放并开始向工业部门转移，两个部门能够同时得到发展。

托达罗模型。托达罗（1970）对刘易斯农村劳动力无限供给及工业部门对

劳动有效需求持反对观点，在其模型中认为农村劳动力向工业转移将会引起农村部门的劳动力不足，以及工业部门的失业，进而影响农业的发展。但其忽略了发展中国家普遍存在大量农村剩余劳动力的事实。

第二种类型是非均衡发展战略。非均衡发展战略中的配第—克拉克定理。在配第定律关于存在相对的收入差距基础上，克拉克（1940）对产业进行分类，总结出了劳动力要素的转移规律和产业结构变迁的一般趋势：在各部门存在收入弹性不同的情况下，随着经济发展的部门收入弹性的变化，劳动力将依据部门不同的收入弹性进行转移，转移首先发生在第一产业与第二产业部门间，进而在非农业部门间进行转移，而产业结构也将由第一、第二产业比重最大的特征向以第二、第三产业比重为主的结构特征转化，这是对资源在部门间配置与产业结构非均衡变迁关系的早期理论。

库兹涅茨法则。库兹涅茨（1941）继承了克拉克的研究成果，将农业、工业及服务业部门的劳动力比重及产值比重随着国民收入水平的变化作为衡量产业结构变迁的两个方面。在人均收入水平 70～300 美元，农业部门的劳动力比重及产值比重不断下降，非农业部门的劳动力比重及产值比重不断上升，但工业与服务业部门比重差距不大，而当国民收入水平处于更高层次，即进入人均 300～1000 美元的区间内，农业部门劳动力比重及产值比重仍然不断下降，工业部门的份额趋于平缓，但服务业的比重则处于上升的趋势，这导致在非农的两部门间份额差异拉大。库兹涅兹法则进一步证明了资源的重新配置与产业结构变迁的关系。

赫尔希曼的不平衡增长理论。赫尔希曼（1958）认为，发展中国家在制定发展战略时，考虑到其自身资源禀赋及资源稀缺性问题，则会选择部门的不平衡发展，即将资源集中投入某一选择性的具有战略意义或产业关联性较强的部门，使其优先发展，这样可以充分利用稀缺资源，并形成具有规模效益的“增长极”，带动其他部门逐步发展。不平衡发展战略按照对社会基础设施建设投资及生产直接投资的先后次序分有两种发展途径：一种是对直接投资的侧重，而社会基础设施短缺的“短缺发展”；另一种是对社会基础设施投资偏重的“过剩发展”。无论哪种发展路径，直接投资与社会投资的交替将会使社会资本与生产资本平衡，稀缺资源配置达到最优化。

罗斯托主导的产业理论。罗斯托（1998）把经济发展的过程划分为六个阶段，每个阶段都存在能够起主导作用的产业部门，而推进经济发展阶段演进的过程就是对主导产业进行选择和更替的过程。主导产业的建立需要资源的大量投入，这就需要降低其他部门的资源配置比例，以保证主导产业产出增加和规模扩张。所以经济发展阶段的产出水平，促进产业结构不断优化。由此可见，产业结构的优化也是资源配置效率优化的过程。

钱纳里工业化阶段理论。钱纳里（1986）在建立了多国模型，将工业发展分为三个阶段，并认为工业化发展阶段的推进需要产业结构的调整，而产业结构的变迁则深受投资率等因素变动的影响。近年来，在经济非均衡增长的典型事实基础上，并在新古典多部门经济增长模式下，关于资源配置与产业结构变迁的研究按照分析思路可分为两类：一类是从需求侧出发，依据恩格尔定律中消费者非齐序偏好的假设，资源配置结构将随着消费者消费偏好的改变而改变。当国民收入的水平提高，产品需求弹性大的部门增长速度加快，资源倾向于向这些部门流入，进而改变产业结构。这类研究的代表有 Marsuyama（1992），Kongsamut、Rebelo 和 Xie（2001），Caselli 和 Coleman（2001）。另一类是从供给侧解释：既认为各部门生产技术水平以及吸收采纳新技术的能力不同，因而生产效率存在差异，这将影响各部门对资源配置的需求程度，以及各部门资源的密集程度，进而造成各部门资源产出水平的差异及产出品的相对价格，改变产业结构。这类研究的代表主要有 Ngai 和 Pissarides（2007）、Acemoglu 和 Guerrieri（2008）。

5.3.3 能源要素价格扭曲对产业结构影响的实证分析

为了利用前面的中国能源市场的扭曲情况的数据，进一步考察我国要素价格市场化对产业结构的影响，本节利用我国国家层面的时间数列数据，对两者间的关系进行检验。

（1）指标的选取。

产业结构优化主要包含两个重要维度，即产业结构合理化和产业结构高级化。产业结构合理化是指在协调各产业部门之间的比例关系，促进产业发展过程中合理配置生产要素，衡量各产业占比与其所消耗资源比例的匹配情况。泰尔指数是度量产业结构合理化的指标之一，计算公式如下：

$$TL = \sum_{i=1}^{n} \ln\left(\frac{Y_i}{L_i} \Big/ \frac{Y}{L}\right) \tag{5-5}$$

其中，Y 表示产值，L 表示就业人口，i 表示产业，n 表示产业部门数。根据古典经济学理论，如果经济处于均衡状态，则会有 TL = 0。为了便于结果分析，特对上述泰尔指数做负指数变换，仍记为 TL。为方便计算，本书所选取的产业口径参照《中国统计年鉴》统计的中国不同产业的产值贡献，其中包括农林牧渔、建筑业、批发与零售业、交通运输与邮政、住宿与餐饮、金融业、房地产业和其他。

产业结构高级化是指产业结构从较低水平状态向较高水平状态发展的动态过程。常见的产业结构高级化指标包括非农产业产值占总产值比重、第三产业产值占总产值比重等。由于我国许多省区市第一产业涉及的就业人口和产值仍占较大比重，不宜特别强调第三产业的重要性，所以本书仍然采取非农产业产值占总产值比重作为产业结构高级化的指标，简记为UP。

能源要素的价格扭曲度量，我们利用前面不同年份各省区市的要素扭曲系数按照产值加权，得到全国的能源要素的价格扭曲程度。

控制变量金融市场的市场化程度，我们用两个指标来表示。目前，我国金融体系的市场化程度仍相对较低，金融市场上的部分价格仍受行政管制。第一个指标是金融市场的竞争程度，该指标描述金融机构中国有金融机构、非国有金融机构吸收存款的能力比较，利用财政性存款的比例来衡量，简记为F1。第二个指标是信贷资金分配的市场化，这一指标用金融机构信贷资金运用中有价证券投资的比例来表示。

控制变量外商投资的情况。外商投资的高低能大致反映除市场环境的完善程度，从而也能间接说明要素市场的发育情况。为了消除各地经济发展程度不同对吸引外资的影响，本节利用外商及港澳台商投资占地方国民生产总值的比重，简记为FD。

控制变量劳动力市场的流动性。劳动力市场的流动性是衡量劳动力市场发育程度的一个重要指标，但目前还缺乏完整的统计。由于进城务工的农村劳动力数量上是劳动力流动的主流，因此本节利用外来农村劳动力占当地城镇从业人员的比重来近似反映劳动力市场的流动性，简记为L。

控制变量技术水平。本节利用研究与试验发展经费支出财政支出比例来表示技术水平发展重视程度，简记为T。

各变量的指标值如表5-12所示。

表5-12　　各指标的描述性统计

	DL	UP	E	L	F1	F2	FD	T
平均值	1.200	1.200	4.360	0.430	0.030	0.120	0.230	0.020
最小值	1.170	1.170	0.870	0.320	0.020	0.110	0.110	0.010
最大值	1.240	1.240	7.490	0.530	0.050	0.150	0.490	0.020
方差	0.000	0.000	6.370	0.000	0.000	0.000	0.010	0.000

（2）对能源要素扭曲影响产业结构的测度与结果分析。

以金融市场市场化程度、劳动力市场流动性、外商投资情况和技术发展重视程度作为控制变量，研究能源要素价格扭曲对于产业结构的影响程度，由于大部分控制变量为比例数，故不作对数化处理，建立模型如下：

$$DL = \beta_0 + \beta_1 E + \beta_2 L + \beta_3 F_1 + \beta_4 F_2 + \beta_5 FD + \beta_6 T \quad (5-6)$$

$$UP = \beta_0 + \beta_1 E + \beta_2 L + \beta_3 F_1 + \beta_4 F_2 + \beta_5 FD + \beta_6 T \quad (5-7)$$

模型（5－6）和模型（5－7）分别研究各要素指标对于产业结构高度化和产业结构合理化的影响因子。选取 2000～2016 年国家层面的数据进行回归分析，得到结果如表 5－13 和表 5－14 所示。

表 5－13　产业合理化各指标系数

参数	参数值	t 统计量
beta 0	0.84	5.41
beta 1	0.03	4.54
beta 2	0.45	5.83
beta 3	－0.39	－4.42
beta 4	0.12	2.71
beta 5	0.36	2.33
beta 6	3.60	0.26

表 5－14　产业高度化各指标系数

参数	参数值	t 统计量
beta 0	0.88	17.95
beta 1	－0.01	－4.9
beta 2	0.02	0.07
beta 3	0.31	1.04
beta 4	0.03	2.1
beta 5	－0.10	－2.08
beta 6	1.71	0.39

由表 5－13 和表 5－14 可知，能源要素价格扭曲不管是对于产业结构的高级

化还是产业结构的合理化影响都很小，系数都在0.05以下；对产业合理化呈现正向影响，说明能源要素价格扭曲程度更高，反而会促进劳动力在各产业间的合理配置；对产业高度化呈负向影响，说明能源要素价格扭曲程度更高，会导致非农产业产值占比的降低，这可能是因为能源要素价格扭曲对于工业发展的制约较大。

技术发展的重视程度对产业结构的影响最大，系数都在1以上，但是t统计量显示结果显著性不高；除了技术之外，对于产业结构影响最大的是金融市场的市场化程度，由于F1的数据是财政性存款占总存款比例，越高反而说明存款来源多来自政府，市场化程度不高，因此这一项金融市场化程度指标更高对于产业合理化的影响是正向的，利于资源的配置，对于产业高度化的影响是负向的，可能对于农业产业的发展促进作用大于非农产业的发展。

另外，值得一提的是，劳动力市场发展程度和外商投资情况在产业合理化中都起到比较大的影响，说明这两者都会引导要素在各产业间的合理配置。

第6章

要素市场扭曲影响中国产业升级关系的途径检验

6.1 要素市场扭曲通过产业效率损失影响产业升级的检验

6.1.1 引言

改革开放以后，中国一直致力于市场化改革，经过40多年的努力，产品市场的市场化进程已基本完成。而要素市场的市场化进程虽也在逐步推进，却进展缓慢，明显滞后于产品市场的市场化进程。要素市场的扭曲无论是对其自身正常价格偏离（绝对扭曲），还是对相对价格偏离（相对扭曲），都会影响到资源配置的效率。

而资源配置效率与产业结构变迁又有着极其密切的关系。根据罗斯托（1962）的发展阶段理论，产业结构变迁的过程是各生产部门通过产出效率提高，产出水平增加进而进行主导部门更替的过程，由于投入决定产出，在这个过程中资源在不同部门间的动态配置发挥着决定性的作用。库兹涅茨认为，在经济发展的过程中，资源会不断地从生产效率较低部门流向生产效率较高的部门，通常从农业部门向非农业部门流入，再由第二产业流向第三产业，资源重新配置的过程不断地促进资源产出效率提升，改变各部门的产出水平，促进产业结构不断优化。由此可见，产业结构的优化也是资源配置效率优化的过程。但是，当资源错配存在时，资源配置偏离帕累托最优状态，资源在产业部门间自由流动受阻，生产效率较高的部门无法更多配置从生产效率较低的部门转移出来的资源，前者因无法获取更多的资源而无法扩大产出，后者因配置过多与其生产效率不相符的资源而导致资源产出效率下降及低效率扩张，这将使各产业部门产出水平及在整体经济中的产出份额产生变化，使产业结构变迁背离自然技术选择，不符合产业结构演进的一般趋势，造成产业结构失衡。

回顾我国经济发展历程，无论是在计划经济时代还是市场化改革时期，要素市场扭曲始终伴随着我国经济结构转型进程，并通过扭曲资本、劳动等要素资源的部门配置，对我国产业结构转型造成深远影响。同时，由于要素市场扭曲的存在，导致以市场机制实现的企业自由进入退出以及由此导致的资源再配置过程无法实现，这又进一步导致了企业效率和宏观经济效率的低下。为此，量化分析要素市场扭曲导致的产业效率损失，并从理论和实证两个方面分析其对产业结构升级的影响，对我国在新常态下保持经济持续平稳增长具有重要意义。

6.1.2　产业综合技术效率的分解模型

（1）分解模型。

本节参考赵自芳和史晋川（2006）的做法，采用数据包络分析方法分析产业效率损失。数据包络分析方法（date envelopment analysis）是评价决策单元有效性的方法，主要是通过运用线性规划来构建一个非参数前沿来计算相对于前沿面的技术效率，该技术是一种应用非常广泛的非参数方法，其基本思路是用“最小的”或“匹配最紧密”的凸面球壳包络投入产出数据集，计算所得到的数据集合边界就代表了“最佳实践”的技术前沿。DEA 方法是一个交叉于管理学、运筹学和经济数学的新领域。

DEA 方法的原理在于，给定一部分投入测算实际产出与潜在的最大产出的距离，或者在一定的产出前提下，测算实际投入与潜在最小投入的距离，以获得生产活动的效率。根据研究者的不同研究方向，DEA 方法可以分为基于投入和基于产出两种，可以分为规模报酬不变和规模报酬可变两种约束条件。

假设企业的生产技术是规模报酬不变（constant returns to scale，CRS）的，那么基于投入的 DEA 方法可以用以下线性规划问题求解：

生产前沿面定义如下：假设输入数据和输出数据对应的集合为 $T=\{(x_1, y_1),(x_2,y_2),\cdots,(x_i,y_i)\}$，其中 x_i 和 y_i 分别是第 i 个生产决策单位的投入和产出向量，X 和 Y 表示所有生产决策单位的总投入和总产出，分别是 $K\times N$ 和 $M\times N$ 矩阵。

$$\begin{cases} \min_{\theta,\lambda}\theta \\ \text{s. t. } -y_i + Y\lambda \geqslant 0 \\ \theta x_i - X\lambda \geqslant 0 \\ \lambda \geqslant 0 \end{cases} \tag{6-1}$$

经数据测算，当 $\theta=1$ 时，则表明生产决策单位的技术效率不需要改进，资源得到充分利用；当 $\theta\neq1$ 时，则表明存在 $1-\theta$ 的技术效率损失，该生产决策单位的技术效率需要改进，因此 θ 的值就代表第 i 个生产决策单位的技术效率。

以上方式是基于规模报酬不变的基础上来测算的，但是在现实生活中决策单位由于制度因素、外部约束性的存在一般不可能在最优规模上生产，因此会产生一定的规模效率损失。所以在 CRS 模型的基础上进行了改进，提出了基于 VRS（variable returns to scale）的规模报酬可变 DEA 模型，具体可以用以下线性规划问题求解：

$$\begin{cases} \min_{\theta,\lambda}\theta \\ \text{s. t. } -y_i + Y\lambda \geqslant 0 \\ \theta x_i - X\lambda \geqslant 0 \\ N1'\lambda = 1 \\ \lambda \geqslant 0 \end{cases} \tag{6-2}$$

其中 N1 是指 $N\times1$ 向量，其他符号意思与式（6－1）相同。运用这种线性规划计算得到 θ 的值大于或者等于比 CRS 方法得到的值，且从图形上来说比 CRS 得到的圆锥包更紧，是一个包络观测点在内的凸包。由此可见，这种更接近于现实情况的 VRS 的 DEA 模型已经成为研究者最常用的方法。

上述方法的直观思路是：收集到同一时期各个经济主体的相对绩效，当实际产出处于生产前沿上时，技术效率达到完美状态 1；而当实际产出处于生产前沿之内时，则表明技术效率在 0～1，且实际产出与生产前沿的距离越远，表明技术效率越低，因此数据包络分析中不会出现技术效率大于 1 的情形。

（2）产业综合技术效率的测度分解。

技术效率主要体现在生产前沿面或者生产可能性曲线上，生产前沿面是指在给定的技术条件下，当产出不变时投入的最小值或者当投入不变时产出的最大值。因此，技术有效的生产单位肯定在生产前沿面之上，反之位于生产前沿面之下的生产个体是技术无效的。根据上述定义，从产出的角度对技术效率进行测算，投入不变的条件下产出与生产前沿面的距离即技术效率；从投入的角度对技术效率进行测算，产出不变的条件下投入与生产前沿面的相对距离即技术效率。

由此可见，对于技术效率的测算是建立在每个企业都是最优生产规模基础上的，规模报酬不变。CRS 表示的是不变报酬下最优规模生产前沿面，而 VRS 表示的是可变报酬下的最优规模生产前沿面。由于在不变规模报酬下，CRS 表示的是生产在最优规模上生产，不存在规模效率的损失，但是由于市场因素、制度因素以及资金约束的综合作用下，决策主体无法在现实生产中达到最优规模，所以本节选用可变规模报酬条件来测算技术效率。技术效率 TE 在可变规模报酬下被分解为纯技术效率（pure technical efficiency，PE）和规模效率（scale efficiency，SE），$TE = PE \times SE$，说明个体单位的技术效率是由纯技术效率和规模效率决定的。其中，纯技术效率 $PE = AP_V/AP$，表示的是实际生产点 P 和可变规模报酬的生产前沿面的相对距离；规模效率 $SE = AP_C/AP_V$，表示的是可变规模报酬前沿与不变规模报酬前沿的相对位置，当 $SE = 1$ 时，表示个体单位的生产水平达到最优规模。假设技术效率 $TE = 0.9$，其经济含义是在产出水平不变的条件下，可以节约 10% 的投入；而在投入水平不变的条件下，可以增加 10% 的产出，从而达到生产前沿。

假设全国的某个产业 I 是由各个区共 N 个地区的产业 i 组成的，每个地区产业 i_n 共有 S 种投入和 P 种产出，对于产业 I 来说，其投入可以表示为向量 x_n，产出可以表示为向量 y_n，该产业 I 的投入可以表示为矩阵 $S \times N$，产出可以表示为矩阵 $P \times N$。由于在现实生活中，生产决策主体不可能在生产前沿上进行生产，因此一定的投入并不可能达到生产前沿水平的产出，存在一定的技术效率损失。对于指定的某一产业来说，通过单个地区的该产业给定的投入是否达到最高的产出或者给定的产出是否使投入最小来判断该产业在该地区是否在生产前沿面上，从而判断其技术效率。单个地区的技术效率容易测算，该产业的全国整体技术效率该如何测算？以往学者在对产业技术效率进行测算时都只是考虑到单个区域单个产业，为了考察全国范围内某产业的整体技术效率，由此引出两个问题：第一，该产业在全国区域内的产业综合技术效率如何测算？第二，该产业综合技术效率如何分解？

对于第一个问题，我们知道产业组合的技术效率并不等于各个地区该产业的技术效率的简单加总，为区别单个区域的产业技术效率的概念，我们在本节中继续使用朱顺林（2005）对产业组合技术效率的界定，即把全国所有地区的该产业进行加总组合成为一个代表该产业全国总体技术效率水平的“虚拟产业”，而且只要各个区域产业的加总集合是一个凸集（convex set），那么代表全国的“虚拟产业”便会与一个假想的地区的技术效率相等。该虚拟地区的产业以全国平均的投入生产了全国平均的产出，即满足 $\overline{X}=\sum_{i}^{n}x_i/N,\overline{Y}=\sum_{i}^{n}y_i/N$，那么，全国的产业综合技术效率 $TE=Max_\theta\{\theta:(\overline{X},\theta\overline{Y})\in T_p\}$，或者 $TE=Min_\theta\{\theta:(\overline{\theta X},\overline{Y})\in T_p\}$，前者是基于产出的测度，后者是基于投入的测度，N 是该产业在全国分布的区域数，T_p 是全国各区域产业技术集合。

在对产业综合技术效率进行测算后我们发现，上述“虚拟区域”整体产业技术效率的不完美不能单纯地将其分解为纯技术效率和规模效率。为了找出影响产业综合技术效率不完美的原因，我们借鉴朱顺林（2005）提出了区际分割因素的影响。由于区际分割的存在，产业所需要的资源无法在区域间自由流动，导致产业资源的不合理配置，从而造成了各区域无法在最优规模上进行生产，导致一定的规模效率损失；另外，区际分割还会导致投入要素的价格扭曲，从而导致产业结构扭曲，我们称这种现象为区际效率的损失。因此，生产决策主体为了获得最优规模的生产点，必须解决以下问题：一是区域间产业自身存在的技术效率问题；二是区域间要素价格扭曲导致的产业结构扭曲问题；三是推进区域间生产要素合理流动，建立合理的要素价格体系，从而使各地区产业选择适当投入获得最大产出。

因此，导致产业综合技术效率不完美的因素主要在于：

①各区域产业自身生产过程中的纯内部技术效率原因；②由于市场分割，要素价格扭曲，各生产要素在各区域间不能自由流动，生产决策体在错误的价格信号引导下进行生产，从而导致各区域无法在最优规模上进行生产；③要素市场扭曲导致的产业结构扭曲，最终导致产业的技术非效率。据此，产业综合技术效率可以分解为各区域内的综合产业纯技术效率、综合产业规模效率和区际技术效率。后两者是区际分割的产物，各地区之间投入结构的不完美导致无法在最优规模上进行生产，投入要素由于区际分割导致的价格扭曲，区际效率不完美，这可以看成是区际分割导致的“量”的扭曲，后者则是看成区际分割导致的投入“价格”扭曲，用 1 减去两者的乘积就是要素市场扭曲导致的效率损失。

针对第二个问题，对产业综合纯技术效率、产业综合规模效率和区际技术效率进行测算说明。对于产业综合纯技术效率（TPE），我们采用各个区域纯技术效率的加权平均值，权数用各区域的实际产出占总产出的比值来测算。假设产业 I 分布于全国 N 个区域，假设 PE_i 是区域 i 的产业纯技术效率，那么全国的产业综合纯技术效率 TPE：$TPE=\sum_{i=1}^{n}\lambda_i\cdot PE_i$，其中 $\lambda_i=Y_i/\sum Y_i, i=1,2,3,\cdots,N$。与产业综合纯技术效率相似，产业综合规模效率（TSE）为各个区域规模技术效率的加权平均。假设 SE_i 是区域 i 产业 J 的规模效率，那么对于该产业来说，全国水平的产业综合规模效率（TSE）可以记为：$TSE = \sum_{i}^{n} \varphi_i \cdot SE_i$，其中 $\varphi_i = Y_i / \sum Y_i$，$i = 1,2,3,\cdots,N$。至于产业综合区际技术效率（regional efficiency，RE），我们定义为产业综合技术效率与产业综合纯技术效率、产业综合规模效率的剩余项，即 $RE = \frac{TE}{TPE \times TSE}$。

综上所述，在图 6－1 中，P 点代表的是全国综合产业的实际产出，则全国产业综合技术效率为 AB/AP。前面，我们已经分析了产业综合技术效率的不完美是由三个因素造成的。一是各区域的产业纯技术效率。我们可以看到该产业的实际产出为 P 点，假如我们将实际产出从 P 点移到 P_V 点，那么就可以消除这一部分的效率损失。如果各区域的某产业都达到了最完美的技术效率水平，那么该产业组合的产出点应该在 D 点，也就是说，AD/AP 为各区域产业综合纯技术效率指标。二是各区域的区际技术效率，尽管我们看到在 D 点实现了纯技术效率，但是在要素市场扭曲的情况下，区域间的产业结构扭曲依然存在，若经过调整，适当的产业结构位置位于图 6－2 中的 C 点，那么 AC/AD 就是各区域产业组合的区际技术效率指标。三是各个区域间的产业规模效率。由于要素市场存在扭曲，各区域间的要素流动受到阻碍，因此产业无法在最优规模上进行生产。如果要消除要素价格扭曲，则各区域产业的实际生产将从 P_V 移动到 P_C 点，从而消除该部分的效率损失，产业综合规模效率指标用 AB/AC 来表示。综上所述，全国的产业综合技术效率分解为三个因子，关系式为 AB/AP = (AB/AC) × (AC/AD) × (AD/AP)。

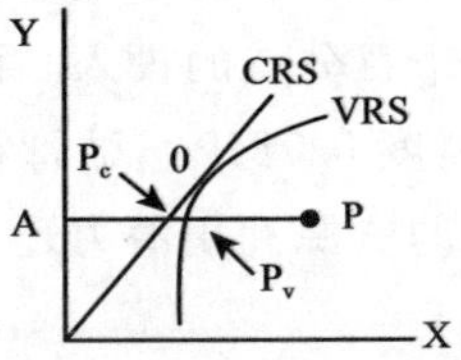

图 6－1　单个地区的产业技术效率

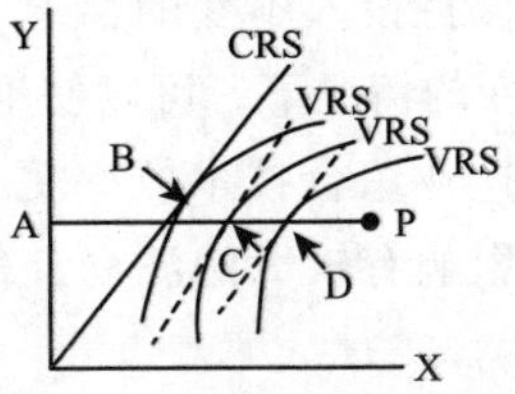

图 6－2　产业综合技术效率

6.1.3　我国制造业技术效率测算分析

（1）指标处理与数据选择。

本节以 1999～2016 年全国 30 个省区市（不包括西藏）的制造业部门的经济

数据为计量样本。选取制造业是因为，一方面是制造业在产量中所占的比重较高，使我们的研究更具有代表性；另一方面是在对以制造业为代表的产业技术效率进行分析的同时，试图对中国制造业产业结构扭曲问题进行初步的研究。

在数据的选择上，产出数据为产品的主营业务收入，投入数据则采用固定资产净值和从业人员平均人数，两者分别代表资本投入和劳动力投入。由于《中国工业经济统计年鉴》没有公布2007年、2008年和2009年制造业各细分行业的固定资产净值余额，为了获得2007～2009年的数据，本节首先分析了《中国工业经济统计年鉴》公布的2004年、2005年和2006年各细分行业的“固定资产净值余额增值率”，发现各细分行业的增值率在这三年间基本保持平稳。因此，本节依据2004年、2005年和2006年这三个年份的平均增值率并结合2007～2009年的各细分行业的固定资产投资额来计算其固定资产净值余额。为了消除价格因素对估计结果的影响，销售收入和固定资产净值余额分别用工业品出厂价格指数和固定资产投资价格指数进行平减，将数据折算成1999年的价格，价格指数来自《中国统计年鉴》。

在统计口径上，本节选取的都是规模以上工业企业数据，统计口径一致。

（2）分析结果。

图6－3是对我国1999～2016年产业综合技术效率的测度及分析结果。我们把全国所有地区的制造业进行加总组合成为一个代表制造业全国总体技术水平的“虚拟产业”，并且对其技术效率进行了分解测算。从时间走势上看，我国的制造业的产业综合技术效率在考察期内经历了波动上升的趋势，下降的拐点分别在2002年和2008年。具体来说，我国制造业的产业综合技术效率1999～2006年呈现先下降后上升的趋势，其中1999年的产业综合技术效率最高，达到0.7458，这说明在保持投入不变的情况下，可以使产出增加约25个百分点，或者说在保持产出不变的情况下，可以使生产决策单位节约25个百分点的投入。而在2006～2016年，产业综合技术效率更是达到了一个新的高度0.7812，尽管在此期间受外部环境影响有较大的波动，仍然说明我国制造业的资源利用潜力还远没有得到发挥。

对于产业综合纯技术效率来说，图6－3中的趋势基本与产业综合技术效率保持一致，即在1999～2016年是保持一种波动上升的过程，其中在2008年下跌到最低值0.7701，说明如果能消除各区域的产业纯技术的非效率问题，可以使2008年的制造业产出增加约23个百分点，在考察期内，2012年的制造业纯技术效率达到了峰值0.8603，可见我国的制造业纯技术效率还是有很大的上升空间。此外，我们对考察期内的制造业纯技术效率进行了标准偏差测算，测算结果为

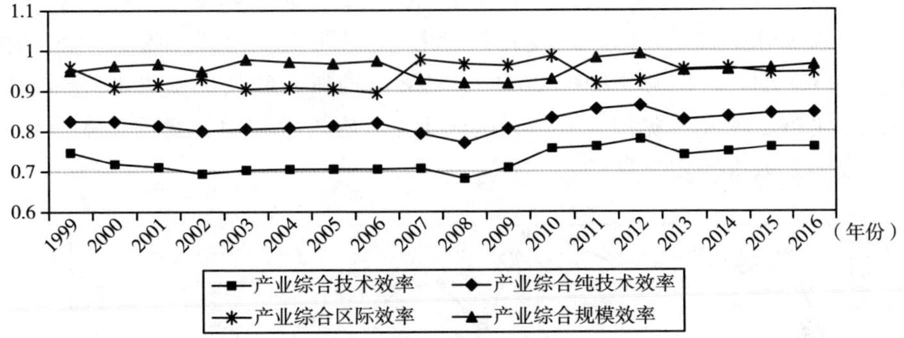

图6－3　产业综合技术效率及其分解

0.023，这说明了1999～2016年我国的制造业产业综合纯技术效率没有得到明显的改善。针对这个问题，我们认为影响制造业产业综合纯技术效率的因素主要来自两个方面：第一是在考察期内包含的地区太多，部分产业综合纯技术效率得到提高的地区被另一些产业综合纯技术效率下降的地区给中和了；第二是该产业自身的原因，制造业不同于其他产业，产业升级和设备的更新换代需要资金和时间，不可能在短时间内完成，因此产业综合纯技术效率提高相对比较缓慢。

对于产业综合规模效率，从图6－3中可以发现在考察期内一直保持了较高水平。最低值也同样出现在2008年，为0.9173，最高值为2012年，为0.9885，这说明如果消除区域内的产业综合规模非效率，就可以使全国制造业的产出提高1%～8%。对于产业综合区际效率来说，在考察期内趋势与产业综合技术效率基本一致，最高值出现在2010年，为0.9834，最低值出现在2006年，为0.8893，最高值与最低值之间的差额并不大，如果消除制造业产业结构的扭曲问题，就可以使制造业的总产出提高2%～11%，但是各个年份间的产业结构扭曲系数差别不大，可见问题已至此存在但是无法消除。从图中的变化趋势来看，我国制造业的产业综合区际效率运行趋势大部分都是在产业综合规模效率之下的，且有波动下降的趋势。这说明全国的要素市场扭曲造成的各地区无法按照各自的比较优势进行生产，且在错误的价格信号引导下导致的产业结构趋同。

本节中所指的产业综合规模效率是由于要素市场扭曲而使投入量产生扭曲造成的，产业综合区际效率是由要素市场扭曲导致的投入价格扭曲造成的，用1减去两者的乘积就是要素市场扭曲导致的效率损失，用 $\rho = 1 - TSE \times RE$ 表示。我们计算了我国制造业1999～2016年的制造业效率损失，可以看出，1999～2002年是上升的，2002年的效率损失达到考察期内的最高值，之后有一个短暂的下降期，但从2005年开始又上升到0.1364，之后除2008年有短暂上升外，我国制造业效率损失开始波动下降。从变化趋势来看，尽管效率损失的值在考察期内是呈现波动状态的，经测算1999～2016年要素市场扭曲的效率损失的变异系数为0.14，变化幅度较大（见图6-4），由此可见，在考察期内，我国要素市场的市场化进程还是取得一定进展的。

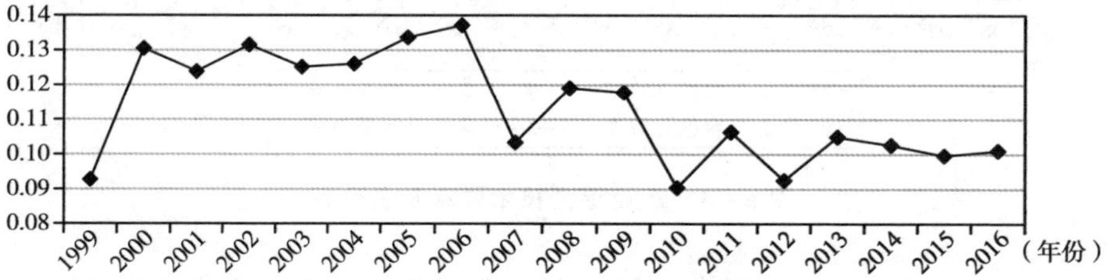

图6-4 要素市场扭曲的产业效率损失

6.1.4 实证研究

（1）模型选择和变量说明。

我们选择由Sims（1980）提出的向量自回归模型（vector auto-regression mode, VAR）进行分析。该模型采用多方程联立的形式，在模型的每一个方程中，内生变量对模型的全部内生变量的滞后值进行回归，从而估计全部内生变量的动态关系。由此我们构造含有2个内生变量滞后K阶的VAR模型。在检验过程中，我们以前面计算出来的1999～2016年要素市场扭曲的产业效率损失指标IEL和制造业的产业结构高级化指标UPG作为实证分析的两个内生变量。由于本节选取的样本时间跨度较大，时间序列中可能存在异方差问题，故此，书中对时间序列IEL、UPG取自然对数处理，得到时间序列LnIEL、LnUPG。

有关要素市场扭曲的产业效率损失IML的具体含义可参见前面，现就制造业产业结构高级化指标进行说明。本节将制造业产业结构高级化（UPG）定义为技术密集型行业与劳动密集型行业的产值之比，如果该值处于上升阶段，就表明我国制造业结构在向高级化转变。由于不同的行业具有不同的生产、加工特点。根据要素贡献度法可以将其进一步分类为劳动密集型行业、资本密集型行业以及技术密集型行业。本节参照了董宇（2013）的做法，将我国制造业的28个行业分为劳动密集型、资本密集型和技术密集型三类，在此基础上测算了我国制造业产业结构高级化指标。

（2）ADF 检验。

考虑到所分析的时间序列可能非平稳，由此出现“伪回归”现象。因此，本节采用 ADF 检验法对序列 LnIEL 和 LnUPG 进行平稳性检验，检验结果如表 6－1 所示。由表 6－1 的检验结果可知，在 95% 的置信区间下，LnUPG 和 LnIEL 两个变量均通过了 5% 的显著性检验，表明这两个变量均为平稳序列。即 LnUPG ~ I(0)、LnIEL ~ I(0)。

表 6－1　　变量 ADF 单位根检验结果

变量	检验类型（c，t，k）	ADF 统计量	5% 临界值	结论
LnUPG	（c，0，2）	－5.4565	－3.0522	平稳
LnIEL	（c，t，0）	－5.5287	－3.7105	平稳

注：检验类型（c，t，k）分别表示单位根检验方程包括常数项、时间趋势项和滞后阶数，0 指不包括。

（3）模型的平稳性检验。

在建立 VAR 模型之前，确定模型的最优滞后阶数是关键。在这里，我们综合使用 LR 统计量、FPE、赤池信息准则（AIC）、施瓦茨准则（SC）和汉南信息准则（HQ）确定模型的最佳滞后阶数为 5。

由图 6－5 显示的结果可知，所有特征根均落在单位圆内，因此可以判断所建立的 VAR（5）是平稳的，据此进行脉冲响应函数分析的结果是稳健和可靠的。

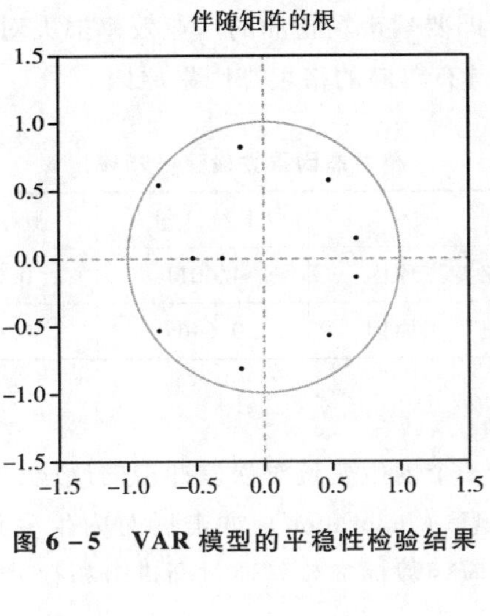

图 6－5　VAR 模型的平稳性检验结果

(4) 格兰杰因果性检验。

在进行脉冲响应函数分析之前，对于平稳序列，可用格兰杰因果关系检验判断变量之间是否具有因果性以及方向如何？其基本思想是：在做 Y 对其他变量（包括自身的滞后值）的回归时，如果加上 X 的滞后变量能显著改善 Y 的预测精度，则认为 X 是 Y 的格兰杰（Granger）原因。反之，如果不能显著改善 Y 的预测精度，则 X 不是 Y 的 Granger 原因。VAR 模型中以 y_t 为被解释变量的方程表示如下：

$$y_t = c_1 + \sum_{i=1}^{k} \alpha_i y_{t-i} + \sum_{i=1}^{k} \beta_i x_{t-i} + \mu_t \tag{6-3}$$

其中 μ_t 为零均值非自相关随机误差项。零假设为 $H_0: \beta_1 = \beta_2 = \cdots \beta_k = 0$ 意味着 x_t 不是 y_t 格兰杰原因。如果接受零假设，则有：

$$y_t = c_2 + \sum_{i=1}^{k} \alpha_i y_{t-i} + \mu_t \tag{6-4}$$

上述检验可以用 F 统计量完成：$F = \frac{(SSE_r - SSE_u)/k}{SSE_u/(T-kN)}$。其中 SSE_r 表示施加约束（零假设成立）后的残差平方和。SSE_u 表示不施加约束条件下的残差平方和，k 表示最大滞后期。N 表示 VAR 模型中所含当期变量个数，T 表示样本容量。在零假设成立条件下，F 统计量近似服从 $F(k, T-kN)$ 分布。用样本计算的 F 值如果落在临界值以内，接受原假设，即 x_t 对 y_t 不存在格兰杰因果关系。

由检验结果可知，在滞后期为 5 的情况下（见表 6-2），要素市场扭曲的产业效率损失（LnIEL）对制造业产业结构高级化水平（LnUPG）的预测具有贡献作用，反之则不成立。即要素市场扭曲的产业效率损失对制造业产业结构高级化在 5% 的显著性水平下具有单向的格兰杰因果原因。

表 6-2　　　　格兰杰因果性检验（95%）

原假设	F 统计量	概率 P 值	结论
LnIEL 不是 LnUPG 的格兰杰原因	4.6011	0.0133	拒绝
LnUPG 不是 LnIEL 的格兰杰原因	0.6469	0.6998	接受

(5) 脉冲响应函数。

脉冲响应函数描述一个内生变量对误差冲击的反应，它刻画的是在误差项施加一个标准差大小的新息（innovation）冲击后对内生变量当期值和未来值所带来的影响。本节脉冲响应函数标准差是通过渐进分析公式计算的。分别给变量一个标准差大小的冲击，得到对应的脉冲响应图。具体结果见图6－6和图6－7，图中实线部分为计算值，虚线部分为响应函数加减两倍标准差的置信带。

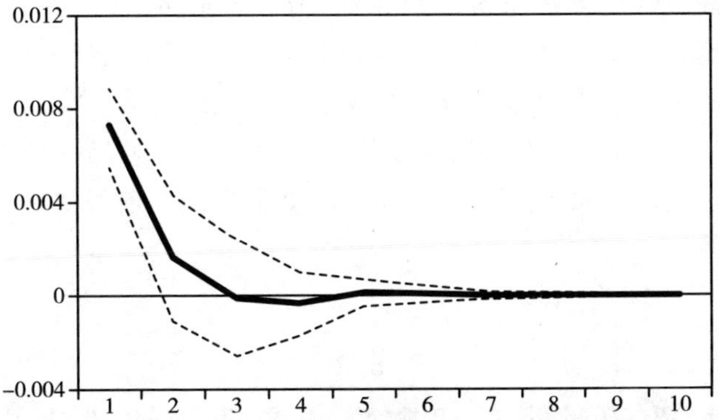

图6－6 产业结构高级化对自身新息的响应

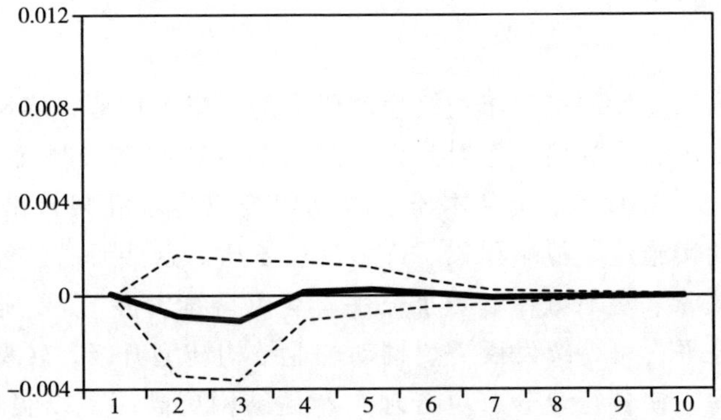

图6－7 产业结构高级化对产业效率损失新息的响应

从图6－6可以看出，当在本期给产业结构高级化一个标准差正冲击后，产业结构高级化在冲击开始即达到最高点，此后该响应逐渐衰退，并于第4期左右接近0。表明我国制造业产业结构高级化具有自我增强惯性。

从图6－7可以看出，当在本期给要素市场扭曲的产业效率损失一个正冲击后，制造业产业结构高级化在前3期内一直受到逐渐增强的负的影响，在第3期达到最低点后，从下一期开始，该影响快速衰退至0。表明要素市场扭曲的效率损失对制造业产业结构升级具有较长时期的消极作用。

综上所述，本节的实证分析结果表明，在考察期内，产业综合技术效率没有明显改善，我国制造业因要素市场扭曲导致的产业效率损失仍然较为严重，如果能够消除技术非效率，则对于我国制造业来说可以减少27%的投入或者增加27%的产出。对于产业综合纯技术效率来说，如果能消除各区域的产业纯技术的非效率问题，就可以使考察期内的制造业产出增加18%左右；如果消除区域内的产业综合规模非效率，就可以使全国制造业的产出提高1%～8%；对于产业综合区际效率来说，如果消除制造业产业结构的扭曲问题，就可以使制造业的总产出提高近2%～11%。要素市场扭曲的产业效率损失对我国制造业产业结构具有显著的负向影响，阻碍了其优化升级，这也是中国当前经济增长中存在的一个重要问题。

6.2 要素市场扭曲通过资源误配影响产业结构优化升级的检验

6.2.1 引言

中国经济的高速发展得益于初级生产要素的低成本优势，依托初级要素专业化发展战略，中国经济规模在短时间内赶超欧美发达国家，造就了“中国奇迹”（张万里和罗良文，2018）。但从本质上看初级要素专业化发展战略是粗放型的发展模式，长期实施这一战略积累了许多深层矛盾。这些矛盾已经严重制约了我国产业“更高质量、更有效率、更加公平、更可持续发展”。要实现我国经济的高质、高效、公平、可持续发展需要推动产业结构转型升级，转型升级的关键就是优化产业结构，使各行业分布更合理、产品结构更高端，以实现节能、降耗、减排。

产业结构变迁理论起源于配第（1667）人均收入水平和经济发展的差异与产业结构的相关研究，克拉克（1940）在配第的研究基础上提出了著名的配第—克拉克定理，揭示了产业间要素配置与产业结构变迁的关系，此后刘易斯（1954）的二元经济理论、赫希曼（1958）的不平衡增长理论、库兹涅茨法则（1966）等多个重要的经济学理论都从不同角度分析了资源配置对产业结构变迁的影响，这些相关的理论分析表明产业间资源配置不均衡引起了产业结构变迁。基于这些理论，众多学者对产业结构变迁的影响因素进行了分析，大体形成了两种观点：首先，资源禀赋影响产业结构，一个地区的资源禀赋会决定该地区产业结构的形成，各地区资源禀赋的不同也会导致地区间产业结构的不同。林毅夫（2010）在总结产业结构与资源要素关系的有关研究基础上，提出了处于不同发展阶段的国家，由于资源禀赋（包括自然资源、劳动、资本和基础设施等）结构不同导致产业结构的不同。发展中国家劳动力和自然资源相对丰富，所以产业大多倾向于劳动密集型和资本密集型；发达国家已经完成工业化，资本丰富，所以产业大多倾向于资本密集型。Soo（2005）、Cadot 和 Shakurova（2010）、Che（2012）等学者也都得出类似结论，认为资源禀赋对产业结构的变迁有显著影响。其次，产业间的资源配置影响产业结构变迁，资源在产业间的流动导致产业结构变迁。Acemoglu 和 Guerrieri（2008）构建了一个包含劳动密集型产业和资本密集型产业的两部门一般均衡模型，分析发现资本积累增加了资本密集型产业的相对产出但也导致资本和劳动从资本密集型部门流向劳动密集型部门，当资本和劳动的替代弹性小于1时，生产资源会向产出增长相对较慢的部门转移。徐朝阳（2010）将 Acemoglu 和 Guerrieri（2008）的模型扩展为农业、工业和服务业三部门模型，分析发现生产资源总是流向增长快的部门，各产业的增长速度和产业规模会影响生产要素在产业间的流动方向和流量，从而决定产业结构。Redding 和 Martin（2006）、Lin（2009）、Ju（2010）等学者的研究也得出资源的配置状况对产业结构变迁有重要影响的结论。

现有研究大多承袭了产业间资源配置不均衡引起了产业结构变迁的理论，较少涉及资源配置不均衡的深层次原因。近年来兴起的“资源错配”的相关理论则从资源配置效率的角度分析了产业间的资源配置，认为各产业的资源配置效率不同导致了资源在产业间的不均衡配置，由此引发了一部分学者探讨资源配置效率对产业结构变迁的影响。以下我们也构建实证分析模型检验资源错配对我国产业结构变迁的影响，探索产业结构优化的新动力。

6.2.2　资源错配的测度

（1）资源错配测算的模型和方法。

参考楼东玮（2013）的做法就资源错配程度进行测算。假设本国的最终品由某一代表性企业进行生产，其生产函数为 C－D 形式。为便于分析，我们还假设本国各产业部门间的产品不完全可替代，而部门内部企业间不同品牌的产出品完全替代，于是，最终品生产函数可表示为：

$$Y_t = \exp\left\{\int_0^1 \ln\left[\sum_{i\in N(v,t)} y_i(v,t)\right] dv\right\} \tag{6-5}$$

其中，$Y(t)$为 t 时期经济体系中的最终产出，$y_i(v,t)$为 t 时期 v 部门中第 i 个企业的产出，而 $N(v,t)$为 t 时期第 v 个产业部门内参与生产的企业数，此外，我们将产业或行业的数量标准化为1。由此，最终品生产企业的利润及由最大化一阶条件而导出的产业需求函数分别为：

$$\pi_Y(t) = Y(t) - \int_0^1 [1 + \tau(v,t)]p(v,t)y(v,t)dv \tag{6-6}$$

$$y(v,t) = \frac{Y(t)}{[1 + \tau(v,t)]p(v,t)} \tag{6-7}$$

其中，$p(v,t)$为v产业的产出品价格，$\tau(v,t)$为部门间错配因素，由流通中的交易费用、信息不对称、部门间制度差异或政府针对各产业部门制定的差异化产业政策等所有能够阻碍资源在产业间自由配置的因素而产生，我们可以将这些因素视为对部门产品所课征的一种税。另外，设微观单位的生产技术亦为C－D形式：

$$f(k,l,m;q) = qk^{\alpha_v}l^{\beta_v}m^{\gamma_v} \quad (0 < \alpha_v, \beta_v, \gamma_v < 1; \alpha_v + \beta_v + \gamma_v = 1) \tag{6-8}$$

其中，q为企业的特有的异质性技术水平，k、l、m分别为资本、劳动以及除劳动、资本要素外的其他投入品；α_v、β_v、γ_v则分别为v部门内对应要素的产出弹性，并将最终品价格标准化为1。

在长期，当经济中不存在要素错配因素时，各要素在部门间有效率的配置结果将会使各部门的同一要素报酬率趋于相等，我们假设有效率的配置结果使劳动的边际报酬为w，资本为r，且其他投入品的平均边际使用成本为p_m。此外，为了简化模型，我们进一步假设各企业进行以价格为目标的伯特兰德竞争（Bertrand competition），因此，行业内部竞争的结果是技术最优企业获得全部市场，进而从事本部门产品的生产。于是，企业利润为：

$$\pi_y(t) = p(v,t)y(v,t) - [1 + \tau_k(v,t)]rk - [1 + \tau_l(v,t)]wl - [1 + \tau_m(v,t)]p_m m \tag{6-9}$$

其中，$\tau_k(v,t)$和$\tau_l(v,t)$分别为部门v中资本和劳动的错配程度，主要由要素市场不完善引起（包括信息不对称、交易费用以及其他制度因素引致）。另外，若m投入部分包括由国外进口的中间品，那么$\tau_m(v,t)$中还包括进口中间品在本国的销售价格相对于出口国产品离岸价格的偏离程度，主要由运费、关税以及其他非关税贸易壁垒等因素引起；同上，所有这些错配变量我们可以将其视为对原有要素回报率的一种课税水平。利润最大化的求解结果可得由v部门技术落后企业或潜在进入企业决定的产出品价格为：

$$p(v,t) = MC(q_f,t) = \frac{\left[\frac{(1+\tau_k(v,t))r(t)}{\alpha_v}\right]^{\alpha_v}\left[\frac{(1+\tau_l(v,t))w(t)}{\beta_v}\right]^{\beta_v}\left[\frac{(1+\tau_m(v,t))p_m(t)}{\gamma_v}\right]^{\gamma_v}}{q_f(v,t)}$$

$$\equiv \frac{\kappa(v,t)\phi(v,t)}{q_f(v,t)} \tag{6-10}$$

其中，

$$\begin{cases} \kappa(v,t) \equiv \left[\dfrac{r(v,t)}{\alpha_v}\right]^{\alpha_v}\left[\dfrac{w(v,t)}{\beta_v}\right]^{\beta_v}\left[\dfrac{p_m(v,t)}{\gamma_v}\right]^{\gamma_v} \\ \phi(v,t) \equiv [1+\tau_k(v,t)]^{\alpha_v}[1+\tau_l(v,t)]^{\beta_v}[1+\tau_m(v,t)]^{\gamma_v} \end{cases} \tag{6-11}$$

因此，对于取得所有市场的技术引领企业来说，其出售每一单位产品的边际溢价为：

$$\xi(v,t) \equiv \frac{p(v,t)}{MC(q,t)} = \frac{MC(q_F,t)}{MC(q,t)} = \frac{q(v,t)}{q_f(v,t)} \tag{6-12}$$

在这里，我们假设了同一部门内部要素的错配程度相同。由此，我们可将部门内的错配因素分解为由市场势力引起的 $\xi(v,t)$ 和政府因素引起的 $\phi(v,t)$ 两部分。接着，我们将式（6－10）、式（6－11）、式（6－12）代入式（6－7）后可得 v 部门产品需求函数的另一种表达方式：

$$y(v,t) = \frac{Y(t)}{[1+\tau(v,t)\kappa(v,t)\phi(v,t)}q_f(v,t) = \frac{Y(t)}{[1+\tau(v,t)]\kappa(v,t)\phi(v,t)}\frac{q(v,t)}{\xi(v,t)} \tag{6-13}$$

由对偶性，微观企业的成本最小化结果可得各要素所需的配置数量分别为：

$$k(v,t) = \frac{1}{\xi(v,t)(1+\tau(v,t))}\cdot\frac{\alpha_v Y(t)}{\gamma(v,t)};l(v,t) = \frac{1}{\xi(v,t)(1+\tau(v,t))}\cdot\frac{\beta_v Y(t)}{w(v,t)}$$

$$m(v,t) = \frac{1}{\xi(v,t)(1+\tau(v,t))}\cdot\frac{\gamma_v Y(t)}{p_m(v,t)} \tag{6-14}$$

由式（6－14）我们可以定义部门间同种要素的绝对错配程度和部门间的相对错配程度：

第一，同种要素的绝对错配。

①部门内绝对量错配：

$$\phi_x(u,t) \equiv \xi(u,t)[1+\tau_x(u,t)][1+\tau(u,t)] = \frac{\alpha_{x,u}Y(t)}{p_x(t)k(u,t)} \tag{6-15}$$

②同种要素自价格错配（与最有效率的要素配置状况对比或与基准部门对比）：

$$\phi_x(uv,t) \equiv \frac{\varphi_x(u,t)}{\varphi_x(v,t)} = \frac{\xi(u,t)[1+\tau_x(u,t)][1+\tau(u,t)]}{\xi(v,t)[1+\tau_x(v,t)][1+\tau(v,t)]} = \frac{\alpha_u}{\alpha_v}\left[\frac{x(u,t)}{x(v,t)}\right]^{-1} \tag{6-16}$$

第二，不同要素间的相对错配（与最有效率的要素配置状况对比或与基准部门对比）。

$$\varphi_{uv}(t) \equiv \frac{\dfrac{w(u,t)}{r(u,t)}}{\dfrac{w(v,t)}{r(v,t)}} = \frac{\dfrac{\beta_u}{\alpha_u} \cdot \dfrac{k(u,t)}{l(u,t)}}{\dfrac{\beta_v}{\alpha_v} \cdot \dfrac{k(v,t)}{l(v,t)}} \tag{6-17}$$

其中，x 表示资本或劳动要素；p_x（t）表示完全竞争状况下要素的无错配价格；$\varphi_{uv}(t)$表示部门间相对资源错配系数。由式（6－16）可知，当其值取 1 时，部门间不存在资源错配（将 v 部门设为基准部门）；当其值小于 1 时，部门 u 中资本相比劳动来说更为稀缺或价格更高，这意味着与基准部门相比，部门 u 配置了过多的劳动力和过少的资本；而当其值大于 1 时，则意味着要素的配置水平刚好与小于 1 时相反。

（2）数据的来源及说明。

本节所需数据和指标涉及三次产业及 31 个省区市的产出、劳动、劳动报酬、资本、折旧、固定资本形成总额、固定资产投资及各变量相应的指数，数据来源主要为《中国统计年鉴》（1978～2016 年），《中国国内生产总值核算历史资料》1952～2004 年，《新中国 60 年统计资料汇编》、历年的《中国劳动统计年鉴》以及中国统计局网站数据库。其中，关于分地区三次产业资本存量的估算采用永续盘存法，主要借鉴单豪杰（2008）文中的测算思想及技术；关于三次产业劳动投入和劳动报酬份额的计算以及各变量的实际值处理主要借鉴曹玉书、楼东玮（2012）文中的方法。

（3）资源错配指数的估算结果。

根据理论模型中式（6－14）、式（6－15）和式（6－16），以三次产业为基础，表 6－3 计算了 1978～2016 年部门间同种要素的自价格错配指数和部门间不同要素的相对错配指数，其中，$\phi_k(uv,t)$和 $\phi_l(uv,t)$表示以第三产业为基准部门，二三产业间资本和劳动同种要素的自价格错配指数，用以衡量同种要素在部门间的配置效率；在 $\varphi_{uv}(t)$和 $\varphi_{23}(t)$中，前者表示以全国平均资源配置状况为对照基准的三次产业相对资源错配指数，后者则表示以第三产业为对照基准的第二和第三产业间资本和劳动要素的相对错配指数，两者的设置目的主要是用以衡量产业部门间不同要素的相对配置效率状况。由估算结果我们可以发现：

第一，对于资本错配指数 $\phi_k(uv,t)$，1978～2016 年的变化趋势是先增长后下降，即第二产业相对于第三产业的资本错配指数总体呈现倒“U”形变化，由于市场化改革的深入和资本市场发育的逐步完善，至 1998 年亚洲金融危机以前第二产业的资本错配程度总体呈下降趋势，亚洲金融危机后，随着积极财政政策的实行，加上民营资本的活跃，投资驱动性的经济增长方式使过度投资成为可能，各部门不合理的投资结构加上资本的低效率和过度形成，直接导致了1999～2003年第二产业资本错配程度增加。而从2004年起，过度投资现象出现了缓和的迹象，但自2008年之后，资本错配程度又进一步增加，这与在金融危机的影响下政府大规模投资的政策措施具有直接关联。

第二，对于劳动力错配指数$\phi_1(uv,t)$，数据变化的主要特征是1994年以前，第二产业相对于第三产业劳动的错配程度逐渐下降，主要是由于随着市场经济和改革的深入，资源在各个经济主体间的配置逐步趋于合理；1995年及以后，劳动要素的错配指数上升到了1以上，在1.1的数值点附近有所反复，这种变化基本与转型过程中劳动的动态配置过程相符——由20世纪90年代初农村劳动力大规模向城镇流动而引发的“民工潮”到2008年世界金融危机以后由东部地区企业倒闭和劳动力向中西部地区的回流而出现的“民工荒”。这些现象的出现表明我国的制造业特别是雇工相对较多的民营中小企业的劳动配置效率还有待增强，制造业中密集使用劳动要素的产业有待技术革新，以释放和引导过剩的劳动力有序地流向第三产业。

第三，对于三次产业的相对错配指数$\varphi_{uv}(t)$，由于全国平均的资源配置水平能够反映当期的资源禀赋状况，因此，通过三次产业不同要素的配置状况与全国平均水平的比较分析，我们可以在一定程度上了解各部门资源配置比例的合理性：第一产业错配指数自1978年以来一直处于不断下降中，可见尽管农业劳动力正逐步流向其他部门，但本部门劳动力过剩的状况还未发生根本性改变，而且资本的过少配置急需农业部门进行深入的集约化经营；第二产业的数据亦有逐步下降的趋势，第三产业则先下降再升高，从数值可以发现，第二产业的劳动配比还倾向于劳动密集型，而第三产业的劳动配比还显不足，有进一步吸纳劳动力的潜力，因此，非均衡发展的两大部门在未来急需转型。

第四，对于二三产业的相对错配指数$\varphi_{23}(t)$和劳动生产率之比PL_{23}，二三产业的相对错配指数的测算结果基本与以全国为基准的数据相一致，即第二产业相对于第三产业来说配置了相对过多的劳动，而第三产业则配置了相对过多的资本；而二三产业的相对劳动生产率的比值总体上一直大于1，表明第二产业的劳动生产率水平高于第三产业的劳动生产率水平，但该差距在2008年后逐渐缩小，与新增劳动力的就业去向相联系可以发现，较高人力资本的劳动力大批向第三产业的流动，在一定程度上缩小了二三产业之间劳动生产率的差异。

表 6-3　　1978～2016 年三次产业间各种错配指数的估算结果

	$\phi_k(uv, t)$	$\phi_l(uv, t)$	$\varphi_{uv}(t)$			$\varphi_{23}(t)$	PL_{23}
			第一产业	第二产业	第三产业	第二产业/第三产业	
1978	0.551	0.659	2.304	1.367	1.818	0.752	1.365
1979	0.565	0.671	2.270	1.290	1.730	0.746	1.508
1980	0.579	0.671	2.234	1.277	1.759	0.726	1.546
1981	0.593	0.695	2.173	1.192	1.616	0.738	1.504
1982	0.606	0.682	2.056	1.172	1.624	0.722	1.441
1983	0.623	0.712	1.956	1.170	1.469	0.796	1.451
1984	0.645	0.755	1.895	1.168	1.336	0.874	1.357
1985	0.662	0.753	1.753	1.222	1.314	0.930	1.171
1986	0.664	0.735	1.624	1.220	1.354	0.901	1.145
1987	0.663	0.749	1.498	1.287	1.289	0.998	1.143
1988	0.655	0.764	1.381	1.345	1.286	1.046	1.139
1989	0.651	0.791	1.279	1.475	1.281	1.151	1.093
1990	0.666	0.808	1.203	1.452	1.311	1.108	1.096
1991	0.666	0.826	1.151	1.542	1.294	1.192	1.063
1992	0.662	0.853	1.097	1.568	1.315	1.192	1.106
1993	0.669	0.887	0.980	1.633	1.244	1.313	1.266
1994	0.727	0.912	0.899	1.585	1.280	1.238	1.361
1995	0.756	1.024	0.865	1.582	1.183	1.337	1.498
1996	0.793	1.056	0.875	1.526	1.161	1.314	1.553
1997	0.832	1.074	0.815	1.532	1.203	1.273	1.499
1998	0.897	1.106	0.788	1.529	1.256	1.217	1.405
1999	0.980	1.122	0.757	1.525	1.350	1.130	1.375
2000	1.065	1.132	0.713	1.514	1.443	1.049	1.399
2001	1.137	1.141	0.683	1.492	1.507	0.990	1.350
2002	1.197	1.205	0.617	1.533	1.543	0.994	1.406

续表

	$\phi_k(uv, t)$	$\phi_l(uv, t)$	$\varphi_{uv}(t)$			$\varphi_{23}(t)$	PL_{23}
			第一产业	第二产业	第三产业	第二产业/第三产业	
2003	1.156	1.214	0.573	1.476	1.610	0.917	1.473
2004	1.069	1.252	0.624	1.282	1.437	0.892	1.516
2005	1.011	1.232	0.599	1.450	1.799	0.806	1.501
2006	0.962	1.194	0.579	1.311	1.814	0.723	1.453
2007	0.917	1.129	0.554	1.182	1.858	0.636	1.322
2008	0.881	1.140	0.530	1.118	1.865	0.599	1.338
2009	0.847	1.146	0.520	1.055	1.857	0.568	1.270
2010	0.824	1.126	0.505	0.986	1.870	0.527	1.269
2011	0.806	1.131	0.500	0.931	1.845	0.505	1.271
2012	0.855	1.135	0.522	1.055	1.859	0.567	1.191
2013	0.843	1.136	0.515	1.029	1.859	0.553	1.205
2014	0.835	1.135	0.513	1.011	1.858	0.544	1.223
2015	0.833	1.132	0.511	1.002	1.858	0.539	1.179
2016	0.834	1.134	0.512	1.006	1.856	0.542	1.165

6.2.3　我国产业结构的特征和演变趋势

（1）三次产业结构失衡与资源错配。

图6－8和图6－9描绘了改革开放以来以三次产业产出份额和劳动份额为衡量标准的产业结构变迁趋势，可以发现，尽管工业化带动经济持续快速增长了40多年，而且第一产业的产出份额在持续下降的同时，二三产业的结构正在逐步优化，至2017年，两个产业的总份额已经达到总产出的92.4%，但从以劳动要素为代表的要素配置状况来看，产业结构高级化的目标似乎还显得任重道远，在三次产业中，第一产业的劳动配置比重还在27%以上，而二三产业的劳动配置水平并不与产业的产出水平相应。

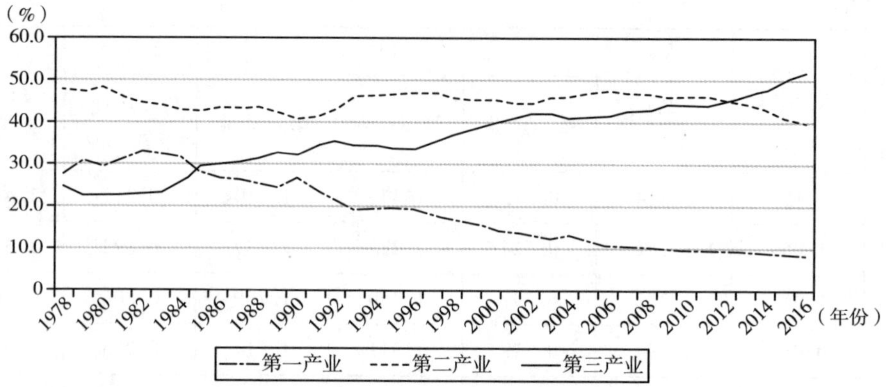

图 6-8　1978～2016 年三次产业产出份额比较

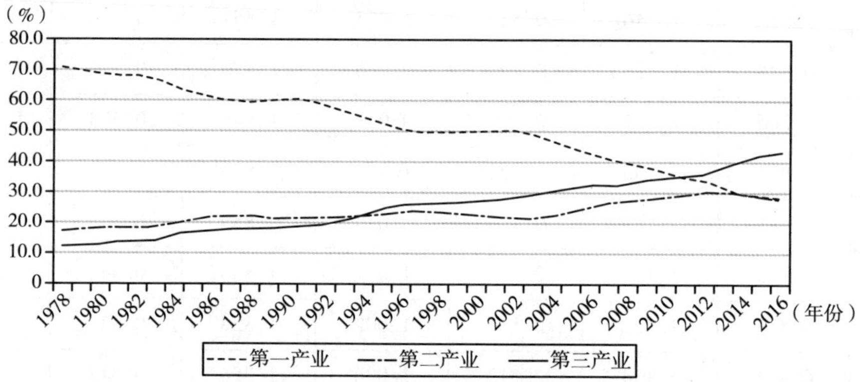

图 6-9　1978～2016 年三次产业劳动份额比较

“卡尔多典型事实”指出经济的长期增长中，资本—劳动比的增长率将保持稳定，以此作为长期经济增长中资本积累和要素配置方式的规律。而这个规律似乎在中国的作用并不明显，研究 1978 年以后中国的资本—劳动配置比率增长速度（见图 6-10，包括经济总的配置比例和三次产业的配置比例）发现，中国的要素配置比率增长速度并不稳定，振幅上下波动达 3% 左右。而从三次产业的角度来看，三次产业要素配置比例增速的波动幅度则来得更大，2000 年以后，归因于经济中特别是城镇化进程的加快和大批农民工从农村向城市的转移，第一产业的资本—劳动配置增速远高于第三和第二产业，由此可见，这种现象并不符合产业结构的一般递进规则，致使我国的三次产业结构变迁方式偏离了要素的自然配置结构，为产业结构的高级化进程设置了障碍。

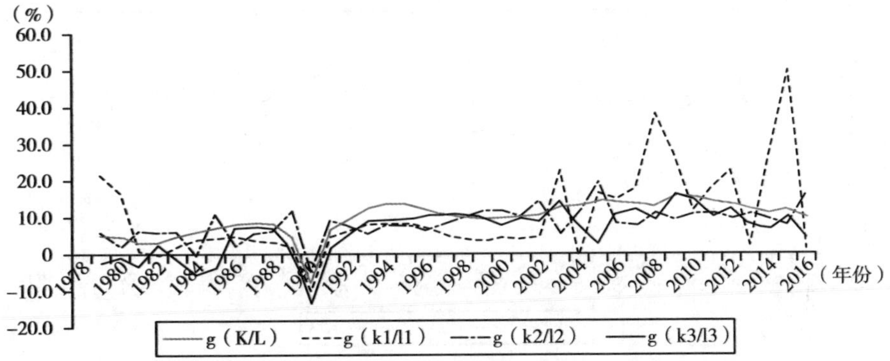

图6-10 1979~2016年三次产业资本—劳动比率增长率比较

(2)产业间生产率倒置与资源错配。

Kuznets(1966)的产业结构变迁理论隐含的一个结论是：在产业结构的变迁过程中，各部门的要素会发生从低效率产业流向高效率产业的重新配置，因此，产业结构的变化其实是与要素的再配置过程同步进行的。但整理中国历年第二、第三产业间的数据可以发现（见图6-11），第二产业相对于第三产业的劳动生产率比值和TFP比值自1978年以来一直在1以上波动，而且1990年以后，这种差距正在逐步扩大，至1995年后这种差距逐渐趋于平缓；另外，从两个产业的劳动比重来看，1990~2016年，第二产业的劳动要素配置比重一直在20%~30%波动，由此可见，农村劳动力减少部分大部分在这一时期流向了第三产业。图6-11还展示了第二产业与第三产业人均资本比值的变化趋势，可以看出，第三产业相较于第二产业配置了过多的资本。

那么，这种要素的配置方式是否符合产业的自然增长基础呢？答案是否定的，我国第三产业的发展其实是与城市化水平的提高同步进行的，但这种提高并不以产业的自然进化为基础，而是“人为制造”的结果，“新农村运动”是这种人为城市化的典型代表，到2018年年末，中国城镇人口达到了8.31亿，人口城镇化率为59.58%，2010~2018年累计减少了1.07亿农村人口；而且，1998~2005年，中央财政直接用于“三农”的支出累计达到了14951亿元，在转移农村过剩劳动力的同时也使第三产业的比重获得了快速提升，从表面看，三次产业特别是第三产业的发展似乎与发达国家的产业结构演进规律毫无二致，但第二产业的劳动生产率和TFP长年高于第三产业的事实告诉我们，这种要素的转移并不符合产业间的自然技术结构及其自然发展规律，因此，政府在政策上大力推动人口从第一产业向第三产业转移的产业技术基础其实并不存在。出现这个结果其

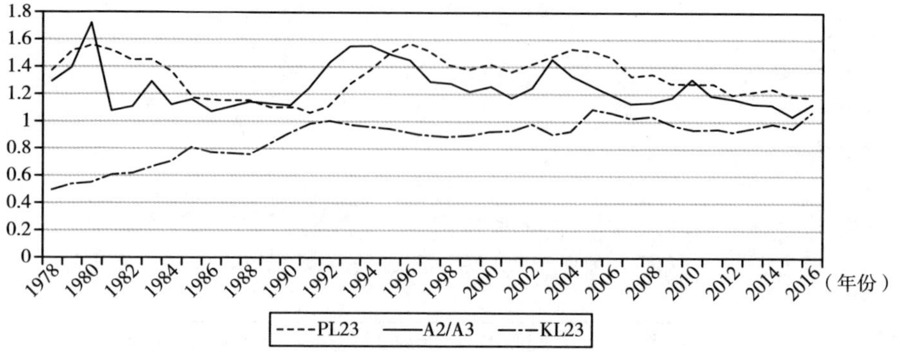

图 6－11　第二产业和第三产业部分指标的相对值比较

注：图中 A2/A3 为第二产业和第三产业 TFP 之比，PL23 为第二产业和第三产业劳动生产率之比，KL23 为第二产业与第三产业的人均资本之比；图中的数据和资料来源详见以下的数据说明。

实质主要源于劳动力或资本发生了向低效率服务业的过快演进（袁富华，2012），因而导致了资源错配和经济无效率，而政府发展第三产业的"政策药方"其实起到了南辕北辙的作用。

（3）中国产业结构的特征。

在分析中国产业结构变迁特征之前，我们首先对本章新定义的指标与传统的指标进行简单比较。从表 6－4 中可以看出，泰尔指数与结构偏离度具有高度的相关性，两者之间的相关系数为 0.7966，并且图 6－12 也表明两者在 1978～2016 年的变化趋势基本相同，只是在变化的大小和波动的幅度上有所区别（这主要是因为泰尔指数考虑了各产业的结构权重），因此本章定义的泰尔指数是一个对产业结构合理化的合理的度量指标。关于产业结构高级化，为便于比较，对传统指标不采用非农产值比重而采用非农产值与农业产值之比，并将这一比重与本章定义的 TS 值比较。我们可以看到 TS 值和非农产值与农业产值之比的相关系数达到了 0.8922，两者之间具有高度的相关性，因此本章定义的第三产业与第二产业产值之比是对产业结构高级化的合理的度量。不过，虽然非农产值与农业产值之比与 TS 表现出了较强的相关性，但是在图形的演变趋势上两者还存在较大的差异。可以看到非农产值与农业产值之比除了在 20 世纪 80 年代初期及极个别年份（1990 年和 2004 年）之外一直处于上升的状态，也就是说，从传统的观点来看，中国产业结构基本上一直是处于升级的状态。而从 TS 值来看，考虑到二三产业内部结构的互动影响之后，产业结构的变迁存在着明显的波动，如同中国经济改革一样，产业结构变迁也是一个曲折的过程，这一点也比较符合中国的经济现实。

表6-4 产业结构衡量指标的皮尔逊相关性检验

	TL	TS	E	非农产值/农业产值
TL	1.0000			
TS	-0.0875***	1.0000		
E	0.7966***	-0.097***	1.0000	
非农产值/农业产值	-0.3263***	0.8922***	-0.3191***	1.0000

注：*、**、*** 分别表示在10%、5%和1%的显著性水平下显著。

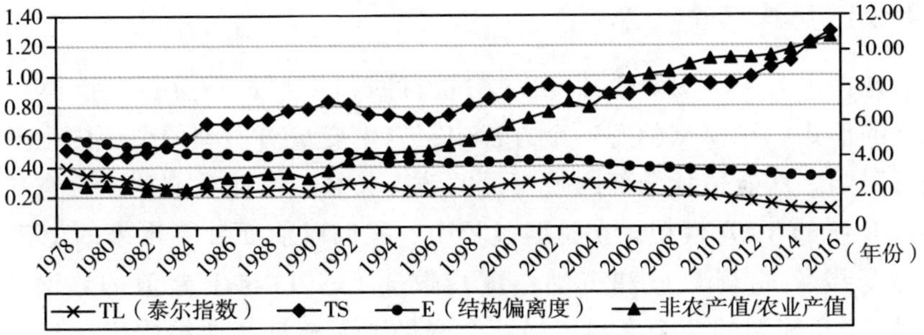

图6-12 1978~2016年中国产业结构变迁

中国的改革开放是一个循序渐进、不断调整的动态过程，这一点从1978~2016年的TL值和TS值表现出的波动性上也可以看出。中国的改革肇始于农村地区，农村承包责任制的逐步全面铺开刺激了劳动者的积极性和农业产值的增加，而在工业内部主要是对原先的重工业化的经济结构进行调整，因此在改革开放之初的几年内产业结构趋于合理化，TL值迅速下降并且TS值也有所下降。其后，从20世纪80年代中期开始，中国改革重点转向城市但并未创造出大量的就业岗位，与此同时，乡镇集体企业兴起过程中则主要是解决当地大量剩余劳动力的就业问题，因此此间TL值变动不大；但是个体私营经济的从无到有极大地促进了第三产业的发展，而乡镇集体企业的兴起也为第三产业的发展创造了条件，因此在整个20世纪80年代TS值几乎一直处于上升中。90年代初期是中国经济改革的一个关键转折，市场经济制度的确立为劳动力的流动创造了条件，也为工业经济的发展提供了动力，但毕竟这一时期中国剩余劳动力供大于求，而且对外开放的加深和外资的涌入也开创了第三产业发展的另一个高峰，因此TL值和TS值均在90年代早期的短暂下降之后又开始攀升。加入世贸组织之后，中国进一步融入全球，低端制造业给中国的大量劳动力提供了就业机会，也将中国推向了“世界工厂”的地位，第三产业发展的步伐明显落后，因此又出现了 TL 值和 TS 值同步减小的现象。

还要进一步指出的是，虽然 TL 值和 TS 值与中国的改革开放进程紧密契合，但两者相关性却不强，为 -0.0875，而且两者的演变趋势也是很不一样的。这意味着本节对产业结构变迁的衡量很好地从产业结构合理化和高级化两个维度区分开来，在后面的实证分析中可以不用过多地考虑两种结构演变之间的交互作用。

6.2.4 实证研究

6.2.4.1 模型选择

我们选择由 Sims（1980）提出的向量自回归模型进行分析。该模型采用多方程联立的形式，在模型的每一个方程中，内生变量对模型的全部内生变量的滞后值进行回归，从而估计全部内生变量的动态关系。由此我们构造含有 3 个内生变量滞后 K 阶的 VAR 模型。在检验过程中，我们以前面计算出来的 1978 ~ 2016 年资本错配指数 $\phi_k(uv,t)$ 和劳动错配指数 $\phi_l(uv,t)$ 与 1 差值的绝对值 MCR、MLR 作为 VAR 模型的两个变量，另两个变量则为衡量产业结构优化与升级程度的产业结构合理化指标 TL 和产业结构高级化指标 TS。由于数据的自然对数变换并不改变原来的协整关系，且能使其趋势线性化，消除时间序列的异方差现象，因此，对 TL、TS 以及调整后的资本错配指数 MCR 和劳动错配指数 MLR 进行自然对数变换，分别用 LnTL、LnTS、LnMCR 和 LnMLR 表示。

本节分别建立资本错配指数、劳动错配指数对产业结构合理化以及对产业结构高级化影响的两个 VAR 模型。

含有 3 个变量滞后 K 的 VAR(K) 模型表示如下：

$$y_t = \mu + A_1 y_{t-1} + A_2 y_{t-2} + \cdots A_k y_{t-k} + \varepsilon_t \tag{6-18}$$

其中，$y_t = (LnTL, LnMCR, LnMLR)'$或 $y_t = (LnTS, LnMCR, LnMLR)'$，t 为年份，$A_1$，$A_2$，…，$A_k$ 均表示 3×3 维系数矩阵，μ 为 3 维截距项系数矩阵，ε_t 为 3 维的“白噪声”扰动项。

6.2.4.2 ADF 检验

由于现实中的许多经济变量往往不是平稳的，如果采用传统的计量经济学方法进行分析容易产生“伪回归”问题，因此，首先需要对时间序列数据的平稳性进行检验，常见的方法是扩展的 Dickey - Fuller（ADF）和非参数的 PP 单位根检验。本节采用 ADF 检验式进行平稳性检验。检验式如下：

$$\Delta y_t = c + \alpha t + \rho y_{t-1} + \sum_{i=1}^{k} \gamma_t \Delta y_{t-1} + \mu_t \tag{6-19}$$

其中，y_t 为待检验的时间序列，c 为常数项，t 为时间趋势项，k 为滞后阶数，μ_t 为随机误差项。原假设是 H_0: $\rho=0$（即 y_t 非平稳）；备择假设是 H_1: $\rho<0$，（即 y_t 平稳）。

本节利用 SIC 准则来确定方程式的最佳滞后期，并根据 Mackinnon 临界值进行判断。检验结果如表 6 - 5 所示。由表 6 - 5 可知，水平序列 LnTL、LnTS、LnMCR 和 LnMLR 都是非平稳序列，它们的一阶差分序列 ΔLnTL、ΔLnTS、ΔLnMCR 和 ΔLnMLR 都是平稳序列，即 LnTL、LnTS、LnMCR 和 LnMLR 都是 I(1)序列。

表 6 - 5　　各时间序列的 ADF 检验结果

变量	检验类型（c，t，k）	ADF 统计量	5% 临界值	结论
LnTL	（0，0，1）	-1.4979	-1.9501	不平稳
ΔLnTL	（0，0，0）	-5.6587	-1.9501	平稳
LnTS	（c，t，0）	-4.3847	-3.5331	不平稳
ΔLnTS	（c，0，0）	-5.6587	-2.9434	平稳
LnMCR	（c，0，0）	-2.3037	-2.9411	不平稳
ΔLnMCR	（0，0，0）	-5.6996	-1.9501	平稳
LnMLR	（c，0，0）	-2.0588	-2.9411	不平稳
ΔLnMLR	（0，0，0）	-6.4167	-1.9501	平稳

注：检验类型（c，t，k）分别表示单位根检验方程包括常数项、时间趋势项和滞后阶数，0 指不包括。

6.2.4.3　协整性检验

如果一组非平稳时间序列存在一个平稳的线性组合，即该组合不具有随机趋势，那么这组序列就是协整的，这个线性组合被称为协整方程，表示一种长期关系。协整检验有两种主要方法：一是由 Engle 和 Granger（1987）提出的两阶段回归分析法；二是由 Johansen 和 Juselius（1990）提出的极大似然估计法。本节采用后一种方法来检验变量之间的协整关系，该检验是一种基于 VAR 模型的检验方法。在协整检验中，原假设是最多存在 r 个协整关系，备择假设存在 r + 1

个协整关系。

在进行协整检验之前首先确定VAR模型的最大滞后阶数k。k若太小，会导致误差项的严重自相关和被估参数的非一致性；k若太大，又会造成自由度降低，影响被估参数的有效性。

本节在建立资源错配与产业结构合理化之间的VAR模型时，模型的最优滞后阶数由对数似然值和AIC与SC信息量决定，结果表明滞后阶数取1时最好。

从检验结果看（见表6-6）：在5%显著水平上，产业结构合理化、资本错配指数和劳动力错配指数之间存在1个协整关系。

表6-6　　Johansen协整检验结果

原假设	特征值	最大特征值统计量	临界值（5%）
0个协整向量	0.4786	21.4877	21.1316
至多1个协整向量	0.3100	12.2457	14.2646
至多2个协整向量	0.0109	0.3619	3.8415

本节在建立资源错配与产业结构高级化之间的VAR模型时，由对数似然值和AIC与SC信息量确定模型的最优滞后阶数为3。

从检验结果看（见表6-7）：在5%显著水平上，产业结构高级化、资本错配指数和劳动力错配指数之间存在1个协整关系。

表6-7　　Johansen协整检验结果

原假设	特征值	最大特征值统计量	临界值（5%）
0个协整向量	0.4859	23.9557	21.1316
至多1个协整向量	0.2271	9.2761	14.2646
至多2个协整向量	0.1191	4.5649	3.8415

6.2.4.4　VECM的估计结果

本节通过VECM向量误差修正模型估计了长期协整方程和短期修正模型的参数，结果如下：

$$ecm_{t-1} = LnTL_{t-1} - 0.531LnMCR_{t-1} - 0.164LnMLR_{t-1} + 0.04t + 1.7543$$
$$(4.74)\qquad(-1.42)\quad(-21.91)\qquad\qquad(6-20)$$

$$ecm_{t-1} = LnTS_{t-1} + 0.014LnMCR_{t-1} + 0.005LnMLR_{t-1} - 0.005t - 1.6929$$

(4.74)　　(−1.42)　(−21.91)

(6−21)

为了更直观地反映资本错配指数和劳动错配指数对产业结构变迁的影响，可将上述协整方程改写为：

$$LnTL_{t-1} = -1.7543 + 0.531LnMCR_{t-1} + 0.164LnMLR_{t-1} - 0.04t + ecm_{t-1} \quad (6-22)$$

$$LnTS_{t-1} = 1.6929 - 0.014LnMCR_{t-1} - 0.005LnMLR_{t-1} + 0.005t + ecm_{t-1} \quad (6-23)$$

上述协整方程表明，从长期角度来看，资本错配指数和劳动力错配指数对我国产业结构合理化和高级化起到负向的抑制作用。具体而言，资本错配指数每提高1%，产业结构合理化水平将减少0.531%，而产业结构高级化水平将减少0.014%；劳动力错配指数每提高1%，产业结构合理化水平将减少0.164%，而产业结构高级化水平减少0.005%；随着时间的推移，我国产业结构呈偏离均衡状态的趋势，而产业结构高级化水平会有所提高。

本节建立的产业结构合理化、资本错配指数与劳动力错配指数的VEC模型如下：

$$\Delta Y_t = \begin{bmatrix} -0.080 \\ -0.761 \\ -0.085 \end{bmatrix} ecm_{t-1} + \begin{bmatrix} -0.032 \\ -0.027 \\ -0.025 \end{bmatrix} \quad (6-24)$$

其中，$\Delta Y = \begin{bmatrix} dLnTL \\ dLnMCR \\ dLnMLR \end{bmatrix}$。由模型结果可以看出，调整系数的参数分别为−0.080、−0.761和−0.085，前两项的系数在5%的水平下是显著的。这表明，在短期内，当系统偏离长期均衡状态时，LnTS、LnMCR将分别以−0.080、−0.761的速度将系统拉回均衡状态。

本节建立的产业结构高级化、资本错配指数与劳动力错配指数的VEC模型如下：

$$\Delta Y_t = \begin{bmatrix} -0.495 \\ -22.378 \\ -11.602 \end{bmatrix} ecm_{t-1} + \begin{bmatrix} 0.326 & 0.003 & 0.005 \\ 27.577 & 0.191 & -0.368 \\ 6.294 & 0.101 & -0.055 \end{bmatrix} \Delta Y_{t-1}$$

$$+\begin{bmatrix} 0.107 & 0.003 & 0.001 \\ 0.549 & -0.036 & -0.173 \\ -1.054 & 0.198 & 0.121 \end{bmatrix}\Delta Y_{t-2}+\begin{bmatrix} 0.003 \\ -0.177 \\ -0.043 \end{bmatrix} \tag{6-25}$$

其中，$\Delta Y=\begin{bmatrix} dLnTS \\ dLnMCR \\ dLnMLR \end{bmatrix}$。由模型结果可以看出，调整系数的参数分别为 -0.495、-22.378 和 -11.602，并且这些系数在 5% 的水平下是显著的。这表明，在短期内，当系统偏离长期均衡状态时，LnTS、LnMCR 和 LnMLR 将分别以 -0.495、-22.378 和 -11.602 的速度将系统拉回均衡状态。

综上所述，通过对三次产业相对错配指数的测算，我们还发现，改革开放 40 年，中国传统农业部门劳动要素过剩的状况并未发生根本性改变，农业资本的过少配置急需农业部门进行深入的集约化经营；此外，实证检验发现资本错配和劳动力错配程度的恶化将不利于产业结构的优化与升级，并且资源错配程度的恶化对产业结构的合理化调整表现出更大的抑制作用。

6.3
要素市场扭曲通过市场分割影响产业结构优化升级的检验等

6.3.1 引言

改革开放以来，我国施行的坚持以市场为导向的渐进式改革推动了我国经济取得了跨越式进步，实现了国内生产总值年均两位数的增长。然而近年来，我国经济发展的增速乏力，进入了国内生产总值年均增速约为 7% 的经济增长“新常态”时期。我国正处于亟须经济发展新动力的关键时期。对此，党的十九大报告提出：“中国经济发展正处在转变经济发展方式、优化经济结构、转换增长动力的攻关期”。产业结构优化升级是优化我国经济结构，转换经济发展增长动力的重要路径。产业结构优化升级一方面可以促进高技术、高效率产业蓬勃发展；另一方面可以淘汰落后的、高耗能和高污染产业，进而优化产业结构。各种生产要素资源在市场上不同部门和企业间自由流动，企业要素投入水平与产出水平耦合是产业结构优化升级的重要来源（干春晖等，2015）。然而由于我国的市场化改革仍在进行中，我国依然存在的一定程度上的市场分割阻碍了要素的自由流动，国内市场一体化水平虽不断提高，但是进步较为缓慢，成为要素市场阻碍产业结构优化升级的一大不利因素。因此，打破国内市场分割，推进国内统一市场构建，使要素在全国范围内自由流动，跨区域整合资源并加强合作，是优化我国产业结构的重要路径。

学术界当前对要素市场扭曲、市场分割与产业结构优化升级三个变量的研究，主要为要素市场扭曲与产业结构优化升级的关系、市场分割与产业结构优化升级间关系或各变量的测度与影响因素分析。其中关于不同要素市场扭曲的相关文献综述已在本书第5章予以综述，在此不做赘述。Daumal 等（2010）表明，地理因素会形成信息阻碍，阻碍地区间贸易发展。范欣和赵东林等（2017）立足我国国内实际，认为基础设施建设有利于打破地理因素形成的技术阻碍，促进经济发展。对此，不同的学者分别以市场分割和市场整合为研究对象，从不同的角度进行了深入探讨，如财政分权与政府转移性支付（范子英，2010）、贸易开放（任志成、张二震等，2014）、地方保护（林毅夫，2004）、政府官员的晋升博弈（周黎安，2004）等方面深刻探讨了影响市场分割的影响因素。当前学者对市场分割与产业优化升级间关系分析时，探讨我国经济转型时期，政府参与对产业结构优化升级过程中的作用。有学者认为，在转型时期，政府参与调节是有必要的，张同斌和高铁梅（2012）通过构建高新技术产业的可计算一般均衡（CGE）模型，表明财政激励政策和税收优惠政策对产业结构调整有推进作用。平新乔（2016）通过对比产业结构调整过程中政府与市场的关系，表明应发挥市场调节的主体作用，但是政府一定程度的参与也是有必要的。而更多学者认为，一些地方政府的行为将加剧市场分割，阻碍各要素资源在不同地区间、部门和产业间自由流动，进而妨碍了产业结构调整。Young（2000）表明，政府行为导致的市场分割和要素扭曲是中国渐进式改革的产物，地区政府可以通过垄断性经济租金，在短期内促进产业结构优化升级，而从长期角度来看，其阻碍市场中各种生产要素的自由流动，使资源不能配置到更高效的决策单元，不利于经济结构的长期发展。张卫国、任艳艳等（2011）依据1994~2007年的省际面板数据，表明了地区政府垄断行为对经济增长的倒“U”形作用。踪家峰、周亮（2013）利用1998~2007年的省级面板数据，通过系统 GMM 方法实证也表明市场分割对产业结构优化升级的倒“U”形作用，加速国内市场一体化，要素市场改革及政府体制改革是优化升级产业结构的重要进程。陈庆江、赵明亮等（2018）从信息化的角度入手，认为信息化的整合能够弱化市场分割对产业结构合理化的不利影响。石涛、鞠晓伟（2008）将要素禀赋、市场分割和区域产业结构趋同置于同一框架，研究三者间的关系，表明市场分割存在时，会导致要素与商品价格失真，造成要素投入与产出比值扭曲，进而在阻碍产业产业结构优化升级的步伐。更多相关的研究如韩胜飞（2007）、郭勇（2013）等。

已有研究对要素扭曲、市场分割与产业结构优化升级两两之间的关系已经做了较为深刻的研究，但是将三者置于同一框架下，考察要素扭曲通过市场分割影响产业结构优化升级的文献较少。本节在测度市场分割并对其进行趋势分析的基础上，研究要素扭曲通过市场分割的路径对产业结构优化升级的作用。

6.3.2 市场分割测度及趋势分析

（1）市场分割测度方法。

当前国内外学者，对市场分割的测度方法纷繁多样，不同的学者因选取的时间跨度、样本和研究方法的不同，得出的结论也有所差别，通过对现有文献的阅读和梳理，当前对国内市场分割测度的方法主要有以下四种：

第一，贸易流量方法。顾名思义，该方法主要从流通和贸易领域测度国内市场分割，通过各地区之间或者产业内贸易流量的变动趋势来观察地区之间市场分割，反映了地区间存在的贸易壁垒。Naughton（1999）采用贸易流量法考察了区域一体化对我国国内市场一体化的影响。Poncet（2003）采用的是考察地区之间贸易流量的方法，通过我国1987年、1992年、1997年的投入产出表分析了省内贸易流量、省际之间的贸易流量以及各省与外国的贸易流量数据，测算的结果表明国际边界效应和省际边际效应值都很大，各省与外国的贸易壁垒有下降趋势，而省际边界指数还在上升。行伟波和李善同（2010）通过构建引力模型，利用2002年中国分省投入产出表估计出的省际贸易流量数据，实证检验了中国地区间贸易和省际分行业贸易的边界效应。范建勇（2004、2011）也利用该方法表明产业内贸易增加可在一定程度上弱化边界效应。

第二，产业结构法。该方法是通过计算各地区的产业结构、产业效率、产出结构趋同程度以及专业化分工程度来考察市场分割情况。如果各地区产业结构相似度高，那么专业化程度下降，市场分割现象就比较严重。Young（2000）考察了1978~1997年中国产业结构数据，他依照计划经济体制下的核算体系分析了农业、工业、建筑业、运输业与商业五大物质生产部门，以及第一产业、第二产业与第三产业的产出在总产出所占比重的变动，发现中国地区专业化水平在下降。白重恩等（（2004）分析的是各行业在各省的集中程度，以此来测算区域专业化水平，他们发现1985~1997年中国产业区域专业化水平在提高，在利税率较高和国有成分比例较高的行业里区域专业化水平较低，地方保护比较严重。胡向婷等（2005）对1996~2002年全国26个省份的制造业中7个行业的产业结构与全国平均水平的差异以及两个省之间的产业结构差异进行了测算，采用产量指标进行计算的结果是各省产业结构差异化程度越来越高。

第三，商业周期法。商业周期扰动与反应的协同性被广泛用作不同国家间经济一体化的一个测度指标，这种方法主要用于对不同国家一体化程度的检验，而XU（2002）将此方法用于中国省际经济一体化程度测算。XU从商业周期的角度测度了经济一体化水平，将一体化定义为主要经济变量协同性的程度，协同性之所以成为衡量一体化的指标，是因为如果省际之间存在着较强的贸易联系，或者要素在省际之间可以流动，那么这些变量就会在相同的时间变动或者朝着相同的方向变动。XU选取了中国1991~1998年29个省的数据，他的研究结论是，虽然在短期内特定的省级效应可以解释真实产出增长方差变动的三分之一，但从长期来看，中国各省经济变量协同变化的性质是显著的，中国各省一体化程度仍然是不完全的，尽管它正处于不断上升状态。

第四，价格法。该方法优点较为显著，使用较为普遍。价格法是通过计算某些特定的商品在各省之间的价格差异来度量国内市场的分割程度。黄季焜等（2002）从选择农产品，测度了市场整合，研究其与农产品价格保护程度对我国农业的影响。为了得到更可靠、切实的测度结果，桂琦寒等（2006）选取了1985~2001年全国28个省9类商品的零售价格指数，考察了相邻两省相对价格方差的变动趋势，发现全国范围内这些相对价格方差的波动具有先发散后收敛的特点，反映出在其观察期市场整合程度上升，从而否定了区域市场分割越来越严重的观点。毛其淋和盛斌（2011）以1985~2008年28个省8类商品的环比价格指数为样本，发现自1985年以来国内市场一体化程度在上下波动中趋于上升，这与桂琦寒等（2006）观点一致。

本节在对四种市场分割测度方法优劣性比较的基础上，选择了可通过商品价格的变化综合反映产品市场和要素市场分割程度的相对价格方差方法来衡量我国国内省际的市场分割程度。一般而言，市场可以分为商品市场和要素市场两大类。当要素流动存在障碍时，若商品能够自由流动，商品的价格会趋同；而当商品流动存在障碍时，只要要素能够自由流动，商品的价格最终也将趋同。所以用价格信息构造指标衡量市场整合不失为判断市场整合程度的一种行之有效的方法。

我们依据Parsley和Wei（1996）的相对价格法方差方法，参考桂琦寒等（2006）的做法，选取时间t、地区n和商品k的三维面板数据，依据本节构造的相对价格法测算市场分割指数。根据“冰川成本”理论（Samuelson，1964），

该指数越大，说明地区间相对价格波动范围越大，地区间市场分割的程度越严重。首先计算地区 i 和 j 相对价格的绝对值 $|\Delta Q_{ijt}^{k}|$，即：

$$|\Delta Q_{ijt}^{k}| = \ln(P_{it}^{k}/P_{jt}^{k}) - \ln(P_{it-1}^{k}/P_{jt-1}^{k}) = \ln(P_{it}^{k}/P_{it-1}^{k}) - \ln(P_{jt-1}^{k}/P_{jt-1}^{k}) \tag{6-26}$$

其中，P_{it}^{k}表示 i 省份第 t 期、第 k 种商品的价格；$|\Delta Q_{ijt}^{k}|$衡量了第 k 种商品在 i 省份和 j 省份在第 t 期和第 t-1 期的价格变动情况，取绝对值是为了避免省份之间相减时因省份顺序不同而导致正负性。

为了更加准确地度量相对价格的方差，要剔除由于商品异质性造成的对 i 省、j 省价格差异的影响。这是因为某种商品价格发生变动除了与不同地区的市场环境、资源禀赋等因素有关外，还与其自身所具有的不同于其他商品的特性有关，因此为避免实际的市场分割指数被高估，在对相对价格计算方差之前，应该消除后一类因素对商品价格变动的影响。在本节中，采取去均值的方法来消除商品异质性对商品价格波动的影响，即消除与商品异质性有关的影响。假设与商品种类相联系的异质性影响为 a^{k}，ε_{ijt}^{k}表示地区 i 和 j 特殊市场环境、资源禀赋和其他随机因素影响变动的成分，在第 t 年，给定 k 种类商品的价格变动 $|\Delta Q_{ijt}^{k}|$在省份 i 和不同省份 j 之间求得均值 $|\Delta \overline{Q_{t}^{k}}|$，再分别用 $|\Delta Q_{ijt}^{k}|$减去其均值 $|\Delta \overline{Q_{t}^{k}}|$，剔除商品异质性影响，即：

$$q_{ijt}^{k} = |\Delta Q_{ijt}^{k}| - |\Delta Q_{t}^{k}| = a^{k} - \bar{a}^{k} + (\varepsilon_{ijt}^{k} - \bar{\varepsilon}_{ijt}^{k}) \tag{6-27}$$

其中 $\bar{a}^{k}$ 是 a^{k} 的均值。则：

$$q_{ijt}^{k} = (\varepsilon_{ijt}^{k} - \bar{\varepsilon}_{ijt}^{k}) = |Q_{ijt}^{k}| - |\bar{Q}_{ijt}^{k}| \tag{6-28}$$

最后，对 q_{ijt}^{k}求方差 $Var(q_{ijt}^{k})$，$Var(q_{ijt}^{k})$反映了省份 i 和不同省份 j 之间 k 种商品价格变动的范围。$Var(q_{ijt}^{k})$越大，则表明市场该省份市场分割程度越大。根据该方法，可计算出每个省区市的市场分割指数，并通过平均可求得国家层面的国内市场分割指数。

（2）市场分割指数测度结果。

本节测度各省区市市场分割指数的原始数据均来自《中国统计年鉴》中分地区商品零售价格指数，包括 2003～2016 年共计 14 年 30 个省区市 8 类商品，具体有：粮食类商品，饮料、烟酒类商品，服装、鞋帽类商品，文化办公用品类商品，日用品类商品，中西药品及医疗保健用品类商品，书报杂志及电子出版物类商品，燃料类商品。由于西藏、港澳台地区数据缺失较为严重，故测度不涵盖这些地区。另外，在《中国统计年鉴》中分地区商品零售价格指数统计项目中，

2003年之前与之后统计项目发生较大的变动，且2003年之前存在部分统计指标数据不完整，故为了保证数据的一致性和完整性、市场分割指数测度的严谨性，我们以2003年作为数据的起始年度。随着经济水平和现代信息科技的发展，地理因素造成市场分割的天然屏障作用在不断弱化，故我们对市场分割指数的测算不再仅局限于相邻省份（桂琦寒，2006；步丹璐等，2017），而是将除测算省份i外的其他省份j均考虑在内。

根据以上的相对价格方法，我们测算了2004~2016年各省区市市场分割指数及国家层面的国内市场分割指数。从国内市场总体、分区域及省际三个层面绘制了2004~2016年市场分割演进趋势图。

在国内市场总体层面，全国国内平均市场分割指数总体表现为下降趋势，个别年份有小幅上升波动，如图6-13所示，这与孔令池（2019）、罗小芳（2019）的研究结论一致。由此，我们可以得出，自2005年以来，我国国内市场一体化水平不断提高，有日益整合的趋势。在对国内市场分割指数总体演进曲线分析时，有一个上升趋势不容忽视，即2007~2010年，国内市场分割指数显著上升。本节认为，主要原因在于2007年的国际金融危机，在经济不景气、下行压力下，部分地区出于为保护本地企业和经济稳定的目的，采用了市场的经济政策，如鼓励、引导甚至要求本地消费者优先购买本地企业等非市场化经济措施，可见地方保护和宏观经济形势对全国市场分割造成了较大的影响。

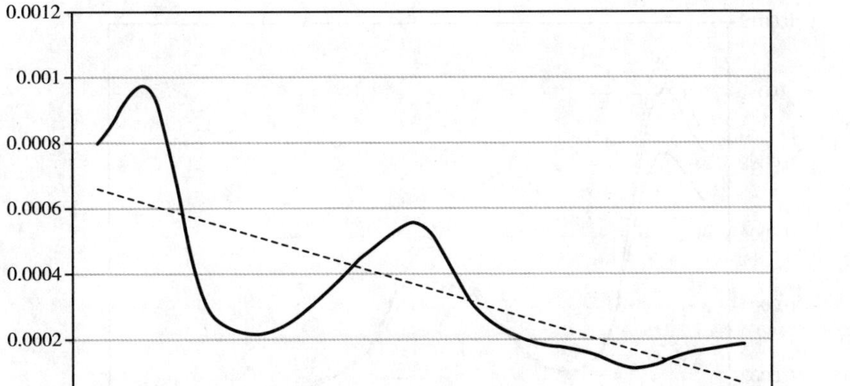

图6-13 国内市场分割指数总体演进趋势图

在区域层面上，鉴于我国领土广袤，东西跨越大，区域间市场经济环境不同，市场分割程度亦可能存在差异。因此，为考察区域间市场分割程度的差异，我们借鉴桂琦寒（2006）、魏楚和沈满洪（2007）提出的区域划分标准，即根据传统区域划分准则并结合当前政策导向将研究样本中的30个省区市分为：东部地区包括北京、天津、河北、辽宁、上海、江苏、浙江、福建、山东、广东、海南；中部地区包括山西、吉林、黑龙江、安徽、江西、河南、湖北、湖南；西部地区包括内蒙古、广西、四川、重庆、贵州、云南、陕西、甘肃、青海、宁夏、新疆。东、中、西部区域层面的国内市场分割指数演进趋势图与全国层面内市场分割指数演进基本相似，均呈现出波动下降的趋势，且均在2007～2010年有显著上升（见图6-14），这表明国内和国际市场上宏观经济形势和地方保护的市场分割政策在不同区域均存在。同时，也存在一定的区域差异性，总体表现为中部地区市场分割指数略低于东部地区和西部地区。我们认为，东部地区相对中、西部地区的GDP排名更为接近，导致东部地区内部省份之间的竞争更加激烈，进而导致市场分割程度加剧。此外，东部地区国际市场开放程度最高。一般而言，国际市场开放程度越高的地方政府往往更重视与国外经济的联系，选择性忽视国内市场整合。中部地区国际市场开放程度较低，地方政府往往更重视与国内其他地区的经济联系，在一定程度上缓解了国内市场分割。西部地区产业基础较为薄弱，为了扶持本地企业的发展，往往采取保护主义行为，同时在承接东部地区产业转移的过程中，与中部地区存在竞争关系，更倾向于采用分割市场的行为，故而国内市场分割指数较高。

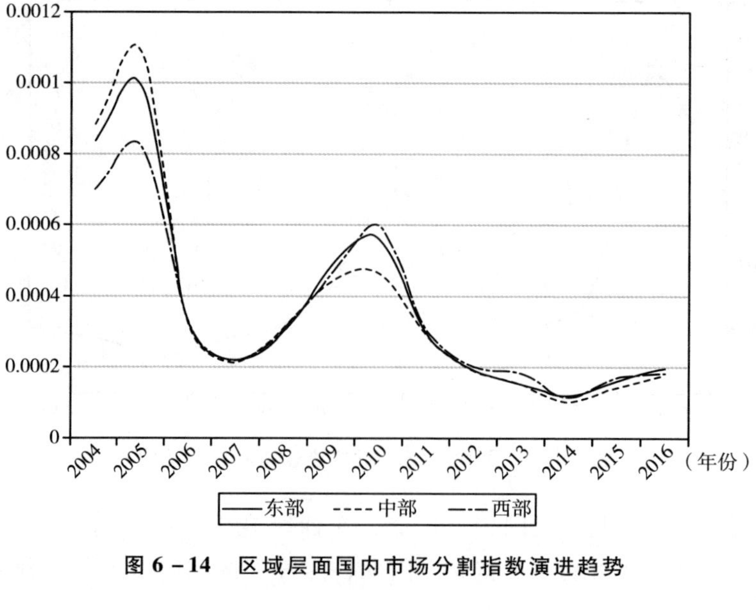

图6-14　区域层面国内市场分割指数演进趋势

从省际层面看，各省区市国内市场分割指数总体呈逐年下降的趋势，与全国和分区域层面的演进趋势基本一致，均表现为2007～2010年有或大或小幅度的上升现象，如图6－15所示，为使各省区市图示更易观察以及后面拟合中为使拟合值不过小，我们将各省区市市场分割指数均乘以100。

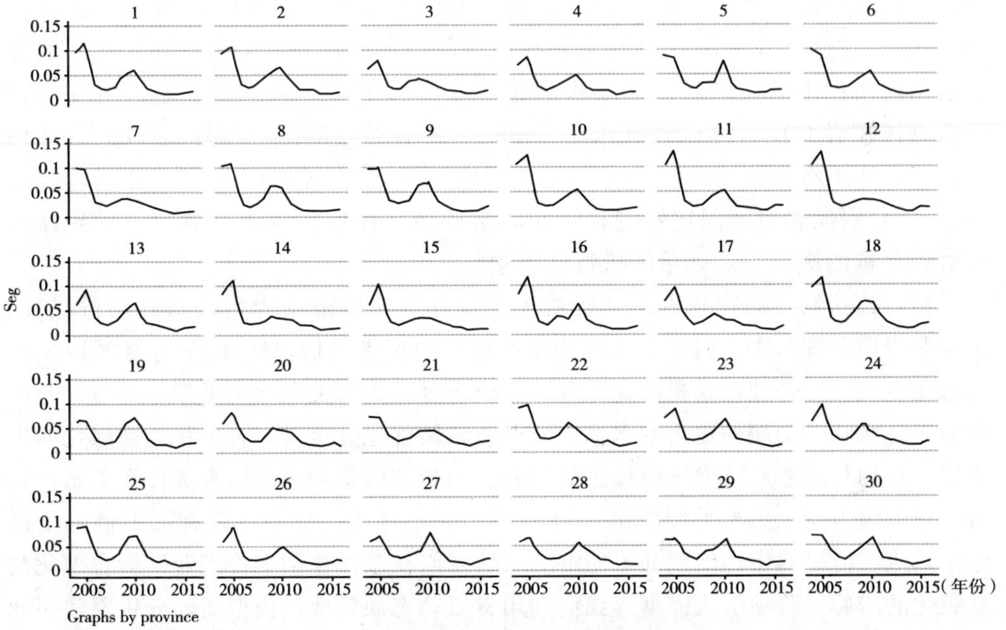

图6－15　省际国内市场市场分割指数演进趋势

注：数字对应省区市为：1＝北京、2＝天津、3＝河北、4＝山西、5＝内蒙古、6＝辽宁、7＝吉林、8＝黑龙江、9＝上海、10＝江苏、11＝浙江、12＝安徽、13＝福建、14＝江西、15＝山东、16＝河南、17＝湖北、18＝湖南、19＝广东、20＝广西、21＝海南、22＝重庆、23＝四川、24＝贵州、25＝云南、26＝陕西、27＝甘肃、28＝青海、29＝宁夏、30＝新疆。

6.3.3　模型设定、变量选取与数据说明

6.3.3.1　模型设定

为了研究要素市场扭曲通过市场分割的途径进而影响产业结构优化升级，我们构建如下基础模型：

$$RIS_{it} = \alpha + \beta_1 D + \beta_2 SEG_{it} + \beta_3 D \times SEG_{it} + \beta_4 X_{it} + \gamma_{it} + \varepsilon_{it} \qquad (6-29)$$

$$ISA_{it} = \alpha + \beta_1 D + \beta_2 SEG_{it} + \beta_3 D \times SEG_{it} + \beta_4 X_{it} + \gamma_{it} + \varepsilon_{it} \quad (6-30)$$

其中，RIS_{it}和ISA_{it}为被解释变量，分别表示第i个省份第t年产业结构合理化和高级化程度，D、SEG_{it}、$D \times SEG_{it}$均为核心解释变量，D为各要素扭曲程度，分别指代第i个省份第t年的劳动要素扭曲程度DL_{it}、资本要素扭曲程度DK_{it}、能源要素程度DE_{it}和土地要素扭曲程度DS_{it}，SEG_{it}表示第i个省份第t年的市场分割指数，$D \times SEG_{it}$为要素扭曲程度与市场分割程度的交互项，其系数即要素扭曲通过市场分割对产业结构优化升级的影响。X_{it}是控制变量，主要包括外商直接投资FDI_{it}、基础设施水平$INFR_{it}$、政府对经济的干预程度STA_{it}、环境规制ER_{it}、国有经济比重SOP_{it}、贸易依存度DFT_{it}、市场规模P_{it}、产业集聚程度IO_{it}。γ_{it}分别代表地区固定效应和时间固定效应，用以观察不可捕捉的异质性对被解释变量的影响，ε_{it}表示随机扰动因素。

另外，从发展的视角看，产业结构优化升级一般被认为是动态的渐进过程，是产业规模合理布置、内部有机结合的过程。周振华（1992）、何平等（2014）从动态角度表明，合理化是指产业布置、规模合理，内部关联性水平强；高级化是产业通过升级到一个新的更高的水平。即产业结构优化升级具有合理化与高级化两个维度，且均是随着经济发展而推进的过程，与当前因素和过去因素都存在关系，具有一定的内生性。虽然采用固定（FE）效应回归模型，能在一定程度上消除个体固定效应，但是内生性问题却不能解决。故我们在基础模型上将产业结构合理化与高级化的滞后一阶项引入模型。我们利用省级动态面板数据模型实证分析要素扭曲通过市场分割的作用途径影响产业结构优化升级的内在机制，面板数据模型可以控制无法观测的省份异质性因素对估计结果的影响，动态面板模型可以识别产业结构调整中的动态效应，同时可以在不用寻找工具变量的情况下有效地解决解释变量可能存在的内生性问题。构建的动态系统广义矩估计模型（SYS-GMM）如下：

$$RIS_{it} = \alpha + RIS_{it-1} + \beta_1 D + \beta_2 SEG_{it} + \beta_3 D \times SEG_{it} + \beta_4 X_{it} + \gamma_{it} + \varepsilon_{it} \quad (6-31)$$

$$ISA_{it} = \alpha + ISA_{it-1} + \beta_1 D + \beta_2 SEG_{it} + \beta_3 D \times SEG_{it} + \beta_4 X_{it} + \gamma_{it} + \varepsilon_{it} \quad (6-32)$$

其中，RIS_{it-1}和ISA_{it-1}分别表示产业结构合理化与高级化的滞后一期，其他的被解释变量、解释变量和控制变量与前面含义一样。

6.3.3.2 变量选取与数据来源

本节选择2004~2016年我国30个省区市的面板数据作为样本，由于西藏与港澳台地区数据缺乏严重，故在样本中未予以包含。各变量测度的所有原始数据均来自中国经济与社会发展数据库、EPS数据平台，2003~2016年各省区市的统计年鉴及《中国工业统计年鉴》。

产业结构合理化 RIS_{it}、产业结构高级化 ISA_{it} 和各要素扭曲程度：劳动要素扭曲程度 DL_{it}、资本要素扭曲程度 DK_{it}、能源要素程度 DE_{it} 和土地要素扭曲程度 DS_{it} 已在第 5 章予以测度，在此不再重复赘述。

外商直接投资 FDI_{it}：外商直接投资不仅可以为经济发展带来充足的资金支持，还可以为区域产业发展带来技术、创新和其他溢出效应，促进产业结构优化升级。本节参考孙早（2013）的做法，选用实际利用外商直接投资人民币总额（剔除物价因素的对外直接投资总额）占 GDP 的比重反映一个国家和地区对外资的依赖程度。从数据库得到的数据是以美元为表示单位，为了统一单位，本节使用人民币兑换美元的汇率换算成人民币表示的金额。数据来源于国家统计局，各省区市统计年鉴。

基础设施水平 $INFR_{it}$：使用铁路营业里程、公路里程以及高速公路里程数之和表示地区内公路密度。数据来源于中国统计局网站，各省区市统计年鉴。

政府对经济的干预程度 STA_{it}：中国的地方经济增长具有政府投资促进的典型特征。地方政府参与实体经济的程度直接影响要素市场的市场化程度。本节使用地方财政支出在地方 GDP 中的比例来衡量地方政府对经济的干预程度。数据来源于国家统计局，部分缺失数据通过各省区市统计年鉴补齐。

环境规制 ER_{it}：关于环境规制，本节借鉴沈能（2012）的做法，选取各省区市环境污染治理投资总额占 GDP 的比重来衡量环境规制力度。

国有经济比重 SOP_{it}：计算方法为按地区分组的国有控股工业企业主要经济指标中工业销售产值/按地区分组的规模以上工业企业主要经济指标中工业销售产值，数据来源于历年《中国工业统计年鉴》。

贸易依存度 DFT_{it}：通常采用进出口贸易总额占 CDP 的比重予以反映。鉴于进出口额是以美元计价，这里利用历年人民币兑美元的中间价进行换算。

各变量的定义见表 6－8。

表 6－8　相关变量的选择及定义

变量类别	变量名称	变量代码	变量定义
被解释变量	产业结构合理化	RIS	泰尔指数的倒数
	产业结构高级化	ISA	第三产业产值/第二产业产值
解释变量	要素价格扭曲	D	各要素价格扭曲
	市场分割指数	SEG	相对价格的方差
	市场分割与各要素扭曲交互项	D × SEG	—

续表

变量类别	变量名称	变量代码	变量定义
控制变量	外商直接投资水平	FDI	外商直接投资/GDP
	基础设施水平	INFR	铁路、公路、高速公路里程数
	政府对经济干预程度	STA	地方财政支出/地方 GDP
	环境规制	ER	环境污染治理投资/GDP
	国有经济比重	SOP	国有控股工业企业主要经济指标中工业销售产值/按地区分组的规模以上工业企业主要经济指标中工业销售产值
	贸易依存度	DFT	进出口贸易总额/CDP

对所选择的2004～2016年时间跨度的30个样本单位进行估计，所涉及的主要经济变量进行描述性分析，其描述性统计结果如表6－9所示。

表6－9　　　　变量的描述性统计

变量	符号	观测数	平均值	标准差	最小值	最大值
产业结构合理化	RIS	390	0.25154	0.46582	0.60484	3.10289
产业结构高级化	ISA	390	0.94948	0.14540	0.03254	0.65457
市场分割指数	SEG	390	0.36259	0.00329	0.03146	0.04253
能源扭曲	DE	390	9.86564	11.2429	2.81216	59.5718
劳动扭曲	DL	390	1.54929	0.35928	0.62478	2.20206
资本扭曲	DK	390	6.95874	0.87655	5.12251	8.426274
土地扭曲	DS	390	0.45886	0.33696	0.15265	1.307933
外商直接投资水平	FDI	390	2.4662	1.70438	0.15356	7.194129
基础设施水平	INFR	390	12.9054	6.65195	1.25954	24.92073
政府对经济干预程度	STA	390	0.32425	0.38810	0.05208	1.42148
环境规制	ER	390	1.34933	0.50113	0.73307	2.816923
国有经济比重	SOP	390	0.39840	0.17344	0.11845	0.762948
贸易依存度	DFT	390	0.31603	0.37795	0.05081	1.385128

6.3.3.3　模型估计及分析

为了确保数据的平稳性，避免模型估计时出现“伪回归”的现象，需要对各变量指标数据进行单位根检验。单位根检验方法主要有 LLC、HT、IPS、ADF 等，在这里，我们选用常用的 LLC 检验方法检验。在检验过程中，对于不平稳的原始数据采用加入趋势项和取对数两种方法使其平稳，经过检验，如表 6-10 数据序列均为平稳序列。

表 6-10　　面板数据的单位根检验

变量名称	符号	LLC		结论
		检验值	P 值	
产业结构合理化	RIS	-7.7230	0.000	平稳
产业结构高级化	ISA	-4.6880	0.000	平稳
市场分割指数	SEG	-14.1651	0.000	平稳
能源扭曲	DE	-5.9262	0.000	平稳
劳动扭曲	DL	-6.034	0.000	平稳
资本扭曲	DK	-9.348	0.000	平稳
土地扭曲	LNDS	-8.3567	0.000	平稳
外商直接投资水平	FDI	-2.54	0.005	平稳
基础设施水平	INFR	-2.002	0.000	平稳
政府对经济干预程度	STA	-7.2881	0.000	平稳
环境规制	ER	-8.1567	0.000	平稳
国有经济比重	SOP	-6.292	0.000	平稳
贸易依存度	DFT	-6.4117	0.000	平稳

检验要素市场扭曲通过市场分割影响产业结构优化，我们分别以产业结构高级化和产业结构合理化为被解释变量，以市场分割，劳动、资本、能源和土地四种要素价格扭曲以及其各自与市场分割交互项为核心解释变量，同时引入控制变量外商直接投资、基础设施水平、政府对经济干预程度、环境规制、国有经济比重、贸易依存度进行分要素回归分析。

本节实证主要采用静态面板估计和动态面板估计两种方法。静态面板估计主要采用随机效应模型和固定效应模型，并进行 Hausman 检验，选择何种静态估计模型。另外，考虑到静态面板数据模型可能存在内生性问题，我们又选择了动态面板数据模型系统 GMM 估计。该方法由 Arellano – Bond（1991）和 Arellona – Bove（1998）提出，这主要适用于时间跨度小于横截面跨度的模型，其既能识别被解释变量的动态性调整，也能有效避免内生性问题。该模型估计需要寻找适合的工具变量，我们以产业结构合理化与产业结构高级化的滞后一期作为工具变量。并对模型进行了 Arellano – Bond 的随机误差项序列相关检验，即经过差分转换后的残差项存在一阶序列相关但不存在二阶序列相关和工具变量过度识别的 Sargan 检验，判断工具变量的有效性。

（1）劳动要素扭曲通过市场分割对产业结构优化升级的作用。

表 6 – 11 和表 6 – 12 分别汇总了劳动要素扭曲通过市场分割影响产业结构高级化和产业结构合理化的检验结果，为了方便分析，我们将静态面板估计下随机效应模型和固定效应模型以及动态面板估计模型系统广义矩估计模型汇总在一个表格中。对固定效应和随机效应做稳健 Hausman 检验发现，被解释变量为产业结构高级化与合理化的检验 P 值分别为 0.000、0.001，均强烈拒绝解释变量与扰动项不相关的原假设，认为应该使用固定效应模型优于随机效应模型。系统广义矩估计模型中的 AR（1）检验均拒绝了原假设，AR（2）检验则均不拒绝原假设，即模型差分的残差存在一阶自相关，不存在二阶自相关，通过了 Arellano – Bond 的随机误差项序列相关检验；工具变量过度识别的 Sargan 检验概率值均为 1.000，接受原假设，模型对过度识别的限制是有效的，所有的工具变量均有效。

表 6 – 11　　劳动扭曲通过市场分割影响产业结构高级化检验结果

	静态面板估计			动态面板估计	
模型 解释变量	模型 1	模型 2 RE	模型 3 FE	模型 4 SYS – GMM	模型 5 SYS – GMM
ISA 滞后一阶				0.88115 (0.000)	0.93359 (0.000)
SEG	–6.2206 (0.004)	–11.3476 (0.000)	–11.3823 (0.007)	–0.81097 (0.002)	–1.897935 (0.011)
DL	–0.8264 (0.025)	–0.5339 (0.000)	–0.4581 (0.000)	–0.329 (0.000)	–0.208419 (0.000)
SEG × DL	4.2866 (0.006)	–5.8742 (0.000)	–6.1749 (0.006)	–0.03923 (0.862)	–0.802375 (0.082)

续表

	静态面板估计			动态面板估计	
模型 解释变量	模型1	模型2 RE	模型3 FE	模型4 SYS－GMM	模型5 SYS－GMM
FDI		－0.0085 (0.420)	－0.12939 (0.556)		0.004385 (0.317)
ER		－0.0192 (0.367)	－0.01661 (0.523)		－0.035856 (0.000)
INFR		－0.0073 (0.066)	－0.0005 (0.925)		－0.007592 (0.008)
STA		－1.1684 (0.131)	－0.51737 (0.436)		0.9403 (0.000)
SOP		0.06676 (0.644)	0.14183 (0.718)		0.33857 (0.000)
DFT		0.91430 (0.267)	－0.10463 (0.864)		0.88959 (0.000)
常数项	2.2025 (0.001)	2.0467 (0.000)	1.9136 (0.000)	0.6298 (0.000)	0.69246 (0.000)
时间效应	控制	控制	控制	控制	控制
地区效应	控制	控制	控制	控制	控制
观测值数	390	390	390	360	360
R^2	0.32	0.419	0.4464		
F	3.8		10.51 (0.000)		
Hausman检验		0.000			
Sargan值				1.000	1.000
AR(1)				0.001	0.000
AR(2)				0.214	0.235

注：括号里的数值为稳健标准误差。

表 6-12　劳动扭曲通过市场分割影响产业结构合理化检验结果

	静态面板估计			动态面板估计	
模型 解释变量	模型 1 OLS	模型 2 RE	模型 3 FE	模型 4 SYS - GMM	模型 5 SYS - GMM
RIS 滞后一阶				0.9281 (0.000)	0.7670772 (0.000)
SEG	-3.08665 (0.102)	-0.53764 (0.173)	-0.5416 (0.156)	-0.62667 (0.000)	-0.446644 (0.025)
DL	-0.04573 (0.391)	-0.09479 (0.000)	-0.0934 (0.000)	-0.37921 (0.000)	-0.0538 (0.000)
SEG × DL	-1.58007 (0.091)	-0.39996 (0.080)	-0.4484 (0.006)	-0.05047 (0.000)	-0.24849 (0.028)
FDI		-0.0005 (0.840)	0.0023 (0.405)		-0.00178 (0.129)
ER		-0.0032 (0.566)	-0.00659 (0.239)		-0.00096 (0.487)
INFR		-0.0005 (0.609)	0.00222 (0.048)		0.000736 (0.259)
STA		-0.07958 (0.698)	-0.22625 (0.257)		-0.07037 (0.079)
SOP		0.22869 (0.000)	0.15667 (0.000)		0.084115 (0.000)
DFT		0.043067 (0.843)	0.23609 (0.271)		0.059717 (0.214)
常数项	0.16185 (0.056)	0.042449 (0.269)	0.081707 (0.019)	-0.504773 (0.000)	-0.06525 (0.003)
时间效应	控制	控制	控制	控制	控制
地区效应	控制	控制	控制	控制	控制
观测值数	390	390	390	360	360
R^2	0.22	0.319	0.3347		

续表

	静态面板估计			动态面板估计	
模型 解释变量	模型 1 OLS	模型 2 RE	模型 3 FE	模型 4 SYS - GMM	模型 5 SYS - GMM
F	2.4		19.2 (0.000)		
Hausman 检验		0.0001			
Sargan 值				1.000	1.000
AR(1)				0.000	0.000
AR(2)				0.147	0.156

注：括号里的数值为稳健标准误差。

由实证检验结果表 6 - 11 和表 6 - 12 可以发现，产业结构高级化与产业结构合理化的滞后一期对其自身均具有显著的正向作用，即产业结构高级化、产业结构合理化具有显著的自我提升增强机制，具有时间上的累积效应和实践上的惯性作用。本节关于产业结构的研究，与何好俊（2017）的结论相似。劳动要素价格扭曲和国内市场分割指数对产业结构高级化和产业结构合理化的系数在模型 1 至模型 5 均为负，且动态面板估计模型中均在 5% 的水平下显著。微观层面上的资源错误配置不利于中国层面上产业结构的调整，产业结构优化升级的推进有赖于市场的规模效应和要素在地区间自由流动而发挥的比较优势，故我们认为国内市场分割阻碍产业结构优化升级，打破分割状态，促进市场整合将有利于产业结构的发展。同时，我们发现要素市场扭曲通过市场分割对产业结构合理化和产业结构高级化的负向作用大于要素市场扭曲的作用，这表明通过市场分割作用于产业结构是要素市场扭曲影响产业结构的一大路径，减弱国内市场分割将削弱劳动要素市场扭曲对产业结构优化升级的不利影响。在引入控制变量后，劳动要素扭曲对产业结构高级化和产业结构合理化的程度均有所下降，但其通过市场分割对产业结构的影响有所增加。

在控制变量方面，外商直接投资（FDI）对产业结构高级化有促进作用、对产业结构合理化存在负向作用，但两者均不显著。这里我们认为外商投资作为现代先进生产技术的一个最为有效的扩散途径（Blomstrm，1989），具有显著的技术扩散效应，同时具有“打包的资本、管理技术和生产技术”（Johnson，1972），可通过示范—模仿、竞争、联系、培训①等学习效应带来可观的人力资本提高，进而促进产业效率改善，带来产业内溢出效应，这两种效应均有利于产业结构优化升级。而在本节，外商直接投资对产业结构的负向作用可能在于近年来，随着我国市场一体化、供给侧改革、发挥市场经济的决定作用等一系列产业政策的实行，营销环境更有利于外资企业的发展，使一些地区的外资企业强大竞争力挤占了内资企业的市场份额，阻碍了部分内资企业的发展，在一定程度上影响了国内产业结构。环境规制（ER）对产业结构高级化与合理化的作用均为负，但是也均不显著。原因可能在于环境规制的加强提高了企业的生产成本，尤其是第二产业的生产成本，在一定程度上占用了企业的有限资源。基础设施建设（INFR）对产业升级的高级化有负向影响，且在统计上作用显著；对产业结构合理化有促进作用。一般情况下，基础设施条件的完善主要有两个方面作用：一方面是基础设施条件的改善在很大程度上吸引投资者投资和促进经济发展；另一方面是有利于降低生产成本，特别是第二产业诸如制造业、冶炼业的生产和运输成本，但因为我们选用的是第三产业与第二产业的生产总值的比值作为被解释变量，因此，基础设施是有可能对产业的高级化产生负向影响。政府对经济的干预度（STA）对产业结构高级化与合理化估计系数相反，有利于产业结构高级化发展，却对产业结构合理化有抑制作用，出现这一现象的原因可能在于一些地方政府为追求在位期间良好的政绩表现，同时又受限于财政压力将有限的资源集中投资在GDP增长拉动较快的项目上，忽略了本地区的产业结构基础和资源禀赋，盲目响应产业结构升级的号召，扭曲了资源的合理配置，阻滞了地区产业结构的合理化。这可能也是地方政府投资对地区产业结构合理化影响并不显著的原因之一。另外，地方政府通过税种选择、税率设计与制定产业税收优惠政策等干预，加快企业资本与技术积累，有利于地区产业结构高级化。从国有经济比重（SOP）的估计系数来看，国有经济比重对产业结构高级化的影响系数为负，而对产业结构合理化的系数为正。样本期内产业结构高级化呈递增趋势，而国有经济比重在样本期内呈递减趋势。另外，国有企业作为我国支柱产业的重要支撑，对我国国内产业结构具有一定程度的宏观调控作用，其主要集中在石油、化工、机械、电子、冶金、有色和建材等重要二次产业，又产业高级化指标用三次产业与二次产业的比值度量，故也可能出现影响系数为负。贸易依存度（DFT）对产业结构高级化与产业结构合理化均是正向促进作用，贸易依存度指数越大表明国际市场开放程度

---

① 踪家峰，周亮．市场分割、要素扭曲与产业升级——来自中国的证据（1998~2007）［J］．经济管理，2013，35（01）：23-33.

越高，企业所面对的市场竞争力越大，企业为了更好地在国际市场生存，将不断地提升自身的市场竞争力，通过这种市场竞争机制的作用，从微观层面作用进而影响产业结构优化升级。

（2）资本要素扭曲通过市场分割对产业结构优化升级的作用。

表6－13和表6－14分别汇总了资本要素扭曲通过市场分割影响产业结构高级化和产业结构合理化的检验结果，为了方便分析，我们同样是将静态面板估计下随机效应模型和固定效应模型以及动态面板估计模型系统广义矩估计模型汇总在一个表格中。对固定效应和随机效应做稳健 Hausman 检验发现，被解释变量为产业结构高级化与合理化的检验P值均为0.000，均强烈拒绝解释变量与扰动项不相关的原假设，认为使用固定效应模型优于随机效应模型。系统广义矩估计模型中的 AR(1) 检验均拒绝了原假设，AR(2) 检验则均不拒绝原假设，即模型差分的残差存在一阶自相关，不存在二阶自相关，通过了 Arellano－Bond 的随机误差项序列相关检验；工具变量过度识别的 Sargan 检验概率值均为1.000，接受原假设，模型对过度识别的限制是有效的，所有的工具变量均有效。

由检验结果不难发现，无论是使用静态的固定效应模型，还是动态的系统矩估计模型，资本要素扭曲对产业结构高级化与产业结构合理化的估计系数均为负，且在1%水平下显著，即资本要素扭曲不利于产业结构优化升级。资本要素扭曲与市场分割的交互项对产业结构高级化与产业结构合理化的作用均为负，且显著。对比资本要素扭曲和资本要素扭曲与市场分割的交互项的估计系数，我们不难发现资本要素扭曲与市场分割的交互项的估计系数的绝对值远大于资本要素扭曲估计系数的绝对值，即与劳动要素相同，市场分割是资本要素市场扭曲影响产业结构优化升级的一大路径。其他变量与劳动要素作为核心解释变量的研究结论基本一致，在此不再一一赘述。

表6－13　资本扭曲通过市场分割影响产业结构高级化的检验结果

模型 解释变量	静态面板估计			动态面板估计	
	模型1	模型2 RE	模型3 FE	模型4 SYS－GMM	模型5 SYS－GMM
ISA 滞后一阶				1.10908 (0.000)	1.104524 (0.000)
SEG	10.11757 (0.204)	－6.55737 (0.022)	－4.946628 (0.063)	－9.35992 (0.000)	－7.998125 (0.000)

续表

	静态面板估计			动态面板估计	
模型 解释变量	模型 1	模型 2 RE	模型 3 FE	模型 4 SYS - GMM	模型 5 SYS - GMM
DK	-0.047272 (0.446)	-0.03748 (0.063)	-0.049241 (0.009)	-0.0171451 (0.000)	-0.0071833 (0.000)
SEG × DK	-1.759417 (0.158)	-0.529607 (0.198)	-0.413685 (0.277)	-1.428456 (0.000)	-1.17461 (0.000)
FDI		-0.0227 (0.051)	-0.02311 (0.039)		-0.0161506 (0.000)
ER		0.0111 (0.639)	0.012435 (0.581)		-0.0270359 (0.000)
INFR		-0.011093 (0.011)	-0.0038 (0.389)		-0.0094248 (0.010)
STA		-3.92189 (0.000)	-2.625608 (0.001)		1.696791 (0.000)
SOP		-0.086646 (0.590)	-0.021158 (0.897)		-0.6121927 (0.000)
DFT		3.6969 (0.000)	1.907767 (0.028)		1.78046 (0.000)
常数项	0.69108 (0.069)	1.6386 (0.000)	1.715225 (0.000)	-0.1626069 (0.000)	0.423643 (0.000)
时间效应	控制	控制	控制	控制	控制
地区效应	控制	控制	控制	控制	控制
观测值数	390	390	390	360	360
R^2	0.0176	0.28	0.32		
F	0.0836		18.46 (0.000)		
Hausman 检验		0.000			
Sargan 值				1.000	1.000
AR(1)				0.000	0.000
AR(2)				2.34	2.57

注：括号里的数值为稳健标准误差。

表 6－14　资本扭曲通过市场分割影响产业结构合理化的检验结果

	静态面板估计			动态面板估计	
模型 解释变量	模型 1 OLS	模型 2 RE	模型 3 FE	模型 4 SYS－GMM	模型 5 SYS－GMM
RIS 滞后一阶				0.9641 (0.000)	0.85495 (0.000)
SEG	－2.3762 (0.251)	－0.80089 (0.264)	－1.139 (0.095)	－0.46055 (0.116)	－0.46616 (0.097)
DK	－0.02988 (0.083)	－0.00134 (0.790)	0.00156 (0.747)	－0.00438 (0.000)	－0.0039 (0.001)
SEG×DK	－0.40041 (0.167)	－0.1388 (0.177)	－0.1675 (0.087)	－0.09745 (0.027)	－0.0844 (0.036)
FDI		0.0034 (0.244)	0.0066 (0.021)		0.00129 (0.225)
ER		－0.0065 (0.270)	－0.0099 (0.086)		－0.00395 (0.086)
INFR		－0.00022 (0.840)	－0.00255 (0.026)		0.00095 (0.019)
STA		0.35327 (0.095)	0.1141 (0.577)		－0.06578 (0.130)
SOP		0.2665 (0.000)	0.1898 (0.000)		0.120169 (0.000)
DFT		－0.38814 (0.086)	－0.06748 (0.761)		0.0632 (0.165)
常数项	0.44609 (0.001)	0.16047 (0.001)	0.17897 (0.000)	－0.03632 (0.000)	－0.0582 (0.000)
时间效应	控制	控制	控制	控制	控制
地区效应	控制	控制	控制	控制	控制
观测值数	390	390	390	360	360
R^2	0.025	0.24	0.27		
F	4.27		14.2		

续表

模型 解释变量	静态面板估计			动态面板估计	
	模型1 OLS	模型2 RE	模型3 FE	模型4 SYS - GMM	模型5 SYS - GMM
Hausman 检验		0.000			
Sargan 值				1.000	1.000
AR(1)				0.000	0.000
AR(2)				2.67	2.45

注：括号里的数值为稳健标准误差。

（3）能源要素扭曲通过市场分割对产业结构优化升级的作用。

表6－15和表6－16分别汇总了能源要素扭曲通过市场分割影响产业结构高级化和产业结构合理化的检验结果。通过对固定效应和随机效应做稳健Hausman检验发现，被解释变量为产业结构高级化与合理化的检验P值均为0.000，均强烈拒绝解释变量与扰动项不相关的原假设，认为使用固定效应模型优于随机效应模型。系统广义矩估计模型中的AR(1)检验均拒绝了原假设，AR(2)检验则均不拒绝原假设，即模型差分的残差存在一阶自相关，不存在二阶自相关，通过了Arellano－Bond的随机误差项序列相关检验；工具变量过度识别的Sargan检验概率值均为1.000，接受原假设，模型对过度识别的限制是有效的，所有的工具变量均有效。

由检验结果不难发现，无论是使用静态的固定效应模型，还是动态的系统矩估计模型，能源要素扭曲对产业结构高级化与产业结构合理化的估计系数均为负，且在1%水平下显著，即能源要素扭曲不利于产业结构优化升级。能源要素扭曲与市场分割的交互项对产业结构高级化与产业结构合理化的作用均为负，且显著。对比能源要素扭曲和能源要素扭曲与市场分割的交互项的估计系数，我们不难发现，能源要素扭曲与市场分割的交互项的估计系数的绝对值远大于能源要素扭曲估计系数的绝对值，即与劳动、资本要素相同，市场分割是能源要素市场扭曲影响产业结构优化升级的一大路径。其他变量与劳动要素作为核心解释变量的研究结论基本一致，在此不再一一赘述。

表 6－15　能源扭曲通过市场分割影响产业结构高级化的检验结果

	静态面板估计			动态面板估计	
模型 解释变量	模型 1	模型 2 RE	模型 3 FE	模型 4 SYS－GMM	模型 5 SYS－GMM
ISA 滞后一阶				1. 0924 (0. 000)	1. 084199 (0. 000)
SEG	－1. 6975 (0. 001)	－2. 707176 (0. 000)	－1. 351453 (0. 043)	1. 312 (0. 000)	1. 108201 (0. 000)
DE	－ 0. 00698334 (0. 002)	－0. 004009 (0. 102)	－0. 0047109 (0. 045)	－0. 00898 (0. 000)	－0. 004549 (0. 000)
SEG × DE	－0. 06064 (0. 339)	－0. 010739 (0. 867)	－0. 0891126 (0. 144)	－0. 19190 (0. 862)	－0. 1304356 (0. 000)
FDI		－0. 016615 (0. 178)	－0. 0162258 (0. 171)		－0. 012925 (0. 004)
ER		0. 011005 (0. 644)	0. 0105032 (0. 643)		－0. 0447437 (0. 000)
INFR		－0. 010653 (0. 02)	－0. 0023938 (0. 614)		－0. 005203 (0. 053)
STA		－3. 63187 (0. 000)	－2. 14651 (0. 007)		1. 675618 (0. 000)
SOP		0. 01911 (0. 914)	0. 06261 (0. 728)		－0. 443946 (0. 000)
DFT		3. 42889 (0. 000)	1. 4279 (0. 096)		1. 719833 (0. 000)
常数项	0. 9603 (0. 000)	1. 2613 (0. 000)	1. 255263 (0. 000)	－0. 122645 (0. 000)	0. 2481 (0. 006)
时间效应	控制	控制	控制	控制	控制
地区效应	控制	控制	控制	控制	控制
观测值数	390	390	390	360	360
R^2	0. 11	0. 419	0. 32		
F	46. 4		17. 95 (0. 000)		

续表

模型 解释变量	静态面板估计			动态面板估计	
	模型 1	模型 2 RE	模型 3 FE	模型 4 SYS - GMM	模型 5 SYS - GMM
Hausman 检验		0.000			
Sargan 值				1.000	1.000
AR(1)				0.001	0.000
AR(2)				0.348	0.326

注：括号里的数值为稳健标准误差。

表 6 - 16　能源扭曲通过市场分割影响产业结构合理化的检验结果

模型 解释变量	静态面板估计			动态面板估计	
	模型 1 OLS	模型 2 RE	模型 3 FE	模型 4 SYS - GMM	模型 5 SYS - GMM
RIS 滞后一阶				0.95334 (0.000)	0.8709332 (0.000)
SEG	0.602630 (0.000)	0.14214 (0.396)	-0.136288 (0.421)	-0.184187 (0.000)	-0.3004029 (0.000)
DE	-0.000577 (0.294)	-0.00123 (0.042)	-0.0010986 (0.065)	-0.0019995 (0.000)	-0.0020074 (0.000)
SEG × DE	- 0.006319 (0.687)	-0.0025716 (0.871)	-0.020669 (0.182)	-0.052244 (0.000)	-0.0606269 (0.000)
FDI		0.0056154 (0.065)	0.0086348 (0.004)		-0.0004351 (0.547)
ER		-0.0068565 (0.243)	-0.00907 (0.115)		-0.0029394 (0.085)
INFR		0.0000198 (0.986)	-0.0026035 (0.031)		-0.000254 (0.535)
STA		0.3682775 (0.072)	0.1155759 (0.564)		-0.0799755 (0.060)

续表

模型 解释变量	静态面板估计 模型 1 OLS	静态面板估计 模型 2 RE	静态面板估计 模型 3 FE	动态面板估计 模型 4 SYS - GMM	动态面板估计 模型 5 SYS - GMM
SOP		0.3023542 (0.000)	0.240304 (0.000)		0.0620238 (0.029)
DFT		-0.400767 (0.068)	-0.0743191 (0.732)		0.08658 (0.071)
常数项	0.23375 (0.000)	0.1152578 (0.004)	0.154146 (0.000)	0.014816 (0.000)	0.0203464 (0.236)
时间效应	控制	控制	控制	控制	控制
地区效应	控制	控制	控制	控制	控制
观测值数	390	390	390	360	360
R^2	0.12	0.25	0.2789		
F	45		15.08 (0.000)		
Hausman 检验		0.0000			
Sargan 值				1.000	1.000
AR(1)				0.000	0.000
AR(2)				0.378	0.349

注：括号里的数值为稳健标准误差。

(4) 土地要素扭曲通过市场分割对产业结构优化升级的作用。

表6-17和表6-18分别汇总了土地要素扭曲通过市场分割影响产业结构高级化和产业结构合理化的检验结果。通过对固定效应和随机效应做稳健Hausman检验发现，被解释变量为产业结构高级化与合理化的检验P值均为0.000，均强烈拒绝解释变量与扰动项不相关的原假设，认为使用固定效应模型优于随机效应模型。系统广义矩估计模型中的AR(1)检验均拒绝了原假设，AR(2)检验则均不拒绝原假设，即模型差分的残差存在一阶自相关，不存在二阶自相关，通过了Arellano-Bond的随机误差项序列相关检验；工具变量过度识别的Sargan检验

概率值均为1.000，接受原假设，模型对过度识别的限制是有效的，所有的工具变量均有效。

由检验结果不难发现，无论是使用静态的固定效应模型，还是动态的系统矩估计模型，土地要素扭曲对产业结构高级化与产业结构合理化的估计系数均为负，且在1%水平下显著，即土地要素扭曲不利于产业结构优化升级。土地要素扭曲与市场分割的交互项对产业结构高级化与产业结构合理化的作用均为负，且显著。对比土地要素扭曲和土地要素扭曲与市场分割的交互项的估计系数，我们不难发现，土地要素扭曲与市场分割的交互项的估计系数的绝对值远大于土地要素扭曲估计系数的绝对值，即与劳动、资本、能源要素相同，市场分割是土地要素市场扭曲影响产业结构优化升级的一大路径。其他变量与劳动要素作为核心解释变量的研究结论基本一致，在此不再一一赘述。

表6-17　土地扭曲通过市场分割影响产业结构高级化的检验结果

	静态面板估计			动态面板估计	
模型 解释变量	模型1	模型2 RE	模型3 FE	模型4 SYS-GMM	模型5 SYS-GMM
ISA 滞后一阶				1.10139 (0.000)	1.097248 (0.000)
SEG	-1.20746 (0.073)	-1.700008 (0.021)	-0.7482117 (0.007)	-0.0970629 (0.292)	-0.0358948 (0.858)
LNDS	-0.10805 (0.009)	-0.0567945 (0.156)	-0.0149407 (0.000)	-0.010772 (0.001)	-0.0317021 (0.000)
SEG×LNDS	1.2123 (0.029)	1.165464 (0.029)	1.26762 (0.006)	-0.1584176 (0.064)	-0.0795006 (0.385)
FDI		-0.022080 (0.055)	-0.020091 (0.070)		-0.018607 (0.317)
ER		0.013238 (0.574)	0.010984 (0.626)		-0.039518 (0.000)
INFR		-0.0125209 (0.004)	-0.0065589 (0.015)		-0.0108026 (0.008)
STA		-3.234103 (0.000)	-2.077407 (0.008)		1.8094 (0.000)

续表

模型 解释变量	静态面板估计			动态面板估计	
	模型 1	模型 2 RE	模型 3 FE	模型 4 SYS - GMM	模型 5 SYS - GMM
SOP		-0.1238856 (0.439)	-0.109270 (0.500)		-0.6416887 (0.000)
DFT		2.924264 (0.001)	1.294893 (0.128)		1.872525 (0.000)
常数项	0.926043 (0.000)	1.36774 (0.000)	1.43604 (0.000)	-0.0558423 (0.000)	0.453380 (0.000)
时间效应	控制	控制	控制	控制	控制
地区效应	控制	控制	控制	控制	控制
观测值数	390	390	390	360	360
R^2	0.32	0.419	0.33		
F	3.8		18.67 (0.000)		
Hausman 检验		0.000			
Sargan 值				1.000	1.000
AR(1)				0.001	0.000
AR(2)				3.13	3.06

注：括号里的数值为稳健标准误差。

表 6-18　　土地扭曲通过市场分割影响产业结构合理化检验结果

模型 解释变量	静态面板估计			动态面板估计	
	模型 1 OLS	模型 2 RE	模型 3 FE	模型 4 SYS - GMM	模型 5 SYS - GMM
RIS 滞后一阶				0.95273 (0.000)	0.880389 (0.000)
SEG	0.38132 (0.021)	-0.0263935 (0.888)	-.2207911 (0.225)	0.063020 (0.027)	0.0384521 (0.242)

续表

	静态面板估计			动态面板估计	
模型 解释变量	模型 1 OLS	模型 2 RE	模型 3 FE	模型 4 SYS - GMM	模型 5 SYS - GMM
LNDS	0. 0166819 (0. 104)	0. 0063014 (0. 535)	0. 0054042 (0. 587)	-0. 0111617 (0. 000)	-0. 002952 (0. 461)
SEG × LNDS	-0. 2905198 (0. 033)	-0. 190116 (0. 080)	-0. 2091206 (0. 163)	-0. 139855 (0. 000)	-0. 0839155 (0. 003)
FDI		0. 0020626 (0. 480)	0. 0052101 (0. 069)		0. 0004387 (0. 671)
ER		-0. 00610 (0. 308)	-0. 0095344 (0. 102)		-0. 0032376 (0. 151)
INFR		0. 00011334 (0. 971)	-0. 002284 (0. 046)		0. 0016543 (0. 000)
STA		0. 3840138 (0. 068)	0. 114472 (0. 572)		-0. 047256 (0. 352)
SOP		0. 2722358 (0. 000)	0. 1939725 (0. 000)		0. 1043997 (0. 000)
DFT		-0. 427099 (0. 057)	-0. 0722381 (0. 742)		0. 063501 (0. 256)
常数项	0. 2440795 (0. 000)	0. 1554806 (0. 000)	0. 1951213 (0. 000)	0. 0091445 (0. 000)	-0. 0484888 (0. 003)
时间效应	控制	控制	控制	控制	控制
地区效应	控制	控制	控制	控制	控制
观测值数	390	390	390	360	360
R^2	0. 22	0. 49	0. 26		
F	2. 4		13. 89 (0. 000)		
Hausman 检验		0. 000			
Sargan 值				1. 000	1. 000
AR(1)				0. 000	0. 000
AR(2)				2. 89	2. 16

注：括号里的数值为稳健标准误差。

综上所述，本节的实证分析表明，2004～2016年，国内市场分割指数从国内市场总体、区域层面及省际层面均呈现总体下降趋势。2007～2010年，国内市场总体和区域层面，市场分割指数均有短期上升。从静态和动态估计结果来看，市场分割不利于我国产业结构优化升级，对产业结构高级化和产业结构合理化均具有负向作用。国内市场分割是要素市场扭曲作用于产业结构优化升级的重要路径。不同要素回归结果均表明，要素市场分割指数与要素扭曲的交互项对产业结构高级化与产业结构合理化均显著为负，且系数绝对值大小大于要素扭曲变量系数的绝对值，比较各交互项系数大小，我们发现，劳动扭曲通过市场分割影响产业结构高级化和合理化的程度都最大。

第7章

产业政策导致的要素扭曲影响产业结构优化调整的检验

7.1 中国地方政府的重点产业政策对产业生产率的影响

7.1.1 地方政府产业政策

7.1.1.1 地方政府特点

我国地方政府制度源远流长，经历了复杂的发展变化。根据我国《宪法》第105条规定，地方各级人民政府是地方各级国家权力机关的执行机关，是地方各级国家行政机关。我国《辞海》对地方政府的解释是：设置与地方各级行政区域内负责行政工作的国家机关。总之，地方政府是一个狭义的概念，是指中央政府直接管辖下的，治理国家的某一地区或地域的社会公共事务的政府单位。它主要包括我国的省（直辖市、自治区）、市（自治州）、县（自治县）、镇（乡，自治乡）等各级地方政府。

地方政府是一个国家的区域性政府，行使权力的范围有限，这决定了它与中央政府之间有很大的差异。潘小娟（2001）认为，西方国家特别是发达国家地方政府的特点大致可归纳为：第一，非主权性；第二，自治性；第三，法人性；第四，非隶属性；第五，差异性；第六，广泛性。

结合我国实际来看，地方政府至少有以下显著特点：

（1）利益性。

地方政府是一个区域性政府，它仅代表地区的利益，是一个独立的利益主体。在地方社会事务管理中很容易形成中央与地方政府的利益博弈，地方政府为了自身的利益采取各种手段，甚至违背中央政策满足自身的需求。在我国单一制国家结构形式中，地方政府与中央政府的利益博弈现象体现得更加明显。当前我国的宏观调控政策难以落实到实处，出现“阳奉阴违”“上有政策，下有对策”的政策执行格局，充分说明了地方政府是一个独立的利益主体。在研究地方政府公共管理时，不可能忽视地方政府背后的利益驱动，否则很难真正理解地方政府的行为模式和价值取向。

（2）非主权性。

主权是一个国家最高权力，是一个国家存在的标志。在单一制国家，国家主权是由中央政府代表全国人民来统一行使的。在联邦制国家，主权是由联邦中央政府与联邦成员政府根据宪法规定的权限行使国家的主权。

“地方自治”是地方政府发挥职能作用的一个极为重要的前提，但地方自治不具有国家主权。地方自治政府所确立的原则必须在中央政府监督的前提下，地方政府拥有自主安排地方事务的权利。即使是实行高度自治的地方，其地方政府拥有的权利也不具有主权性质，如中国的香港和澳门特别行政区政府，它们是在“一国两制”的框架下的高度自治的地方政府。

（3）权力有限性。

地方政府行使权力的有限性主要表现在两个方面：一是地方政府权力行使的范围有限。地方政府只能在一定的空间和地域范围内行使权力。地方政府的权力只限于它所管辖范围内的居民及其社会事务。如果它的管理超越法律规定的区域，权力行使行为必将处于无效状态。例如，地方政府只能在一定的辖区内为公民提供公共物品和公共服务，如公共安全、公共卫生、教育、社会保障、环境保护等。在我国，地方政府职权的范围基本上是由法律和中央政府明确规定的，在中央政府统一的管理下，地方政府根据法律规定的事权、财权和人事权承担权限范围内的职责，因地制宜地履行地方政府应有的义务。所以地方政府的权利是一定范围的和有限制的。

本节选择把地方政府局限到省际一级，以便于更好地获取相关数据进行实证分析。

7.1.1.2　地方政府产业政策

产业政策是指政府通过政策手段对资源配置和利益分配进行干预，对企业行为进行限制（强制型）和诱导（激励型），并对产业发展的方向施加影响的一系列政策。狭义论的产业政策定义认为产业政策指对产业结构、产业组织、产业技术和产业布局等进行调控和指引的政策措施，多以“规划”“目录”“纲要”

“决定”“通知”“复函”等形式出现，如《船舶工业调整振兴规划》《国家产业政策指导目录》等，即其为“针对产业的政策集合”（policies for industry）而非“影响产业的政策集合”（policies affecting industry）。为区别于两大宏观经济调控政策（财政政策和货币政策），有针对性地分析地方政府的“因势利导”作用，我们采用产业政策的狭义定义。

地方产业政策的制定往往是通过各种规划予以统筹指导的，因此我们首先手工收集中国内地30个省区市（西藏除外）的“十五”“十一五”以及“十二五”3个五年规划，并整理出其中的重点产业政策。坦白而言，整理出规划中的重点产业政策实非易事。各省区市政府在规划中提到的产业名称五花八门，与国民经济行业分类中的名称很难对应，为此我们做了以下简化和处理：（1）国家和各省区市规划中均有一章专门讨论工业发展的，其中会论述工业发展和工业结构调整目标。我们将其中提到的所有制造业产业均提取出来，视为重点产业。（2）对于规划中提到的具体的制造产品，我们按照国民经济行业代码（GB/T4754－2002）将其归入相应的二位码产业，如将汽车归入交通运输设备制造业（行业代码37），水泥归入非金属矿物制品业（行业代码31）。（3）对于规划中提到的新材料、新能源等，由于涉及众多产业，无法归入某个具体产业，不作考虑。

为了对我国重点产业政策的全貌有基本了解，我们分别统计了30个省区市选择的二位码产业在不同规划期被选定为重点产业的次数，统计结果见表7－1：

表7－1　相关二位码产业被选为重点产业的次数

产业代码	产业名称	“十五”规划中被设为重点产业次数	“十一五”规划中被设为重点产业次数	“十二五”规划中被设为重点产业次数
13	农副食品加工业	4	10	16
14	食品制造业	23	19	12
15	饮料制造业	6	3	1
16	烟草制造业	1	3	2
17	纺织业	21	14	13
18	纺织服装、鞋帽制造业	6	7	3
19	皮革、毛皮、羽毛（绒）极其制品业	0	3	0

续表

产业代码	产业名称	“十五”规划中被设为重点产业次数	“十一五”规划中被设为重点产业次数	“十二五”规划中被设为重点产业次数
20	木材加工及木、竹、藤、棕、草制品业	1	1	6
21	家具制造业	1	0	2
22	造纸及纸制品业	5	13	3
23	印刷业和记录媒介的复制	0	1	0
24	文教体育用品制造业	0	0	0
25	石油加工、炼焦及核燃料加工业	14	13	24
26	化学原料及化学制品制造业	14	20	12
27	医药制造业	28	26	19
28	化学纤维制造业	4	2	6
29	橡胶制品业	1	1	1
30	塑料制品业	0	2	1
31	非金属矿物制品业	24	16	12
32	黑色金属冶炼及压延加工业	19	16	19
33	有色金属冶炼及压延加工业	19	20	21
34	金属制品业	3	4	6
35	通用设备制造业	13	11	7
36	专用设备制造业	15	20	25
37	交通运输设备制造业	12	17	16
39	电气机械及器材制造业	24	15	15
40	通信设备计算机及其他电子设备制造业	25	23	17
41	仪器仪表及文化、办公用机械制造业	0	1	0
42	工艺品及其他制造业	1	3	1
43	废弃资源和废旧材料回收加工业	2	0	0

按照各产业被各省区市选为重点产业的次数排名，“十五”期间，排名前5位的产业依次为：医药制造业、通信设备计算机及其他电子设备制造业、电气机械及器材制造业、非金属矿物业和食品制造业；“十一五”期间，排名前5位的产业依次为：医药制造业、通信设备计算机及其他电子设备制造业、专用设备制造业、有色金属冶炼及压延加工业和化学原料及化学制品制造业；“十二五”期间，排名前5位的产业依次为：专用设备制造业，石油加工、炼焦及核燃料加工业，有色金属冶炼及压延加工业，医药制造业和黑色金属冶炼及压延加工业。表7－1的统计数据表明，同一规划期内，各省区市的重点产业主要集中在若干产业，也就是说同一阶段各省区市倾向于选择相同的产业作为重点产业。

除此之外，我们还统计分析了各省区市选择的重点产业与国家选择的重点产业的相同情况，具体结果见表7－2。

表7－2　各省区市五年规划与国家五年规划重点产业相同情况

省区市	“十五”规划			“十一五”规划			“十二五”规划		
	本省个数	相同个数	相同比例	本省个数	相同个数	相同比例	本省个数	相同个数	相同比例
北京	10	5	50%	4	3	75%	5	4	80%
天津	10	8	80%	12	7	58%	6	4	67%
河北	10	8	80%	8	4	50%	6	4	67%
山西	7	6	86%	5	2	40%	4	3	75%
内蒙古	9	8	89%	9	6	67%	7	5	71%
辽宁	16	11	69%	13	6	46%	7	5	71%
吉林	11	9	82%	8	4	50%	6	3	50%
黑龙江	10	8	80%	5	3	60%	7	5	71%
上海	12	8	67%	4	3	75%	6	6	100%
江苏	8	7	88%	10	7	70%	9	7	78%
浙江	12	10	83%	11	5	45%	10	5	50%
安徽	13	11	85%	12	7	58%	7	4	57%
福建	9	6	67%	8	3	38%	12	7	58%
江西	10	9	90%	11	7	64%	10	6	60%

续表

省区市	“十五”规划			“十一五”规划			“十二五”规划		
	本省个数	相同个数	相同比例	本省个数	相同个数	相同比例	本省个数	相同个数	相同比例
山东	8	7	88%	10	4	40%	9	7	78%
河南	10	7	70%	9	5	56%	7	5	71%
湖北	9	9	100%	14	7	50%	10	7	70%
湖南	2	2	100%	11	6	55%	9	5	56%
广东	10	9	90%	11	7	64%	13	8	62%
广西	9	9	100%	14	8	57%	12	7	58%
海南	2	2	100%	5	3	60%	11	6	55%
重庆	10	9	90%	10	7	70%	6	5	83%
四川	12	9	75%	14	7	50%	11	7	64%
贵州	10	8	80%	2	1	50%	7	4	57%
云南	5	3	60%	8	6	75%	8	6	75%
陕西	9	7	78%	9	5	56%	12	9	75%
甘肃	7	6	86%	6	2	33%	7	4	57%
青海	0	0	/	4	3	75%	8	6	75%
宁夏	5	3	60%	5	1	20%	8	6	75%
新疆	6	5	83%	8	4	50%	8	6	75%

可以看出，各个规划期各省区市重点产业与国家五年规划重叠的比例较高，绝大多数在50%或以上。各个规划期对比，“十五”规划期间各省区市重点产业与国家五年规划相同的比例最高，达到79%，“十一五”期间为55%，“十二五”期间为71%。从以上结果不难看出，各个省区市某种程度上倾向于按照国家五年规划的产业规划方向选择自己的重点产业，但是不同省区市选择自己本省区市的重点支柱产业时，还会综合结合考虑本地区产业发展的现状和优势，有一定的自主性与能动性。

7.1.2 重点产业政策的生产率效应

从微观层面来看，地方性产业政策对于生产率的影响主要通过政府对相关重点产业政策下的企业采取税收优惠、政府补助、技术支持等方面的扶持，促使企业生产率的提高。生产率是指要素资源（包括人力、物力、财力资源）的开发利用效率，即生产过程中投入要素转变为实际产出的效率，是产出除以投入。根据研究，对生产所投入要素选择的不同，生产率通常又可分为单要素生产率（single factor productivity，SFP）和全要素生产率（total factor productivity，TFP）。

单要素生产率也称偏要素生产率，它反映的是产出量与单一生产要素之间的效率关系，是在生产率研究过程中，将产出量和某一个特定的生产要素投入量（如劳动量或资本量）相比所得的比值。常见的单要素生产率有劳动生产率、资金产值率等，它是传统的社会经济统计研究中关于生产率研究的唯一指标。但是，应当注意到，单要素生产率只能衡量一段时间内某一个特定要素投入量的节约，而不能表示生产效率的全部变化。事实上，生产过程往往需要劳动和资本两种生产要素的同时投入。按照经济增长的相关理论，当我们用劳动来代替资本，并产出同样数量的产品时，资本产出率会因为资本投入的减少而提高，劳动产出率则会由于劳动投入的增加而降低。由此看来，单要素生产率并不能很好地反映生产率的全部变动。

全要素生产率是指所有生产要素的生产率，是针对全部投入要素进行测算，而不是只涉及部分要素。它在一个更广的范围内考察生产率的情况，是总产出与综合投入要素之比，研究的是在一个经济系统中，所有投入要素加权综合后形成综合投入的产出效率，故又称综合要素生产率。相对于传统的单要素生产率，全要素生产率能够更为全面地考虑投入要素，从而能够更加真实客观地衡量全部要素投入量的节约，反映一个经济系统的宏观综合经济效益，是分析经济增长源泉的重要工具。总而言之，通过分析各种因素对经济增长的贡献，可以识别经济增长的类型是投入型还是效率型；通过比较单要素投入和全要素生产率增长对经济增长的贡献，可以确定经济政策的控制方向是应该增加总需求，还是对经济结构进行调整。

因此，本章将主要从地方产业政策对地方性全要素生产率（TFP）的影响上来分析生产率效应，同时由于缺少相关微观企业的数据，本章选择从宏观视角对地方性全要素生产率做实证研究。

(1) 参数法。

对于全要素生产率估计通常是从拟合生产函数开始的，因为在总量层面上，总产出总是无法全部被要素投入解释，即存在生产函数的“剩余”。因此，在传统意义上，全要素生产率被理解为扣除要素贡献后的“剩余”生产率水平，或者是由于技术进步以及制度改良等非生产性投入对于产出增长的贡献。

随着计量经济理论研究的深入，在传统的OLS方法的基础上，TFP测算的参数方法在不断演变和发展。针对异质性（heterogeneity）和内生性（endogeneity）两个方面，对传统的OLS方法进行扩展。异质性包括可观测异质性和不可观测异质性。可观测异质性主要体现为横截面之间投入产出的差异，横截面之间投入产出差异的准确识别是TFP测算结果合理的基础，这可以由基于省级面板数据，使用相同方法，但不同文献之间TFP测算结果的较大差异得到验证，而这恰恰是目前文献容易忽视的地方。不可观测的异质性可以通过从OLS模型的残差项中分离出横截面异质性来捕捉，根据该异质性是否与解释变量相关，分为固定效应模型（FE）和随机效应模型（RE）。固定效应模型假设异质性部分与解释变量相关，即OLS模型存在内生性问题。此后，从如何缓解内生性问题，演化出工具变量法（IV）、广义矩估计（GMM），以及半参数方法，如OP和LP方法。鉴于本章以宏观的面板数据为研究对象，考虑到工具变量寻找的难度非常大以及半参数估计方法所需数据的大量性，我们仅仅使用FE和GMM两种方法来处理内生性的问题。而随机效应模型假设异质性部分与解释变量不相关，根据异质性分布的不同形式，演化出技术效率不变的随机前沿模型，本章还选用RE和SFA两种方法来估算TFP。

在估计全要素生产率之前，通常要对生产函数的形式进行设定。在实际应用中，Cobb - Douglas生产函数（C - D生产函数）成为最为常用的函数形式，还有部分文献采用更为灵活的超越对数生产函数（Trans - log），相对于C - D生产函数，超越对数生产函数放松了常替代弹性的假设，并且在形式上更具灵活性，往往能更好地避免由函数形式误设所带来的估计偏差。尽管后者在理论上具有诸多优点，但是在实际估计过程中却不能提供比C - D生产函数更多的信息，而C - D生产函数由于其结构简约易用，而且对于规模经济的测度直观且符合常理而更受青睐。C - D生产函数通常采用以下形式：

$$Y_{it} = A_{it} L_{it}^{\alpha} K_{it}^{\beta} \tag{7-1}$$

其中，Y_{it}表示产出，L_{it}和K_{it}分别表示劳动和资本的投入。A_{it}就是通常所说的全要素生产率（TFP），它能够同时提高各种要素的边际产出水平。通常对式（7 - 1）取对数可以将其转化为如下线形形式：

$$y_{it} = c + \alpha l_{it} + \beta k_{it} + \varepsilon_{it} \quad (7-2)$$

其中，y_{it}、l_{it}、k_{it}分别表示Y_{it}、L_{it}和K_{it}的对数形式。式（7－2）的残差项包含全要素生产率（A_{it}）对数形式的信息。通常可以对式（7－2）进行估计从而获得对全要素生产率的估计值。

若所有横截面个体都拥有相同回归方程，就可以把所有数据放在一起，进行OLS回归。但是，混合回归模型忽略了横截面个体间不可观测或被遗漏的异质性。若存在个体效应，假设该个体效应不随时间变化，则残差项ε_{it}可以进一步分解为v_{it}和u_i两个部分：

$$y_{it} = c + \alpha l_{it} + \beta k_{it} + u_i + v_{it} \quad (7-3)$$

其中，v_{it}为白噪声项，u_i为不随时间变化的个体效应。根据u_i与解释变量是否相关分为FE和RE。若u_i与解释变量相关，则导致OLS估计的不一致，需要用FE来估计。若u_i与解释变量不相关，虽然OLS估计仍然是一致的，但OLS估计不是最有效率的，需要用RE来估计。在随机效应模型框架下，进一步对u_i（或者u_{it}）的分布做具体假设，可以演化为不同的随机前沿模型。

SFA1：假设$u_i \sim N^+(0,\sigma_u^2)$，该模型为正态——半正态分布的技术效率不变随机效应模型；

SFA2：假设$u_i \sim N^+(\mu,\sigma_u^2)$，该模型为正态——截尾正态分布的技术效率不变随机效应模型。

固定效应模型通过将与横截面相关部分u_i从残差项ε_{it}中分离出来，对于缓解模型可能存在的“内生性”问题起到一定作用。在现实经济中，行业的产出和投入往往存在着惯性，固定效应模型解释变量严格外生的假设不再成立，从而可能导致FE的参数估计可能是不一致的，这时需要使用广义矩方法（GMM）来估计。考虑如下动态面板模型：

$$y_{it} = c + \rho y_{i,t-1} + \alpha k_{it} + \beta l_{it} + u_i + v_{it} \quad (7-4)$$

若假设v_{it}不存在序列相关，对式（7－4）做一阶差分消去u_i，可得：

$$\Delta y_{it} = \rho \Delta y_{i,t-1} + \alpha k_{it} + \beta l_{it} + \Delta v_{it} \quad (7-5)$$

由于$\Delta y_{i,t-1}$与Δv_{it}相关，进行GMM估计，此为差分GMM模型，记为DGMM。根据资本和劳动弹性系数的估计值，计算得到各细分行业全要素生产率的水平（TFP_{it}）：

$$\ln TFP_{it} = c + \varepsilon_{it} = y_{it} - \hat{\alpha} k_{it} - \hat{\beta} l_{it} \quad (7-6)$$

则：

$$TFP_{it} = e^{c+\varepsilon_{it}} = e^{(y_{it} - \hat{\alpha} k_{it} - \hat{\beta} l_{it})} \quad (7-7)$$

全要素生产率指数（$TFPI_{it}$）为：

$$TFPI_{it} = \frac{TFP_{it}}{TFP_{i,t-1}} \tag{7-8}$$

全要素生产率增长率（$TFPG_{it}$）为：

$$TFPG_{it} = (TFPI_{it} - 1) \times 100\% \tag{7-9}$$

综上所述，鉴于本章以宏观面板数据为研究对象，因此，在参数法估算TFP上，本章在OLS方法之外，还选择用FE、DGMM、RE、SFA1、SFA2方法对TFP进行测算。

由于我国地方政府的重点产业政策主要制定集中在对细分的制造业产业上，本章数据主要来源于不同省区市的前述相关30个细分制造业二位码产业。同时由于不同省区市之重点产业政策主要集中在制造业，本章先对全国范围内的制造业TFP情况进行测量，时间主要是“十五”“十一五”和“十二五”期间，即2001~2015年。最终选取范围为2001~2015年全国30个省区市（西藏除外）共450个样本。选取指标如下：

产出：由于本章仅研究制造业的产业政策，因此产出特指制造业的产出。

劳动投入：具体的工作时间能更准确地反映劳动投入量，但限于资料可得性，我们采用的是各省区市的就业人员数。对照《中国统计年鉴》与《新中国60年统计资料汇编》可以发现，自1991年起，上述两份资料提供的各省区市就业人员数存在较大差异。考虑到后者仅提供到2008年数据，我们使用的是《中国统计年鉴》所提供的数据。

固定资本存量：固定资本存量的测度一直是宏观测量TFP时的重难点。本章采用永续盘存法（perpetual inventory method，PIM）估测，具体公式为：

$$K_t = K_{t-1}(1 - \delta_t) + I_t \tag{7-10}$$

其中，K_{t-1}与K_t表示t-1期与t期固定资本存量，δ_t表示t期的折旧率，I_t表示以不变价衡量的t期新增投资额。该公式主要涉及四个变量，分别说明如下：

①每年新增投资额。与国内研究省际固定资本存量的两篇代表性文献即张军等（2004）与单豪杰（2009）一致，我们选择固定资本形成额作为各省区市每年的名义投资额。

②投资品价格指数。我们借鉴单豪杰（2009）的做法，根据《中国国内生产总值核算历史资料（1952~1995年）》《中国国内生产总值核算历史资料（1952~2004年）》提供的1952~2004年各省区市固定资本形成价格指数，计算出以1978年为基期的价格平减指数，对于2005~2010年的指数，以各省区市的固定资产投资价格指数替代。

③基期资本存量 K_0。Hall 和 Jones（1999）估计出各国 1960 年的资本存量。这种方法的出发点是：在稳定状态下，资本存量的增速与投资增速是一致的。张军等（2004）与单豪杰（2009）也是采用这一思路估测各省区市 1952 年的基期资本存量。我们沿用该方法，用 1978 年的资本形成总额比上折旧率与 1978～1987 年固定资本形成额平均增速之和，得到 1978 年各省区市的固定资本存量作为基期资本存量。

④折旧率。单豪杰（2009）假设各省区市折旧率均为 10.96%，张军等（2004）假设各省区市折旧率均为 9.6%，Wu（2003）采用的是 4% 与 7%。本章选择折旧率为 10.96% 进行实证分析。表 7－3 为各变量的统计特征结果：

表 7－3　1999～2017 年各省区市制造业变量统计特征描述

变量名称	单位	指标	样本数	均值	标准差	最小值	最大值
产出（Y）	亿元	lny	450	7.69	1.36	3.45	12.26
劳动力（L）（城镇单位）	万人	lnl	450	4.48	1.03	1.85	6.93
资本存量（K）	亿元	lnk	450	7.2	1.55	3.64	10.6

参数模型 SFA1 和 SFA2 由 Frontier 4.1 软件处理，其余模型均通过 Stata 14 软件处理，其中 DGMM 使用 Xtabond2 命令处理。表 7－4 给出了各种模型的拟合结果。

表 7－4　各参数模型回归结果

方法	OLS	FE	DGMM	RE	SFA1	SFA2
lnl	0.5***	0.6631***	0.455***	0.6046***	0.7909***	0.703***
	－22.6	－42.07	－7.52	－41.28	－22.31	－6.87
lnk	0.5651***	0.4305***	0.3908***	0.3741***	0.4049***	0.4284***
	－35.95	－18.96	－8.14	－10.08	－11.76	－12.92
常数项	1.447***	2.71***	/	1.7235***	1.4714***	1.9852***
	－16.68	－11.17		－11.47	－2.51	－2.61
R^2	0.92	0.83	/	0.84	/	/
N	450	450	450	450	450	450

注：（）内为 t（或者 z）统计量的值；*、**、*** 分别表示在 10%、5%、1% 水平上显著。

从表 7－5 中可以看出，在 OLS 法、FE 法、DGMM 法、RE 法、SFA1 法、SFA2 法下，系数 lnl 与 lnk 都十分显著，同时我们可以得到不同时段的全要素生产率水平值（TFP_{it}）和全要素生产率增长率（$TFPG_{it}$），我们测算了“十五”“十一五”和“十二五”期间，全国 30 个省区市的TFP_{it}和$TFPG_{it}$，这里仅列出 OLS、FE 和 RE 情况下的结果如表 7－5 所示：

表 7－5 “十五”“十一五”和“十二五”期间各省区市制造业 TFP 值

时期	“十五”			“十一五”			“十二五”		
方法	OLS	FE	RE	OLS	FE	RE	OLS	FE	RE
北京	1.371	2.861	1.450	1.727	3.193	1.797	1.697	3.131	1.750
天津	1.491	2.895	1.554	1.635	2.935	1.660	1.463	2.829	1.477
河北	1.203	2.774	1.265	1.128	2.685	1.164	0.889	2.459	0.908
山西	0.800	2.443	0.887	1.340	2.894	1.400	1.173	2.671	1.209
内蒙古	1.013	2.199	1.039	1.883	2.962	1.872	1.868	2.909	1.832
辽宁	1.171	2.683	1.227	1.166	2.575	1.182	1.191	2.590	1.190
吉林	0.962	2.311	1.011	1.063	2.235	1.056	1.155	2.353	1.136
黑龙江	1.839	3.301	1.911	1.691	3.017	1.720	1.351	2.512	1.335
上海	1.494	2.922	1.540	1.579	3.181	1.643	1.537	3.315	1.624
江苏	1.264	2.860	1.315	1.308	2.921	1.340	0.947	2.641	0.972
浙江	1.445	2.903	1.485	1.388	3.058	1.444	1.268	2.930	1.307
安徽	1.049	2.413	1.096	1.233	2.461	1.235	1.142	2.422	1.128
福建	1.298	2.889	1.378	1.215	2.844	1.280	0.986	2.568	1.020
江西	0.712	2.011	0.753	0.926	2.142	0.924	0.816	2.126	0.807
山东	1.081	2.745	1.140	1.315	2.967	1.354	2.147	3.794	2.169
河南	1.398	2.969	1.466	1.403	2.835	1.419	1.000	2.549	1.014
湖北	0.978	2.523	1.046	1.005	2.583	1.056	0.779	2.387	0.808
湖南	1.035	2.559	1.105	1.454	2.782	1.474	1.289	2.632	1.286
广东	1.573	3.289	1.649	1.810	3.588	1.881	1.449	3.369	1.523
广西	1.234	2.555	1.289	1.432	2.652	1.445	1.228	2.431	1.214
海南	0.754	1.485	0.746	1.593	2.342	1.591	0.855	1.615	0.837

续表

时期	"十五"			"十一五"			"十二五"		
方法	OLS	FE	RE	OLS	FE	RE	OLS	FE	RE
重庆	1.341	2.634	1.392	1.486	2.690	1.498	1.188	2.438	1.185
四川	1.271	2.548	1.302	1.458	2.754	1.469	1.453	2.817	1.455
贵州	1.697	2.947	1.750	2.038	3.214	2.068	1.653	2.779	1.652
云南	0.964	2.239	1.018	1.128	2.379	1.160	1.081	2.329	1.091
陕西	1.212	2.654	1.282	1.520	2.857	1.551	1.539	2.851	1.546
甘肃	0.763	2.089	0.824	1.456	2.620	1.482	1.181	2.236	1.169
青海	0.960	1.694	0.960	1.776	2.500	1.758	1.465	2.220	1.428
宁夏	0.715	1.670	0.738	1.393	2.196	1.379	1.111	1.850	1.064
新疆	1.352	2.466	1.384	1.860	2.865	1.859	1.425	2.432	1.401

从总体上看，在"十五""十一五"和"十二五"期间，不论是在 OLS、FE 或是 RE 法下，各省区市制造业 TFP 总体上都有了一定程度的上升，其中，"十一五"期间上涨的趋势最为明显，为了更好地分析，我们做了 TFP 统计量的特征描述，具体结果如表 7-6 所示。

表 7-6　　TFP 统计特征描述

方法	统计量	"十五"	"十一五"	"十二五"
OLS	最大值	1.839（黑龙江）	2.038（贵州）	2.147（山东）
	最小值	0.712（江西）	0.926（江西）	0.779（湖北）
	平均值	1.181	1.447	1.278
FE	最大值	3.301（黑龙江）	3.588（广东）	3.794（山东）
	最小值	1.485（海南）	2.142（江西）	1.615（海南）
	平均值	2.551	2.764	2.606
RE	最大值	1.911（黑龙江）	2.068（贵州）	2.169（山东）
	最小值	0.738（宁夏）	0.924（江西）	0.807（江西）
	平均值	1.233	1.472	1.285

从平均值上来看，"十一五"期间平均值最大为 1.472，虽然"十二五"期

间有一定的下滑，但是仍然高于“十五”期间，这在一定程度上说明了地方产业政策对地方的生产率有很强的促进作用；从最值上看，最小值地区主要是江西、宁夏这类的中西部地区或者是海南这样的不以制造业为支柱产业的地区，这些地区制造业水平相对较低导致 TFP 水平也落后于全国；最大值地区则主要是黑龙江、山东这些资源型制造业较为发达的地区或是广东这样的制造业大省、强省，这些地区或是更需要一定的技术含量，或是产业间的效率水平很高导致 TFP 水平领先全国。因此虽然地方产业政策能够促进地方的生产率发展，但具体的促进水平还需要考虑各个地区的实际情况。

考察完各省区市制造业 TFP 的水平值情况，再来考察下各省区市的 TFP 增长情况，具体结果见表 7－7。

表 7－7　“十五”“十一五”和“十二五”期间各省区市制造业 TFPG 值　　单位：%

时期	“十五”			“十一五”			“十二五”		
方法	OLS	FE	RE	OLS	FE	RE	OLS	FE	RE
北京	18.0	1.2	－15.8	26.0	11.6	24.0	－1.7	－1.9	－2.6
天津	26.5	5.7	－8.3	9.7	1.4	6.8	－10.5	－3.6	－11.0
河北	12.8	－0.9	－22.3	－6.2	－3.2	－8.0	－21.2	－8.4	－22.0
山西	124.3	9.8	－9.7	67.5	18.4	57.9	－12.4	－7.7	－13.7
内蒙古	42.8	14.4	－4.2	85.9	34.7	80.3	－0.8	－1.8	－2.2
辽宁	－16.5	－12.7	－36.8	－0.4	－4.0	－3.7	2.1	0.6	0.6
吉林	32.6	2.6	－17.3	10.5	－3.3	4.5	8.7	5.3	7.5
黑龙江	－2.2	－4.6	－20.5	－8.1	－8.6	－10.0	－20.1	－16.7	－22.4
上海	22.1	2.5	－11.8	5.7	8.9	6.7	－2.7	4.2	－1.1
江苏	43.9	3.5	－11.4	3.4	2.1	1.9	－27.6	－9.6	－27.5
浙江	12.5	1.2	－16.6	－3.9	5.3	－2.8	－8.7	－4.2	－9.5
安徽	47.2	4.1	－11.3	17.5	2.0	12.6	－7.3	－1.6	－8.6
福建	7.4	－0.5	－22.1	－6.4	－1.6	－7.1	－18.8	－9.7	－20.3
江西	82.8	7.7	－13.1	30.0	6.5	22.7	－11.9	－0.7	－12.6
山东	41.6	2.1	－17.6	21.6	8.1	18.7	63.3	27.9	60.2
河南	24.2	－0.3	－15.7	0.3	－4.5	－3.2	－28.7	－10.1	－28.6
湖北	19.8	－1.7	－24.8	2.7	2.4	0.9	－22.5	－7.6	－23.4
湖南	35.1	－1.1	－19.5	40.5	8.7	33.3	－11.3	－5.4	－12.7

续表

时期	"十五"			"十一五"			"十二五"		
方法	OLS	FE	RE	OLS	FE	RE	OLS	FE	RE
广东	19.4	0.5	-15.8	15.1	9.1	14.1	-20.0	-6.1	-19.0
广西	16.3	1.4	-16.3	16.0	3.8	12.1	-14.3	-8.3	-16.0
海南	277.2	133.7	297.5	111.1	57.8	113.1	-46.3	-31.1	-47.4
重庆	8.6	1.6	-17.0	10.8	2.1	7.7	-20.1	-9.4	-20.9
四川	9.0	3.8	-16.7	14.8	8.1	12.8	-0.4	2.3	-0.9
贵州	102.1	35.5	37.0	20.1	9.0	18.2	-18.9	-13.6	-20.1
云南	-32.8	-21.7	-46.6	17.1	6.3	14.0	-4.2	-2.1	-5.9
陕西	47.2	9.5	-5.5	25.4	7.6	21.0	1.2	-0.2	-0.3
甘肃	80.8	9.3	-10.2	90.9	25.4	79.9	-18.9	-14.6	-21.1
青海	53.1	30.3	16.1	85.0	47.6	83.1	-17.5	-11.2	-18.8
宁夏	297.1	27.3	34.3	94.8	31.5	86.9	-20.3	-15.8	-22.8
新疆	40.2	12.1	1.7	37.6	16.2	34.4	-23.4	-15.1	-24.6

总体来看，不同于 TFP 水平值在"十五""十一五"和"十二五"期间总体上呈上升趋势，各省（区、市）制造业 TFPG 情况因省（区、市）而异，为了更好地分析，我们也做了 TFPG 统计量的特征描述，具体结果如表 7-8 所示。

表 7-8　TFPG 统计特征描述　单位：%

方法	统计量	"十五"	"十一五"	"十二五"
OLS	最大值	297.1（宁夏）	111.1（海南）	63.3（山东）
	最小值	-32.8（云南）	-8.1（黑龙江）	-46.3（海南）
	平均值	49.8	27.8	-11.2
FE	最大值	133.7（海南）	57.8（海南）	27.9（山东）
	最小值	-21.7（云南）	-8.6（黑龙江）	-31.3（海南）
	平均值	9.2	10.3	-5.9
RE	最大值	297.5（海南）	113.1（海南）	60.2（山东）
	最小值	-46.6（云南）	-10（黑龙江）	-47.4（海南）
	平均值	-1.3	24.4	-12.3

从平均值上来看，除了RE法略微下降外，“十五”期间的增长总体为正，“十一五”期间制造业也呈增长趋势，且增长幅度较大，“十二五”期间的增长总体为负，相较于前两期有一定的下降趋势，这与TFP的水平值情况类似，说明了地方产业政策在“十五”“十一五”期间对地方生产率的影响更为显著。从最大值看，主要是山东省和海南省，山东省TFPG增速较快的主要原因在于其资源密集型制造业的发展，海南省TFPG增速较快的主要原因在于其初期的水平较低，在产业政策的引导下发展较快，这也导致了海南省在“十二五”期间TFPG回落较快。除海南省外，最小值的省份还有云南省这样较为落后的西部省份和黑龙江省这样人才流失严重，制造业发展陷入困境的老工业基地。

为了更好地考察地方产业政策对地方生产率的影响，我们还对全国四大地区的情况进行了统计分析，表7-9是全国分地区TFP水平值的情况。

表7-9　分地区“十五”“十一五”和“十二五”期间制造业TFP值

时期	“十五”			“十一五”			“十二五”		
方法	OLS	FE	RE	OLS	FE	RE	OLS	FE	RE
东部	1.153	1.653	1.266	1.222	1.738	1.339	1.213	1.747	1.335
中部	0.926	1.387	1.030	1.045	1.498	1.148	0.816	1.287	0.924
西部	1.011	1.447	1.109	1.355	1.784	1.453	1.204	1.642	1.305
东北	1.232	1.640	1.324	1.136	1.531	1.227	1.080	1.474	1.172

注：东部地区：北京、天津、河北、山东、江苏、上海、浙江、福建、广东、海南；中部地区：山西、河南、安徽、湖北、江西、湖南；西部地区：四川、云南、贵州、西藏、重庆、陕西、甘肃、青海、新疆、宁夏、内蒙古、广西；东北地区：黑龙江、吉林、辽宁。

“十五”期间，东部和东北地区的TFP值较高，西部和中部地区的TFP值较低；“十一五”和“十二五”期间东部和西部地区的TFP值较高，中部和东北地区的TFP值较低。东部作为我国经济最为发达的地区，TFP水平值一直领先全国也符合我们的认识；东北地区则从TFP值较高的地区成为落后的地区，这与东北地区的发展陷入困境的现实十分符合，重振东北老工业区也是国家一直以来的政策目标；西部地区则从TFP水平值较低的地区发展成为较高的地区，这与国家的西部大开发政策有着密不可分的关系，同时西部地区也因地制宜地通过地方产业政策发展了很多适合本地区发展的制作业，多为资源密集型制造业和承接东部地区的劳动密集型制造业；中部地区的TFP水平则一直处于较低的水平。

我们也做了全国四大地区的TFPG情况，具体结果如表7-10所示。

表 7-10　分地区“十五”“十一五”和“十二五”期间制造业 TFPG 值

时期	“十五”			“十一五”			“十二五”		
方法	OLS	FE	RE	OLS	FE	RE	OLS	FE	RE
东部	0.15	0.25	0.13	0.06	0.05	0.06	-0.01	0.01	0.01
中部	0.12	0.17	0.03	0.13	0.08	0.12	-0.22	-0.14	-0.20
西部	0.12	0.18	0.07	0.34	0.23	0.31	-0.11	-0.08	-0.10
东北	0.13	0.11	0.10	-0.08	-0.07	-0.07	-0.05	-0.04	-0.05

“十五”期间，与 TFP 水平值情况类似，东部和东北部地区 TFP 增长情况较快，中部和西部地区则较慢，但四大地区的 TFPG 都为正值，呈增长趋势；“十一五”期间西部和中部地区增速较快，东部地区增速情况放缓，东北地区甚至出现了负值；“十二五”期间，全国四大地区较“十一五”期间 TFPG 几乎都出现了下降，中部和西部地区下降的幅度较大。

综上所述，在参数法下，不论是 OLS 法、FE 法或者是 RE 法，不论是从 30 个省区市的视角还是四大地区的视角，不论是 TFP 情况还是 TFPG 情况，地方性产业政策都在一定程度上促进了地方生产率的发展，当然具体的发展水平也受制于各省区市的实际情况。

（2）非参数法。

Malmquist 指数最初是由瑞典经济学家 Sten Malmquist 在 1953 年提出的。Malmquist 首先提出缩放因子概念，然后利用缩放因子之比构造消费数量指数，即最初的 Malmquist 指数。缩放因子表示给定消费组合为了达到某一无差异曲面所需要的缩放倍数。显然缩放因子和 Shephard（1953）在生产分析中所提出的距离函数是对应的。

受 Malmquist 消费指数启发，Caves 等（以下简称 CCD）于 1982 年将这种思想运用到生产分析中，通过距离函数之比构造生产率指数，并将这种指数命名为 Malmquist 生产率指数（此后统称的 Malmquist 指数，即 Malmquist 生产率指数）。CCD 证明，在一定的条件下，Malmquist 指数的几何平均和 Tornqvist 指数是等价的。当然由于 CCD 并没有提供测度距离函数的方法，因此 Malmquist 指数在他们那里更多的只是一种理论指数。

与此相似，构成 CCD 模型基础的距离函数，虽然早在 1953 年就被 Shephard 提出，并且 Farrell 也在 1957 年提出了相似的技术效率概念，但同样由于没有找到合适的度量方法，因此在很长时间内都没能引起学术界的注意。直到1978年Charnes，Cooper和Rhodes提出数据包络分析方法（DEA），通过线性规划方法来测度技术效率以后，距离函数（技术效率）概念才得到了迅速发展和广泛应用，成为生产分析中的一种重要方法。

基于DEA方法，Fare等（1989、1994）将Malmquist生产率指数从理论指数变成了实证指数。同样也由于DEA的优越性，Fare等（1994，以下简称FGNZ）进一步将Malmquist指数进行了分解，将指数分解成技术效率变动、技术进步和规模效率变动。

其中FGNZ所定义的Malmquist生产力指数为：

$$TEP-ch=\left|\frac{d^{t}(x_{t+1},y_{t+1})}{d^{t}(x_{t},y_{t})}\times\frac{d^{t+1}(x_{t+1},y_{t+1})}{d^{t+1}(x_{t},y_{t})}\right|^{\frac{1}{2}} \tag{7-11}$$

其中，$d^{t}(x_{t+1},y_{t+1})$代表以第t期的技术表示（即以第t期的数据为参考集）的t+1期技术效率水平；$d^{t}(x_{t},y_{t})$代表以第t期的技术表示的当期的技术效率水平；$d^{t+1}(x_{t+1},y_{t+1})$代表以第t+1期的技术表示（即以第t+1期的数据为参考集）的当期技术效率水平；$d^{t+1}(x_{t},y_{t})$代表以第t+1期的技术表示第t期的技术效率水平。当TEP-ch>1时，表示全要素生产率呈增长趋势；反之则为下降趋势。根据FGNZ的分析，全要素生产率变动（TEP-ch）又可以分解为技术变动（TECH-ch）与技术效率变动（TE-ch）的乘积，其定义如下：

$$TEP-ch=TECH-ch\times TE-ch \tag{7-12}$$

$$TECH-ch=\left|\frac{d^{t}(x_{t+1},y_{t+1})}{d^{t+1}(x_{t+1},y_{t+1})}\times\frac{d^{t}(x_{t},y_{t})}{d^{t+1}(x_{t},y_{t})}\right|^{\frac{1}{2}} \tag{7-13}$$

$$TE-ch=\frac{d^{t+1}(x_{t+1},y_{t+1})}{d^{t}(x_{t},y_{t})} \tag{7-14}$$

当TECH-ch>1时，表示技术进步，即生产边界提升；反之则为技术衰退；当TE-ch>1时，表示技术效率上升；反之则为技术效率衰退。

利用DEA技术，我们可以求解上述Malmquist生产力指数。数据与参数分析时一样，仍然采用制造业产值、制造业从业人数、固定资本存量三个指标进行核算，这里不再进行赘述。根据产出导向的CRS（规模报酬不变）模型以及中国各个地方省区市的数据，使用DEAP2.1计量软件，得到各个地区全要素生产率变动结果见表7-11。

表 7-11　分地区“十五”“十一五”和“十二五”期间制造业 TEP-ch

地区	“十五”	“十一五”	“十二五”
北京	0.832	1.274	1.030
天津	0.799	1.363	1.044
河北	0.723	1.195	0.929
山东	2.155	1.648	1.885
江苏	0.687	1.408	0.984
上海	1.108	1.136	1.122
浙江	0.852	0.990	0.919
福建	0.731	0.967	0.841
广东	0.730	1.295	0.972
海南	0.469	2.228	1.023
东部平均	0.973	1.356	1.063
山西	0.798	1.627	1.139
河南	0.725	1.480	1.036
安徽	1.271	1.774	1.501
湖北	0.744	1.112	0.910
江西	1.171	1.945	1.509
湖南	0.904	1.927	1.319
中部平均	0.935	1.336	1.086
四川	0.995	1.681	1.294
云南	0.915	1.237	1.064
贵州	0.637	1.407	0.947
重庆	0.690	1.475	1.009
陕西	0.913	1.491	1.167
甘肃	0.655	2.039	1.156
青海	0.688	2.857	1.402
新疆	0.667	2.095	1.182
宁夏	0.866	2.478	1.465

续表

地区	“十五”	“十一五”	“十二五”
内蒙古	1.596	3.507	2.366
广西	0.897	1.569	1.186
西部平均	1.145	2.141	1.294
黑龙江	0.708	0.978	0.832
吉林	1.530	1.759	1.640
辽宁	1.188	1.441	1.308
东北平均	1.142	1.392	1.166

从四大地区来看，全要素生产率变动（TEP - ch）情况在“十五”期间西部和东部地区的增长情况较快；在“十一五”期间，四大地区增长的速度都很快，除西部地区最快以外，剩下三个地区差距不大；在“十二五”期间，都比“十一五”期间有较大的滑落。总体上来看，全要素生产率变动情况与参数法的分析结果较为一致，这里不再赘述。

非参数法的 DEA - Malmquist 法的一大优点就是能将 TFP 变动分解成技术效率变动和技术变动，以此找出它们各自的变动对全要素生产率变动的影响。技术效率的概念是 Farell（1957）年提出来的，他所指的技术效率是指在给定一组投入要素不变的情况下，一个企业的实际产出同一个假设同样投入情况下的最大产出之比，因而技术效率是一个相对的概念。表 7 - 12 给出了各地区技术效率变动情况。

表 7 - 12　分地区“十五”“十一五”和“十二五”期间制造业 TE - ch

地区	“十五”	“十一五”	“十二五”
北京	1.000	1.426	1.194
天津	0.688	1.065	0.856
河北	0.536	0.764	0.640
山东	1.487	0.948	1.187
江苏	0.460	0.775	0.597
上海	1.304	0.782	1.010
浙江	0.817	0.657	0.733

续表

地区	“十五”	“十一五”	“十二五”
福建	0.733	0.878	0.802
广东	0.878	0.962	0.919
海南	0.473	1.468	0.833
东部平均	0.837	0.973	0.994
山西	0.849	1.500	1.128
河南	0.469	0.882	0.643
安徽	0.814	0.953	0.881
湖北	0.689	0.862	0.770
江西	0.731	0.977	0.845
湖南	0.633	1.403	0.943
中部平均	0.698	1.096	0.906
四川	0.660	0.908	0.774
云南	0.900	0.996	0.947
贵州	0.632	1.137	0.847
重庆	0.507	1.026	0.722
陕西	0.803	1.303	1.023
甘肃	0.604	1.712	1.017
青海	0.492	1.713	0.918
新疆	0.470	1.327	0.789
宁夏	0.605	1.583	0.979
内蒙古	1.000	1.717	1.310
广西	0.630	1.115	0.838
西部平均	0.727	1.421	1.097
黑龙江	0.537	0.838	0.671
吉林	0.924	0.936	0.930
辽宁	0.775	0.797	0.786
东北平均	0.988	1.330	0.832

从各个省区市的情况来看，绝大部分省区市在“十五”和“十二五”期间技术效率变动都小于1，表明技术效率的衰退，说明了技术效率的变化并不是该时期TFP变化的主要原因；“十一五”期间技术效率变动大多大于1，表明技术效率的进步，说明了技术效率的变化并是该时期TFP变化的主要原因。从四大地区的角度来看，东部地区的技术效率一直小于1，但是减小的程度较小；中部地区的技术效率在“十一五”期间为正，说明在“十一五”期间中部地区的技术效率有一定的进步；西部地区的技术效率在“十一五”期间也为正，且数值较大，说明在“十一五”期间西部地区的技术效率有十足进步；东北地区虽然在“十一五”期间显著为正，但是“十二五”期间退步较大。

最后，各个地区技术变动情况如表7-13所示。

表7-13　分地区“十五”“十一五”和“十二五”期间制造业TECH-ch

地区	“十五”	“十一五”	“十二五”
北京	0.832	0.893	0.862
天津	1.162	1.279	1.219
河北	1.348	1.564	1.452
山东	1.449	1.739	1.588
江苏	1.496	1.817	1.649
上海	0.850	1.453	1.111
浙江	1.043	1.507	1.254
福建	0.998	1.102	1.048
广东	0.831	1.346	1.058
海南	0.992	1.518	1.227
东部平均	1.101	1.422	1.263
山西	0.940	1.084	1.010
河南	1.545	1.678	1.610
安徽	1.561	1.861	1.705
湖北	1.080	1.290	1.181
江西	1.602	1.991	1.786

续表

地区	“十五”	“十一五”	“十二五”
湖南	1.427	1.373	1.400
中部平均	1.359	1.545	1.199
四川	1.508	1.851	1.671
云南	1.017	1.242	1.124
贵州	1.008	1.238	1.117
重庆	1.359	1.437	1.398
陕西	1.137	1.145	1.141
甘肃	1.085	1.191	1.137
青海	1.400	1.667	1.528
新疆	1.420	1.578	1.497
宁夏	1.431	1.566	1.497
内蒙古	1.596	2.043	1.806
广西	1.424	1.407	1.415
西部平均	1.294	1.460	1.38
黑龙江	1.320	1.167	1.241
吉林	1.656	1.879	1.764
辽宁	1.532	1.809	1.665
东北平均	1.426	1.618	1.556

与技术效率的变化不同的是，各省区市的技术变动在“十五”“十一五”和“十二五”期间几乎全部大于1，表明了技术进步，即生产边界提升，结合技术效率变化情况，两者说明了我国TFP变动的主要原因是技术水平的提高而不是技术效率的提高。

综上所述，在非参数的DEA－Malmquist法下我们发现，地方性的产业政策对地方性的生产力仍然是具有显著的提升作用的，同时我们进一步得出结论，地方性的产业政策对地方性的生产力影响主要是提升了地方的技术水平，带来了技术进步，因而推动了TFP的增长。

7.1.3 地方性产业政策对地方性生产率影响的实证检验

为了进一步识别重点产业政策总体上对产业生产率的影响，本部分设定如下实证模型

$$TFP_{i,j,t} = \alpha_0 + \alpha_1 ZDPolicy_{i,j,t} + X_{i,j,t} + \mu_{i,j,t} \tag{7-15}$$

其中，下标 i、j、t 分别代表的是各个细分的二位码产业、省份和年份。TFP 代表的是前面已经计算的各省区市不同年份的各个制造业细分产业的全要素生产率，由于部分省区市、部分年份、部分产业相关数据的缺失，我们采用 OLS 法计算的全要素生产率作为被解释变量。

$ZDPolicy_{i,j,t}$是重点产业政策虚拟变量，是本节的核心解释变量。它的赋值方法是将已经统计过的各个省区市在"十五""十一五""十二五"期间提到的二位码产业均视为重点产业，对应省区市和规划期的年份。若某一省区市某一时期相应的制造业二位码产业为重点产业。则 ZDPolicy 取 1，否则取 0。它的系数 α_1 是本节关注的核心系数，若该系数显著为正，则表明政府对重点产业进行扶持，总体上显著地提高了这些产业的生产率（全要素生产率）；若该系数显著为负，则表明政府可能存在过度干预，其对重点产业的扶持政策阻碍了相应产业的生产率（全要素生产率）的提高。

$X_{i,j,t}$为控制变量组，具体包括流动资产周转次数（LT）、投资率（Invest），用产业的固定资产投资与产业工业总产值的比值进行表示；产业平均规模（Asize），用产业内总的就业人数与产业内的单位数比值进行表示。表 7－14 为主要变量的相关统计结果。

表 7－14 全要素生产率与重点产业政策变量统计特征

变量	样本数	Mean	Std	Min	Max
tfp	12083	1.9867	0.9303	0.4865	7.3517
ZDPolicy	12083	0.3032	0.4597	0	1

各省区市之间不同时期的细分制造业二位码产业的全要素生产率结果差异巨大，最小值仅为 0.4865，最大值高达 7.3517，总体标准差达到了 0.9303；同时虚拟变量 ZDPolicy 的统计结果表明，一个细分的二位码制造业产业被选为重点产业政策的概率平均约为 0.3032。

表 7－15 为回归结果及各省区市的回归结果。

表 7-15　　各个省区市重点产业政策回归结果

省区市	系数	标准差	样本数
北京	0.1547*** (3.36)	0.9833	410
天津	0.2126* (2.02)	0.1053	423
河北	0.2025** (3.06)	0.0661	334
山西	0.1850*** (3.99)	0.9823	416
内蒙古	0.2083** (3.05)	0.1320	417
辽宁	0.1566* (2.34)	0.0671	414
吉林	0.1136*** (4.44)	0.875	428
黑龙江	0.1881* (2.39)	0.788	423
上海	0.1954* (2.34)	0.0834	430
江苏	0.1674* (2.26)	0.0739	430
浙江	0.2471** (3.00)	0.8234	430
安徽	0.2144*** (3.31)	0.6468	410
福建	0.0232* (2.44)	0.5500	334
江西	0.5581*** (6.81)	0.0820	430
山东	0.1790** (2.88)	0.6215	432
河南	0.1479* (2.30)	0.0643	375

续表

省区市	系数	标准差	样本数
湖北	0.0234* (2.19)	0.7831	427
湖南	0.0173*** (4.62)	0.0637	428
广东	0.1244* (2.24)	0.5541	431
广西	0.1389* (2.28)	0.1215	421
海南	0.0039* (2.10)	0.0019	327
重庆	0.0358* (2.12)	0.0933	427
四川	0.0952* (2.33)	0.0599	390
贵州	0.3081** (3.14)	0.0983	399
云南	0.1657*** (4.32)	0.1063	405
陕西	0.1487** (3.11)	0.9258	418
甘肃	0.1886* (2.02)	0.1107	418
青海	0.1016* (1.99)	0.1195	320
宁夏	0.1444** (3.15)	0.0946	349
新疆	0.0773** (3.33)	0.1301	387
全国	0.0235** (3.11)	0.1852	12083

注：() 内为 t（或者 z）统计量的值；*、**、*** 分别表示在10%、5%、1%水平上显著。

从全国水平上看，重点产业政策 ZDPolicy 的回归结果系数 α_1 为 0.0235，系数为正，表明从全国范围来看，各地方政府通过设立重点产业政策影响的产业比那些未被设为重点产业政策的产业的全要素生产率高出 0.0235，在 5% 的水平上显著，这与宋凌云、王贤彬（2013）的研究结果较为一致。

从各省区市来看，全国 30 个省区市（西藏除外）重点产业政策 ZDPolicy 的回归结果系数 α_1 均为正，说明各省区市通过本身实际情况设立的重点产业政策能够在一定程度上促进重点产业生产率（全要素生产率）的增加，且各省区市的回归结果系数 α_1 至少在 10% 的水平上显著。从回归结果系数的大小上来看，系数最大的 3 个省份分别是江西、贵州和浙江，分别为 0.5581、0.3081 和 0.2471，各自在 1%、5% 和 5% 的水平上显著；系数最小的 3 个省份分别是福建、海南和湖南，分别为 0.0232、0.0039 和 0.0173，各自在 10%、10% 和 1% 的水平上显著。

从表 7－16 可以看出，不同省区市之间 ZDPolicy 的回归结果系数 α_1 的差异较大，为进一步考察不同地域之间重点产业政策对产业生产率（全要素生产率）的影响，本节还对我国四大地区分别做了实证检验，结果为表 7－16。

表 7－16　　　　各个地区重点产业政策回归结果

地区	系数	标准差	样本数
东部	0.0954** (3.2)	0.0298	4084
中部	0.0125* (2.11)	0.0346	2147
西部	0.0206* (2.43)	0.0325	4460
东北	0.1824*** (3.74)	0.0487	1392

从我国四大地区的回归结果来看，与全国的各省区市的结果相一致，即重点产业政策 ZDPolicy 的回归结果系数 α_1 也都为正，且至少在 10% 的水平下显著。但是四大地区之间的差异还是比较明显的，拟合系数最大且最为显著的为东北地区，系数高达 0.1824，且在 1% 的水平下显著，这表明在东北地区，被选为重点产业政策的产业，其全要素生产率比那些未被选为重点产业政策影响的产业平均高出 0.1824，这主要原因在于，东北地区国有企业的影响力较大，且东北地区

的重点产业多为重工业，国家管控严格，政府通过对这些产业设立重点产业，给予相应企业税收上的优惠、资金上的支持、技术上的帮助，能够更好地通过国有企业这根链条促进重点产业全要素生产率的提高，而东北地区的非重点产业一般是东北发展一直较为滞后的轻工业与民用工业等，这些产业自身全要素生产率就比较低下，加上没有政府的政策支持，就更容易与那些被设为重点产业的重工业拉开生产率上的差距；拟合结果较好的是东部地区，系数达到0.0954，且在5%的水平下显著；拟合结果较差的是中部地区与西部地区，系数分别为0.0125和0.0206，且都仅在10%的水平下显著，主要原因在于中部地区与西部地区自身经济发展水平有限，其制造业更多的是承接东部地区落后的劳动密集型产业，因此产业先天的全要素生产率就较低，其次其各自省区市的重点产业选择往往与本身的特色有关，中西部地区的重点产业选择除部分石油、煤炭较为丰富的省区市以外，多数为农副食品加工业、食品加工业、纺织业等技术含量较低的产业，且多为小企业经营生产，这也在一定程度上影响了中部和西部地区重点产业政策的影响效力。

各个地方省区市在选择本身的重点产业政策时，除了遵循各自省区市的实际情况之外，还容易受到国家重点产业政策的影响，这与我国官员激励机制等有很大的影响关系。为了考察国家重点产业政策对地方重点产业政策是否具有一定的影响，我们按照是否与国家五年规划中的重点产业政策相同这一标准，将地方重点产业政策划分为与国家规划相同和相异两个部分，为此设定如下实证模型：

$$TFP_{i,j,t} = \alpha_0 + \alpha_1 GJ\,ZDPolicy_{i,j,t} + \alpha_2 FGJ\,ZDPolicy_{i,j,t} + X_{i,j,t} + \mu_{i,j,t} \tag{7-16}$$

其中，$GJZDPolicy_{i,j,t}$和$FGJZDPolicy_{i,j,t}$仍然是两个虚拟变量，分别代表既是国家重点也是地方重点的产业政策，以及非国家重点但是地方重点的产业政策。赋值方法与前述重点产业政策虚拟变量$ZDPolicy_{i,j,t}$的赋值方法相同。α_1与α_2两个核心解释变量的系数仍是我们关注的重点。表7-17为回归结果：

表7-17　各省区市与国家重点产业政策相同或者相异的回归结果

省区市	GJZDPolicy	FGJZDPolicy
北京	0.0280 (0.27)	0.7868*** (3.66)
天津	0.2468* (2.17)	0.0702 (0.34)

续表

省区市	GJZDPolicy	FGJZDPolicy
河北	0.1779 * (2.42)	0.2723 * (2.44)
山西	0.2527 * (2.06)	0.0884 (0.50)
内蒙古	0.1382 * (2.01)	0.4323 ** (3.22)
辽宁	0.4003 *** (3.61)	0.0735 (0.97)
吉林	0.1158 ** (3032)	0.1077 (1.17)
黑龙江	0.2383 * (2.55)	0.0936 (0.76)
上海	0.3171 *** (3.54)	0.3417 *** (3.62)
江苏	0.2688 ** (3.30)	0.0230 (0.19)
浙江	0.4036 *** (4.15)	0.0209 ** (3.33)
安徽	0.1848 * (2.34)	0.2958 * (2.49)
福建	0.4643 * (2.22)	0.0967 (1.56)
江西	0.6627 *** (6.85)	0.3699 ** (3.01)
山东	0.2109 ** (3.26)	0.0660 (0.42)
河南	0.0745 (1.00)	0.3060 ** (3.06)
湖北	0.1603 * (2.22)	0.1042 * (2.34)

续表

省区市	GJZDPolicy	FGJZDPolicy
湖南	0.0170 ** (0.42)	0.0205 (0.23)
广东	0.2215 ** (3.24)	0.0137 (0.88)
广西	0.3490 * (2.39)	0.1327 (0.83)
海南	0.0107 (0.05)	0.3229 * (2.11)
重庆	0.0529 * (2.09)	0.0062 * (2.41)
四川	0.1058 (1.41)	0.1896 * (1.99)
贵州	0.0710 (0.64)	1.0746 *** (6.78)
云南	0.2072 * (2.31)	0.0681 (1.59)
陕西	0.2095 * (2.06)	0.0540 (1.88)
甘肃	0.1917 (1.11)	0.1273 * (2.23)
青海	0.1494 ** (3.55)	0.3427 ** (3.67)
宁夏	0.0082 (1.33)	0.2157 * (2.00)
新疆	0.1158 *** (6.22)	0.3515 (1.58)
全国	0.2597 * (2.84)	0.0146 * (2.73)

从回归结果来看（见表7-18），在全国范围内，总体上GJZDPolicy和FGJZDPolicy的系数α_1与α_2都为正，表明不管是否与国家重点产业政策相一致，

重点产业政策都促进了相应产业的生产率（全要素生产率的提高），且都在10%的水平上显著。不同的是，与全国产业政策相一致的地方重点产业政策GJZD-Policy的系数为0.2597，明显大于与全国产业政策不一致的地方重点产业政策FGJZDPolicy的系数0.0146，表明与国家重点产业政策相一致的情况能够更加有效地促进产业生产率的提高，这也为各个地方省份制定重点产业政策提供了一些参考。

但是回归到各个地方的回归结果来看，千差万别。在回归结果都至少在10%的水平显著的前提下，GJZDPolicy的系数比FGJZDPolicy的系数大的省市有：浙江省、江西省、湖北省、重庆市；GJZDPolicy的系数比FGJZDPolicy的系数小的省区市有：河北省、内蒙自治区、上海市、安徽省、青海省。

由于制造业本身涉及的产业较广，不同产业自身的性质不同也会在一定程度上影响重点产业政策的执行效果，为进一步探究重点产业政策对生产率（全要素生产率）的影响，我们还从产业的角度进行划分和拟合，由于部分产业数据缺漏较多，部分产业从未被设立为重点产业，因此最终的实证结果如表7-18所示。

表7-18　　各个细分产业的回归结果

产业	系数	标准差
农副食品加工业	0.1973*** (3.99)	0.0494
食品制造业	0.0325*** (6.79)	0.0479
饮料制造业	0.0819 (1.09)	0.0748
烟草制造业	-0.0849 (-0.71)	0.1194
纺织业	0.0076* (2.01)	0.0673
纺织服装、鞋帽制造业	0.1118 (1.69)	0.6634
皮革、毛皮、羽毛（绒）及其制品业	0.2609 (0.96)	0.2727

续表

产业	系数	标准差
木材加工及木、竹、藤、棕、草制品业	0.4030* (2.00)	0.2017
家具制造业	0.3961* (2.07)	0.1915
造纸及纸制品业	−0.0629 (−0.88)	0.0718
印刷业和记录媒介的复制	0.1358 (0.87)	0.1560
文教体育用品制造业	0.7933 (1.88)	0.4210
石油加工、炼焦及核燃料加工业	0.1529** (3.15)	0.0956
化学原料及化学制品制造业	0.2181*** (4.01)	0.5435
医药制造业	0.1349** (2.89)	0.0467
化学纤维制造业	−0.0059 (0.03)	0.1799
橡胶和塑料制品业	−0.0068 (−0.06)	0.1108
非金属矿物制品业	0.2900*** (4.35)	0.6673
黑色金属冶炼及压延加工业	0.1121*** (3.33)	0.5983
有色金属冶炼及压延加工业	0.0165*** (3.23)	0.6956
金属制品业	0.0265* (2.22)	0.0767
通用设备制造业	0.0681* (2.19)	0.0570

续表

产业	系数	标准差
专用设备制造业	0.0137*** (4.00)	0.049
交通运输设备制造业	0.3912*** (6.02)	0.6497
电气机械及器材制造业	0.2043*** (3.67)	0.5571
通信设备计算机及其他电子设备制造业	0.0199** (3.05)	0.0806
仪器仪表及文化、办公用机械制造业	0.4204** (2.87)	0.1463
工艺品及其他制造业	0.9134** (2.9)	0.3145

注：() 内为 t（或者 z）统计量的值；*、**、*** 分别表示在 10%、5%、1% 水平上显著。

与重点产业政策对我国 30 个省区市细分制造业的生产率（全要素生产率）都起到了促进作用不同，通过对制造业细分的二位码产业回归的结果来看，重点产业政策在不同的产业之间起到的作用也不尽相同。

从回归结果系数的值来看，部分产业出现了为负的情况，包括烟草制造业、造纸及纸制品业、化学纤维制造业和橡胶和塑料制品业，虽然其结果都不显著。这 4 个产业都有以下两个特点：其一，产业本身对人类健康、生活环境有很大的影响；其二，选取这 4 个产业为重点产业的省区市和次数都相对较少，大部分省区市都没有选择设立重点产业。这两点都在一定程度上影响了重点产业政策的效力对其全要素生产率的影响。

除了这 4 个产业之外，其余产业回归结果的系数都为正的情况，但是其中包括饮料制造业，纺织服装、鞋帽制造业，皮革毛皮羽毛（绒）及其制品业，印刷业和记录媒介的复制，文教体育用品制造业这 5 个产业，其回归结果都不显著。可以观察发现，这 5 个产业都是与民生相关的轻工业，其产业本身技术含量有限，大多为劳动密集型产业，因此重点产业政策对其生产率（全要素生产率）的影响较小。

拟合结果较好，且系数较大的产业有：农副食品加工业、食品制造业、化学原料及化学制品制造业、非金属矿物制品业、有色金属冶炼及压延加工业、专用设备制造业、交通运输设备制造业和电气机械及器材制造业这8产业，其回归结果系数都在1%的水平上显著。其中，农副食品加工业、食品制造业多与第一产业的关系密切，属于能够带动农村经济发展的劳动密集型制造业，重点产业政策选取这个产业符合我国加强发展农村的规划，因此重点产业政策对这两个产业的影响力较大。化学原料及化学制品制造业、非金属矿物制品业、有色金属冶炼及压延加工业、专用设备制造业、交通运输设备制造业和电气机械及器材制造业为重化工业，这些产业本身的准入门槛较高，需要一定的科技水平支撑，而且这些产业多为国有企业控制，市场势力较大，因此，重点产业的设立，通过对相关企业进行一定的奖励与扶持能够更好地促进生产率（全要素生产率）的提高。

7.2
重点（支柱型、传统型以及新兴型）产业政策对产业生产率的影响程度

我们在7.1节从整体上分析了中国地方政府的重点产业政策对产业生产率的影响，然而重点产业政策根据产业的性质不同还可以进一步进行划分，不同类型的重点产业政策对产业生产率的影响也可能是不同的，不同地方政府不同类型的重点产业政策对产业生产率的影响也可能是不同的。

为进一步细分不同类型的产业政策对生产率的影响，我们把7.1节提及的国家重点产业政策分成支柱型、传统型以及新兴型三类，分类标准如下：

支柱型产业：各省区市“十五”“十一五”“十二五”期间都被划分为重点产业的产业。

传统型产业：各省区市“十五”或者“十一五”期间被划分为重点产业的产业，而“十二五”期间未被划分为重点产业的产业。

新兴型产业：各省区市“十五”期间未被划分为重点产业的产业，而“十一五”或者“十二五”期间被划分为重点产业的产业。

对于各省区市“十五”“十二五”期间被划分为重点产业，而“十一五”期间未被划分为重点产业的情况，我们认为政策不具有连续性同时可能存在一定的摇摆性，故不做以上三种情况中的任意一种考虑。

具体各省区市的划分结果如表7－19所示。

表7-19　　各个省区市三种类型重点产业汇总结果

省份	支柱型		传统型		新兴型	
	个数（个）	占比（%）	个数（个）	占比（%）	个数（个）	占比（%）
北京	3	25	8	66.7	1	8.33
天津	5	38.46	7	53.85	1	7.69
河北	3	18.75	11	68.75	2	12.5
山西	2	22.22	4	44.44	3	33.33
内蒙古	3	23.08	7	53.85	3	23.08
辽宁	5	31.25	8	50	3	18.75
吉林	3	20	9	60	3	20
黑龙江	2	13.33	11	73.33	2	13.33
上海	3	33.33	6	66.67	0	0
江苏	2	11.77	7	41.18	8	47.06
浙江	8	38.1	10	47.62	3	14.29
安徽	4	26.67	8	53.33	3	20
福建	5	35.71	5	35.71	4	28.57
江西	5	38.46	2	15.38	6	46.15
山东	5	38.46	4	30.77	4	30.77
河南	3	20	5	33.33	7	46.67
湖北	2	11.76	6	35.29	9	52.94
湖南	5	26.32	8	42.11	6	31.58
广东	4	23.53	5	29.41	8	47.06
广西	4	21.05	6	31.58	9	47.37
海南	2	20	2	20	6	60
重庆	4	22.22	11	61.11	3	16.67
四川	5	31.25	4	25	7	43.75
贵州	2	14.29	9	64.29	3	21.43
云南	4	20	14	70	2	10
陕西	5	45.45	3	27.27	6	54.55
甘肃	4	36.36	5	45.45	2	18.18
青海	3	37.5	3	37.5	2	25
宁夏	4	30.77	7	53.85	2	15.38
新疆	4	36.36	2	18.18	5	45.45

从支柱型产业的视角来看，各省区市在“十五”“十一五”和“十二五”三个五年规划期间，总共选取的产业个数为111个，各省区市平均选取的产业个数为3.77个。其中，选取支柱型产业最多的省份为浙江，总共为8个产业，其次为天津、辽宁、福建、江西、山东、湖南、四川、陕西，均为5个产业；选取支柱型产业最少的省份为山西、黑龙江、江苏、湖北、海南、贵州，均为2个产业。

从传统型产业的视角来看，各省区市在“十五”“十一五”和“十二五”三个五年规划期间，总共选取的产业个数为193个，各省区市平均选取的产业个数为6.43个。其中，选取传统型产业最多的省份为云南，总共为14个产业，其次为河北、黑龙江、重庆均为11个产业，浙江紧接其后为10个产业；选取传统型产业最少的省区为江西、海南和新疆均为2个产业，其余选取传统型产业较少的省份还有陕西和青海均为3个产业。

从新兴型产业的视角来看，各省区市在“十五”“十一五”和“十二五”三个五年规划期间，总共选取的产业个数为121个，各省区市平均选取的产业个数为4.03个。其中，选取新兴型产业最多的省份为湖北和广西，均为9个产业，其次是江苏和广东，均为8个，河南和四川紧随其后均为7个；选取新兴型产业最少的为上海，0个产业，其余选取新兴型产业较少的还有北京和天津均为1个产业，云南、甘肃、青海和宁夏为2个产业。

我们还做了四大地区的重点产业政策汇总，结果如表7-20所示。

表7-20　四大地区三大类型重点产业汇总结果

地区	支柱型		传统型		新兴型	
	个数（个）	占比（%）	个数（个）	占比（%）	个数（个）	占比（%）
东部	40	35.4	65	32.99	37	30.08
中部	21	18.58	33	16.75	34	27.64
西部	42	31.17	71	36.04	44	35.77
东北	10	8.85	28	14.21	8	6.5

从我国四大地区的角度来看，东部地区的总体发展较为均衡，三种类型的产业占比都在30%以上，彼此之间差异较小，支柱型产业的占比最高；中部地区新兴型产业的占比相对最高，支柱型和传统型产业的占比则相对较低都在20%以下；西部地区的总体发展也较为均衡，三种类型的产业占比也都在30%以上，尤其是传统型和新兴型产业的差距较小，传统型产业的占比最高；东北地区三种

类型的产业彼此之间的差异则较大，传统型产业的占比最高，其次为支柱型，新兴型产业的占比则较低，仅为6.5%。

我们还做了各个细分产业的会中结果，如表7-21所示。

表7-21　各个产业被选为重点产业政策的汇总结果

产业	支柱型		传统型		新兴型	
	个数（个）	占比（%）	个数（个）	占比（%）	个数（个）	占比（%）
农副食品加工业	6	5.41	5	2.59	8	6.61
食品制造业	5	4.5	14	7.25	5	4.13
饮料制造业	0	0	8	4.15	1	0.83
烟草制造业	2	1.8	4	2.07	1	0.83
纺织业	6	5.41	11	5.7	6	4.96
纺织服装、鞋帽制造业	2	1.8	12	6.22	3	2.48
皮革、毛皮、羽毛（绒）及其制品业	0	0	3	1.55	2	1.65
木材加工及木、竹、藤、棕、草制品业	0	0	1	0.52	3	2.48
家具制造业	0	0	3	1.55	2	1.65
造纸及纸制品业	2	1.8	9	4.66	5	4.13
印刷业和记录媒介的复制	0	0	2	1.04	1	0.83
文教体育用品制造业	0	0	2	1.04	0	0
石油加工、炼焦及核燃料加工业	9	8.11	3	1.55	9	7.44
化学原料及化学制品制造业	5	4.5	14	7.25	4	3.31
医药制造业	16	14.41	9	4.66	1	0.83
化学纤维制造业	0	0	2	1.04	6	4.96
橡胶和塑料制品业	0	0	6	3.11	5	4.13
非金属矿物制品业	3	2.7	12	6.22	8	6.61
黑色金属冶炼及压延加工业	7	6.31	7	3.63	12	9.92
有色金属冶炼及压延加工业	14	12.61	2	1.04	5	4.13
金属制品业	1	0.9	2	1.04	8	6.61
通用设备制造业	1	0.9	13	6.74	4	3.31

续表

产业	支柱型		传统型		新兴型	
	个数（个）	占比（%）	个数（个）	占比（%）	个数（个）	占比（%）
专用设备制造业	7	6.31	4	2.07	8	6.61
交通运输设备制造业	11	9.91	11	5.70	4	3.31
电气机械及器材制造业	4	3.6	15	7.77	2	1.65
通信设备计算机及其他电子设备制造业	10	9.01	7	3.63	4	3.31
仪器仪表及文化、办公用机械制造业	0	0	6	3.11	1	0.83
工艺品及其他制造业	0	0	6	3.11	3	2.48
废弃资源和废旧材料回收加工业	0	0	0	0	0	0

从产业的角度来看，被选为支柱型产业最多的为医疗制造业，共16次，其余较多的产业还有有色金属冶炼及压延加工业14次和交通运输设备制造业11次；被选为支柱型产业最少的产业为金属制品业和通用设备制造业，均仅为1次，其余较少的产业还有烟草制造业、纺织服装鞋帽制造业、造纸及纸制品业，均为2次。

被选为传统型产业最多的为电气机械及器材制造业，共15次，其余较多的产业还有食品制造业和化学原料及化学制品制造业，均为14次，通用设备制造业紧随其后为13次；被选为传统型产业较少的产业为木材加工及木竹藤棕草制品业，仅为1次，其余较少的产业还有印刷业和记录媒介的复制、问题教育用品制造业、化学纤维制造业、有色金属冶炼及压延加工业和金属制品业，均为2次。

被选为新兴型产业最多的为黑色金属冶炼及压延加工业，共12次，其余较多的产业还有石油加工炼焦及核燃料加工业为9次，农副食品加工业、非金属矿物制品业、金属制品业、专用设备制造业紧随其后，均为8次；被选为新兴型产业较少的产业为饮料制造业、烟草制造业、印刷业和记录媒介的复制、医药制造业、仪器仪表及文化办公用机械制造业，均仅为1次，其余较少的产业还有皮革毛皮羽毛（绒）及其制品业、家具制造业和电气机械及器材制造业，均为2次。

为了比较支柱型、传统型以及新兴型三种不同类型的重点产业政策对生产率的影响程度，首先仍然计算三种类型的重点产业政策的全要素生产率的情况，表7-22为相关变量的统计结果。

表7-22　　三大类型重点产业政策变量统计结果

变量	支柱型			传统型			新兴型		
	N	Mean	Std	N	Mean	Std	N	Mean	Std
lny	1315	13.8264	1.7730	1665	15.2794	1.5993	760	15.0723	1.8826
lnl	1315	10.5711	1.3057	1665	11.1060	1.2285	760	10.6941	1.6318
lnk	1315	11.2567	2.136	1665	12.9509	1.8727	760	13.3334	1.6389

由于传统型重点产业政策与新兴型产业政策在前面的定义中，可能存在有的传统（或新兴）产业时限为5年，有的传统（或新兴）产业为10年这样的时间不等的情况，因此在计算全要素生产率的时候无法使用前述的FE法或者RE法，因此本节在计算三种不同类型的重点产业TFP时，选用一般的OLS法，表7-23为OLS法下三种不同类型的重点产业的拟合情况。

表7-23　　三大类型重点产业政策变量回归结果

变量	支柱型	传统型	新兴型
Lnl	0.6562*** (35.45)	0.8209*** (39.60)	0.6266*** (19.54)
Lnk	0.4142*** (34.11)	0.3240*** (25.58)	0.4436*** (13.89)
常数项	2.6275*** (16.12)	1.5016*** (8.78)	2.4558*** (9.16)
Adj-R^2	0.7971	0.8165	0.7711
N	1665	1315	760

注：（）内为t（或者z）统计量的值；*、**、***分别表示在10%、5%、1%水平上显著。

从拟合结果来看，传统型产业的拟合效果最好，可调节的R^2高达0.8165，支柱型产业拟合效果次之，新兴型产业拟合效果在三种重点产业类型里最差，为0.7711。从变量的情况来看，三种类型的产业lnl与lnk全都在1%的水平上显著，其中，传统型产业的产值lny依靠劳动的投入（lnl）比例最高，达到了0.8209；支柱型产业的产值lny依靠劳动的投入（lnl）比例次之，达到了0.6562；新兴型产业的产值lny依靠劳动的投入（lnl）比例最少，为0.6266。反之，新兴型产业的产值 lny 依靠资本的投入比例最多，为 0.4436；其次是支柱型的 0.4142 和传统型的 0.3240。这与我们的传统认知相同，即新兴型的产业往往科技含量更高，更多地依靠技术、资本等的投入，对于劳动的需求则相对较少，而传统型产业更多的是劳动密集型的产业，对劳动的需求更高，但科技水平则较低。值得注意的是，虽然新兴型的产业更多地依靠资本的投入，但其系数仍然没有超过 0.5，这也在一定程度上反映了我国目前制造业的总体水平仍然较为落后，急需换代转型。

我们采用 OLS 法计算了各省区市的三种类型的全要素生产率情况。表 7－24 为根据不同细分产业的产值情况加权平均之后的 TFP 的值。

表 7－24　　三大类型重点产业政策 TFP 加权统计结果

省区市	支柱型	传统型	新兴型
北京	3.217	1.826	3.149
天津	2.909	1.956	3.334
河北	2.788	1.199	2.069
山西	2.536	1.189	1.455
内蒙古	2.415	1.069	2.494
辽宁	3.004	1.718	3.035
吉林	2.773	1.435	2.696
黑龙江	2.969	1.125	1.825
上海	3.739	1.838	/
江苏	2.180	1.722	2.708
浙江	3.125	2.480	2.542
安徽	2.244	1.106	2.817
福建	2.794	1.770	2.339
江西	2.906	1.400	1.911
山东	2.707	1.547	2.829
河南	2.258	2.056	2.170
湖北	2.098	1.286	2.413
湖南	2.369	1.720	2.273

续表

省区市	支柱型	传统型	新兴型
广东	2.814	1.586	2.850
广西	2.172	1.289	2.262
海南	2.784	2.403	2.881
重庆	2.275	1.368	2.385
四川	2.195	1.760	2.485
贵州	3.170	1.318	2.964
云南	2.898	1.137	2.317
陕西	2.182	1.059	2.562
甘肃	2.079	1.081	2.402
青海	2.392	0.465	2.113
宁夏	2.527	1.711	1.940
新疆	2.319	1.239	1.800
全国	2.627	1.502	2.456

从三种不同类型的重点产业全要素生产率来看，支柱型产业的全要素生产率平均值最高，达到了2.627，新兴型产业次之为2.456，传统型产业最低，仅为1.502。对于各省区市而言，其支柱型产业的发展与本省的GDP往往有着十分密切的正向关系，因此，各省区市更加有动力在支柱型产业上投入的更多，因此其TFP往往也会相对得到十足的发展，而传统型产业其本身往往就是以劳动密集型产业为主，TFP的值本身就不会很高，而各省区市又有产业升级换代、环境污染等方面的压力，所以对传统型产业的投入往往有限，这也进一步地挤压了传统型产业TFP提高的空间。新兴型产业虽然TFP的值目前不如支柱型产业，但差距仅为0.16左右，不算太高，且新兴型产业由于与技术水平关联度高，其投入与回报的周期相对较长，因此有理由相信新兴型的产业随着时间的推移，其TFP的值增长会逐步超过支柱型产业。

从各省区市的支柱型产业TFP来看，上海的支柱型产业全要素生产率最高，达到3.739，甘肃的支柱型产业全要素生产率最低，仅为2.079。其余超过全国平均值的省区市还有：北京、贵州、浙江、辽宁、黑龙江、天津、江西、云南、广东、福建、河北、海南、吉林、山东。从地域上来看，多为沿海东部地区或者东北三省，主要原因在于东部地区的科教文卫水平更高，以及东北三省的支柱型产业多为重工业，对于技术水平的要求也较高。

从各省区市的传统型产业 TFP 来看，浙江的传统型产业全要素生产率最高，达到了2.48，青海的传统型产业全要素生产率最低，仅为0.465。其余超过全国平均值的省区市还有：海南、河南、天津、上海、北京、福建、四川、江苏、湖南、辽宁、宁夏、广东和山东。从地域上看，也多为东部地区为主，部分中西部地区也上榜了。

从各省区市的新兴型产业 TFP 来看，天津的新兴型产业全要素生产率最高，达到了3.334，山西的新兴型产业全要素生产率最低，仅为1.455。其余超过全国平均值的省区市还有：北京、辽宁、贵州、海南、广东、山东、安徽、江苏、吉林、陕西、浙江、内蒙古和四川。从地域上看，全国四大地区的省份都有上榜，在某种程度上说明了我国新兴型产业的发展较为平均。

结合三种类型产业的全要素生产率情况，三种类型产业全要素生产率的值均超过全国平均水平的省区市有：北京、天津、广东、浙江、辽宁、海南和山东，均为我国经济发展水平较高的省区市，且全部位于东部地区。三种类型产业全要素生产率的值均低于全国平均水平的省区市有：湖北、甘肃、重庆、广西、青海、新疆，均为我国经济发展水平较为落后的地区，且几乎全部为西部地区。

根据前述内容我们发现，各省区市的支柱型、传统型与新兴型三种重点产业政策的生产率（全要素生产率）与省区市所处的地域有很大的关系，因此，我们同时计算了全国四大地区的三种重点产业的全要素生产率的情况，具体结果如表7－25所示。

表7－25　　四大地区三大重点产业政策 TFP 加权结果

地区	支柱型	传统型	新兴型
东部	2.936	1.832	2.743
中部	2.445	1.402	2.235
西部	2.376	1.264	2.344
东北	2.928	1.441	2.537
全国	2.627	1.502	2.456

从四大地区的计算结果来看，东部地区的三种类型重点产业的全要素生产率的值全都大于全国的平均水平，中部和西部地区的三种类型重点产业的全要素生产率的值全都小于全国的平均水平，这也在一定程度上反映出了我国制造业发展

的地域不平衡现象十分严重。

结合前述分析，我们发现，支柱型、传统型以及新兴型产业政策对产业生产率（全要素生产率）的影响在不同产业类型上具有显著的差异。为了进一步分析三种类型产业对于地方生产率（全要素生产率）的影响情况，我们构建如下实证模型：

$$TFP_{i,j,t} = \alpha_0 + \alpha_1 ZZPolicy_{i,j,t} + \alpha_2 CTPolicy_{i,j,t} + \alpha_3 XXPolicy_{i,j,t} + X_{i,j,t} + \mu_{i,j,t} \tag{7-17}$$

其中，下标 i、j、t 分别代表的是各个细分的二位码产业、省区市和年份。TFP 代表的是前面已经计算的各省区市不同年份的各个制造业细分产业的全要素生产率，ZZPolicy、CTPolicy、XXPolicy 分别代表的是支柱型重点产业政策、传统型重点产业政策与新兴型重点产业政策，这三个核心解释变量均为虚拟变量，具体的赋值方法为，若某省区市的相关制造业细分产业在相应年份为支柱型重点产业，则赋为 1，否则赋 0，传统型重点产业与新兴型重点产业的赋值方法也相同。

虚拟变量的系数α_1、α_2、α_3是我们关注的重点核心系数，分别代表的是重点支柱、重点传统和重点新兴产业政策的生产率效应；$X_{i,j,t}$为控制变量组，具体包括流动资产周转次数（LT）、投资率（Invest），用产业的固定资产投资与产业工业总产值的比值进行表示；产业平均规模（Asize），用产业内总的就业人数与产业内的单位数比值进行表示。

选取的样本范围为 2001～2015 年我国 30 个省区市（西藏除外）30 个细分制造业产业的数据，剔除个别数据缺失的情况后，最终得到的有效样本数为 12065 个，表 7－26 为主要变量的统计结果。

表 7－26　　相关变量统计结果

变量	样本数	Mean	Std	Min	Max
tfp	12083	1.9867	0.9303	0.4865	7.3517
ZZPolicy	12083	0.1345	0.3412	0	1
CTPolicy	12083	0.1042	0.3098	0	1
XXPolicy	12083	0.0611	0.2396	0	1

从表 7－27 中三种类型的重点产业政策看出，制造业某一产业被选为支柱型产业的可能最大，平均为 0.13，其次是传统型产业为 0.10，制造业某一产业被选为新兴型产业的可能性最小，仅为 0.06。表 7－27 为总体样本的主要解释变量回归结果。

表7-27　　主要解释变量回归结果

tfp	系数	标准差	t	p>|t|
ZZPolicy	0.0579	0.0250	1.98	0.037
CTPolicy	-0.1051	0.0277	-3.79	0.000
XXPolicy	0.1332	0.0353	3.77	0.000
常数	1.9374	0.0100	193.89	0.000

从表7-27中可以看出，主要解释变量ZZPolicy在10%的水平下显著，CT-Policy、XXPolicy在1%的水平下显著，拟合结果较为良好。其中，CTPolicy的系数为负，表明虽然一项细分的制造业产业被选为重点产业（传统型），但是并不能有效地帮助其提高产业本身的全要素生产率，相反会降低其全要素生产率，这主要原因更多的是由产业本身的性质所决定的，由前所述可以发现，传统型产业多为高能耗、低水平的劳动密集型产业，所以自身全要素生产率的提高本身就有一定的局限性，其次，由本章对传统型重点产业的定义可以发现，我们选取的传统型重点产业全部是“十五”期间和“十一五”期间的产业，时间较为久远，这也在一定程度上影响了传统型支柱产业的生产率的提高；ZZPolicy的系数为0.0579，表明当一项细分的制造业产业被选为重点产业（支柱型）后，相比未被选为重点产业的细分制造业产业而言，全要素生产率提高了0.0579，但是仅在10%的水平下显著，主要原因在于各省区市的支柱型产业往往并不一定都是高技术、高科技含量的产业，各省区市的支柱型产业选取更多地会与本省的地方特色以及经济发展水平有关，如较为落后的省区市可能会选取像农副食品加工之类全要素生产率本身较低的支柱型产业，这在一定程度上影响了其系数的大小和显著性；XXPolicy的系数为0.1332，是三大类型支柱型产业中最高的，表明当一项细分的制造业产业被选为重点产业（新兴型）后，相比未被选为重点产业的细分制造业产业而言，全要素生产率提高了0.1332，且显著结果良好。主要原因在于：其一，各省区市在选取新兴型产业时，更多考虑的是产业本身的水平如何，那些更需要科技含量的产业会比那些更依赖劳动投入的产业更加容易被决策者选为新兴型重点产业，而那些更需要科技含量的产业本身全要素生产率就比较高；其二，根据我们对新兴型重点产业的定义可以发现，我们选取的新兴型重点产业全部是“十一五”期间和“十二五”期间的产业，时间较近，也更容易促进全要素生产率的增长。

根据实证结果可以发现，支柱型、传统型以及新兴型重点产业政策对产业生产率（全要素生产率）的影响程度在不同产业类型上具有明显的显著差异。最后我们分省（区、市）对三种类型重点产业省际之间的差别做了实证检验，表7－28为实证检验结果。

表7－28　　各省区市回归结果

省份	支柱型	传统型	新兴型
北京	0.1023*** (3.99)	－0.3004** (－3.45)	0.1459*** (5.88)
天津	0.1782*** (4.44)	0.1447*** (4.29)	1.4948*** (3.35)
河北	0.6539*** (7.48)	－0.1169 (－1.45)	0.0197 (0.14)
山西	0.5724*** (4.22)	－0.046 (－0.31)	－0.399 (11.74)
内蒙古	0.0885*** (4.37)	－0.5394** (－2.89)	0.2249 (0.89)
辽宁	0.4246*** (4.98)	－0.1868* (－2.10)	0.4008* (2.32)
吉林	0.3062** (2.36)	－0.1609 (－1.40)	0.5035** (2.69)
黑龙江	0.9009*** (7.25)	0.1272** (3.42)	0.0813 (0.47)
上海	0.7360*** (7.51)	0.5000*** (4.55)	/
江苏	0.2873* (2.16)	－0.0956 (－0.9)	0.3994*** (4.06)
浙江	0.4092*** (4.04)	0.1149* (2.23)	0.2869*** (5.37)
安徽	0.0202 (0.21)	－0.5123*** (－5.83)	0.49926*** (2.78)

续表

省份	支柱型	传统型	新兴型
福建	0.1457* (2.24)	-0.2118* (-2.29)	0.0589 (0.596)
江西	0.9134*** (9.62)	-0.0209 (-0.11)	0.0474 (0.34)
山东	0.2162** (2.84)	-0.0027 (-0.03)	0.3572** (2.62)
河南	0.0856** (2.32)	0.4542*** (3.93)	0.0156 (0.16)
湖北	0.1394 (0.95)	0.2113 (1.87)	0.1891 (1.97)
湖南	0.0512* (1.99)	0.0058 (0.06)	0.1480* (2.09)
广东	0.2092** (2.66)	0.0191** (2.34)	0.1083*** (4.66)
广西	0.1074** (2.62)	0.4929* (2.28)	0.2464 (1.37)
海南	0.0474*** (6.21)	0.2501 (0.65)	0.2815* (2.22)
重庆	0.0387** (2.94)	-0.1524 (-1.29)	0.2873* (2.12)
四川	0.0816 (1.07)	0.2231* (2.14)	0.2709** (3.03)
贵州	0.8785*** (6.16)	-0.2528* (-2.02)	0.8410*** (3.51)
云南	0.4764*** (3.37)	-0.0667*** (5.33)	0.1784 (0.56)
陕西	0.0300** (3.64)	-2.019 (-1.03)	0.6060*** (20.48)

续表

省份	支柱型	传统型	新兴型
甘肃	0.1734* (2.18)	0.0316 (1.71)	0.1019*** (4.32)
青海	0.0525*** (6.42)	-0.7255** (-2.97)	0.3335 (1.41)
宁夏	0.2613* (2.29)	-0.1405 (-0.92)	0.2977* (2.09)
新疆	0.3856* (2.24)	-0.2601 (-1.61)	-0.1138 (-0.55)

注：() 内为 t（或者 z）统计量的值；*、**、*** 分别表示在10%、5%、1%水平上显著。

从各省区市的支柱型重点产业政策的实证检验结果来看，30 个省区市的系数全部为正，表明支柱型重点产业的政策的确立能够帮助各省区市促进全要素生产率的增长，其中，除陕西、湖北、四川与安徽外，其余省区市都至少在 10%的水平上显著，拟合结果良好。其中，ZZPolicy 的系数最大的 3 个省份分别为江西、黑龙江和贵州，分别为 0.9134、0.9009 和 0.8785，且都在 1% 的水平上显著；ZZPolicy 的系数最小的 3 个省市为海南省、重庆市和陕西省，分别为 0.0474、0.0387 和 0.0300，分别在 10%、1% 和 5% 的水平上显著。

从各省区市传统型重点产业政策的实证检验结果来看，仅有 16 个省区市的拟合结果至少在 10% 及以上的水平上显著，数量刚刚超过省区市总和的一半，拟合结果不是很好。至少在 10% 及以上的水平上显著的省区市中来看，CTPolicy 的系数 8 个省区市为正数、8 个省区市为负数，各占显著省区市的一半。可以看出，传统型重点产业政策在省际之间的差别较大，主要原因在于不同省区市的资源禀赋不同，导致其相应的传统产业也不尽相同，同时由于省际之间经济发展水平也差异巨大，也导致了传统型重点产业政策在不同省区市的政策效果十分不同。在 30 个省区市中，上海的 CTPolicy 的系数最大，为 0.5000，且在 1% 的水平上显著，青海的 CTPolicy 的系数最小，为 -0.7255，在 5% 的水平上显著。

从各省区市新兴型重点产业政策的实证检验结果来看，XXPolicy 的拟合结果比 CTPolicy 的拟合结果要好，但是不如 ZZPolicy。在 30 个省区市中，有 18 个省区市的拟合结果至少在 10% 的水平上显著，且在拟合结果显著的 18 个省区市之间，XXPolicy 的系数全部为正，表明新兴型重点产业政策的确立在一定程度上能够较好地帮助地方政策促进相应产业的全要素生产率的提高。在所有拟合结果显著的省区市中，XXPolicy 的系数最大的 3 个省市分别为天津、贵州和陕西，分别为 1.4948、0.8410 和 0.6060，且都在 1% 的水平上显著；XXPolicy 的系数最小的 3 个省市为北京、广东和甘肃，分别为 0.1459、0.1083 和 0.1019，也都在 1% 的水平上显著。

综上所述，本节的实证检验结果表明，支柱型产业政策对相应产业全要素生产率的提高最显著，新兴型产业政策对相应产业全要素生产率也有一定的促进作用，但结果不如支柱型产业显著，传统型产业政策对相应产业的全要素生产率的影响则有正有负，依据不同省区市的实际情况来决定。两种实证检验的结果都验证了我们的结论，即支柱型、传统型以及新兴型三种不同类型的产业政策对产业生产率的影响程度在不同产业类型上具有显著的差异。

第8章

基本结论与政策建议

8.1 基本结论

本书从中国要素市场扭曲与产业结构优化升级的现实背景出发，遵循理论分析与实证研究相结合的一般思路，先从理论上分析要素市场扭曲对产业升级的影响机理，再运用主流前沿的计量经济学方法就要素市场扭曲与中国产业结构优化升级关系进行实证分析，从中得到以下结论：

（1）土地要素价格扭曲的现象在较长时间内都比较常见。从全国的范围看，随着时间的推移，全国的土地要素价格扭曲系数在较长期间内均小于1，主要在0.2～0.4呈“W”形波动趋势，并且系数呈现出缓慢减小的趋向，这意味着土地要素价格存在着持续的正向扭曲的现象，并且正向扭曲的程度小幅度加深。从分区域范围来看，各个地区的土地要素价格扭曲程度都不一致。东部地区的土地要素价格扭曲系数基本上从一开始的大于1经过多次波动后转变为小于1，呈现出从开始的负向扭曲转变为正向扭曲的趋势，但总体上仍然高于全国的扭曲系数。中西部地区的土地要素价格扭曲系数均存在系数小于1，即表示为存在着正向扭曲的现象。其中，中部地区的扭曲系数均低于全国扭曲系数，并且其变化趋势与全国基本保持一致。

（2）土地要素价格扭曲的主要成因有因为市场自身的制度不够完善而产生的内生性扭曲和外在的干预引起的外生性的扭曲。前者主要是现有的土地管理制度为了保护土地的所有权，使其不被过度滥用和浪费，因此规定国家及政府在需要使用一些土地来发展当地经济时，按照这些土地的原本用途给予土地使用者相对应的补偿，之后才可以将该土地变更为国家使用。但也正因为该制度并没有明确给出交易价格，补偿费用时因为双方的信息不对等导致土地交易价格变动极其大，从而导致了土地要素价格的扭曲。后者主要是国家为了在短时间内获取大量资金，选择流动性较小的生产要素土地进行买卖。同时政府也会为了当地的财政目标，通常会采取不同的产业用地划分不同的价格这种方法，开设各种园区再招商等多种协议出让土地的方法来吸引大部分的资金，使总体的经济效益最大化，加剧当地土地供给与土地需求之间的不平衡现象，从而造成了土地要素的价格扭曲。

(3) 土地要素价格的扭曲会通过过度投资效应、雁行理论效应和资源错配效应这三个直接途径以及创新抑制效应和需求抑制效应这两个间接途径来对产业结构的优化升级产生影响。实证结果也表明，在全国范围内，土地要素价格的扭曲确实可以对产业结构的优化升级产生一定的阻碍影响。分区域比较可知，东部地区的土地要素价格扭曲对产业结构合理化的影响小于全国水平，而对产业结构高度化的影响略大于全国水平；而中、西部两个地区的土地要素价格扭曲对产业结构合理化的影响均大于全国水平，而对产业结构高度化的影响均小于全国水平。

(4) 资本和劳动力市场要素价格扭曲现象普遍存在。我国近20年来资本与劳动力价格的扭曲程度，劳动力和资本要素价格的扭曲程度都不等于1，所以各要素均存在不同程度的扭曲，总体上两者都呈现波动上升的趋势。以资本价格的扭曲来看，各省区市在2000~2015年的价格扭曲程度均大于1，此时说明资本的价格被高估，资本要素价格被负向扭曲，即资本的价格相对于其边际产出偏低。

(5) 资本和劳动力要素市场的价格扭曲对产业结构优化升级均产生影响。其中，在产业结构高级化方面，劳动力和资本要素的价格扭曲对产业结构高级化升级存在负向关系。相对于资本要素而言，劳动力要素市场的价格扭曲对产业结构高级化影响系数的绝对值要大，说明了劳动力要素对产业结构优化升级的负向影响要大于资本要素价格扭曲对产业结构高级化的负向影响。在产业结构合理化方面，资本要素市场的价格扭曲对产业结构合理化有显著的负向影响，劳动要素市场价格扭曲对产业结构合理化是显著的正向影响。此外，劳动力要素市场的价格扭曲对产业结构合理化影响系数的绝对值要大于资本要素市场价格扭曲对产业结构合理化的影响。

(6) 能源要素在各省区市规上工业企业的生产中的边际产值大于其要素价格，说明能源要素的价格受到了压低。其中能源要素价格扭曲最为明显的三个省区是海南、青海和宁夏，其扭曲系数均在10以上，说明能源在生产中创造了其本身10倍的价值。1995~2016年的能源要上诉价格扭曲系数呈现波动变化，在

1995年、2002年和2009年处于波峰阶段，1998年、2005年和2012年处于波谷阶段，能源要素价格扭曲的情况没有随着时间推进获得减缓。

（7）1999~2016年，我国制造业因要素市场扭曲导致的产业效率损失仍然较为严重，如果能够消除技术非效率，则对于我国制造业来说可以减少27%的投入或者增加27%的产出。对于产业综合纯技术效率来说，如果能消除各区域产业纯技术的非效率问题，就可以使考察期内的制造业产出增加18%左右；如果消除区域内的产业综合规模非效率，就可以使全国制造业的产出提高1%~8%；对于产业综合区际效率来说，如果消除制造业产业结构的扭曲问题，就可以使制造业的总产出提高近2%~11%。要素市场扭曲的产业效率损失对我国制造业产业结构具有显著的负向影响，阻碍了其优化升级。

（8）中国三次产业的非均衡发展是与资源错配同时存在的，经济运行各阶段出现的产业间劳动要素配置问题（“民工潮”“民工荒”）、资本的过度形成问题（过度投资）以及垄断工业部门资源的过度集中问题等中国转型期特有经济现象的背后隐藏着的，其实是资源如何在各产业间有效配置的问题；改革开放40年，中国传统农业部门劳动要素过剩的状况并未发生根本性改变，农业资本的过少配置急需农业部门进行深入的集约化经营；第二产业的劳资配比出现了两个极端，垄断部门的资本—劳动比率持续上升，私人部门的要素配置方式则仍倾向于劳动密集型，而且在整个第二产业内，资本有了过度形成的倾向，致使产业内的要素配比出现了相对于生产技术的偏差；资本错配和劳动力错配程度的恶化将不利于产业结构的优化与升级，并且资源错配程度的恶化对产业结构的合理化调整表现出更大的抑制作用。

（9）2004~2016年，国内市场分割指数从国内市场总体、区域层面及省际层面均呈现总体下降趋势。2007~2010年，国内市场总体和区域层面，市场分割指数均有短期上升，市场分割不利于我国产业结构优化升级，对产业结构高级化和产业结构合理化均具有负向作用。

（10）产业结构高级化与产业结构合理化均具有自我增强的提升机制。不同要素市场的扭曲（劳动、资本、能源、土地）对产业结构优化升级过程中均表现为负向效应，其中劳动要素扭曲对产业结构高级化的负向作用最大，估计系数为-0.2084，而能源要素扭曲系数仅为-0.0045；资本扭曲对产业结构合理化负向作用最大，估计系数为-0.084，而能源和土地影响估计系数约为0.002。即不同要素扭曲虽均为负向影响，但作用大小存在较为明显的差别。

（11）国内市场分割是要素市场扭曲作用于产业结构优化升级的重要路径。不同要素回归结果均表明要素市场分割指数与要素扭曲的交互项对产业结构高级化与产业结构合理化均显著为负，且系数绝对值大小大于要素扭曲变量系数的绝对值，劳动扭曲通过市场分割影响产业结构高级化和合理化的程度都最大。

（12）将重点产业政策划分为支柱型重点产业政策、传统型重点产业政策和新兴型产业政策，回归拟合发现，支柱型产业政策对相应产业全要素生产率的提高最显著，新兴型产业政策对相应产业全要素生产率也有一定的促进作用，但结果不如支柱型产业显著，传统型产业政策对相应产业的全要素生产率的影响则有正有负，依据不同省区市的实际情况来决定。两种实证检验的结果表明支柱型、传统型以及新兴型三种不同类型的产业政策对产业生产率的影响程度在不同产业类型上具有显著差异。

8.2 对策建议

8.2.1 降低要素市场扭曲不利影响的政策建议

在要素市场扭曲的情况下，微观经济主体在错误的价格信号引导下进行产业和技术选择，这必将导致技术效率损失，并进一步阻碍产业结构优化升级。因此，在政策层面上，打破地方保护主义，加快要素市场的市场化进程，积极构建合理的要素价格体系，使要素价格真正反映其内在的价值，是提高我国资源配置效率和产业技术效率所面临的一项紧迫任务。如何减少市场摩擦、减少资源错配，提高要素配置效率、提高增长质量将是今后中国政策制定者考虑的重点。为此，我们提出以下建议你：

（1）进一步推进农村土地制度改革。鉴于目前国家产业发展对土地这一个要素的需求量仍然保持较大的体量，在推进土地制度改革的同时，只有保障更高程度的土地使用权益，才能提高土地要素的配置利用效率。一方面，农村作为第一产业的主要生产力，在保持农村土地集体建设制度不变的情况下，政府应该进一步开放农村的宅基地市场，为农村土地的改革寻找进一步开发的空间，使农村的宅基地使用权能够以市场化的方式进行持续的流通，进而吸引来自第二、第三产业的资本流入农业，从而推动第一产业的转型升级。另一方面，为了多方鼓励和推动多种形式的农村规模经营，政府需要完善现有的农业扶持政策和农村社会保障体系，如扶持新型的农业规模经营主体并且定期提供专门的组织培训使其规模化，提高农村社会保险以及社会救助的补贴范围与金额，尽全力保障全体农民的福利，使农民们可以放心地去经营集体农业。

（2）消除劳动力市场分割，提高资源配置效率。尤其在劳动力市场中，我国在劳动力流动上制定了严格的政策制约，不同所有制下的经济主体存在严格的准入门槛，受到国家用人指标的严格控制，产业结构分割也较为明显，从而造成了劳动力市场的两级分割。因此必须保持合理适度的工资差距，建立相对协调的工资增长机制。此外，分离体制内等各种户籍制度与各种隐形福利，这些隐形福利还没有被完全清理，从而导致城乡差异以及体制内外不同类型的居民无法享受同等户籍待遇，所以必须通过法制化建设使城乡居民享受对等的权利。

（3）加强人力资本投入，提高劳动力素质。人才是促进产业升级的关键和力量源泉。改革开放至今，劳动力素质也得到一定提升。但是我国的技能型人才总体上严重不足，高层次人才更为短缺，在很多高技术行业出现了所谓“技工荒”的现象。因此，改善这一现象的主要切入点就是加强人力资本投入，提高劳动力整体素质。企业要建立公平的竞争秩序，促进劳动力自主提高素质；同时各级政府要落实农村义务教育，从根本上确保劳动力受教育水平的提高；此外，根据市场需求，将推动具有较强实用性的多元化技能培训，以提高劳动力的就业能力。不断提高我国劳动力的质量与素质，改善我国劳动力技能型不足的状况，最终降低劳动力要素市场扭曲。

（4）鼓励技术创新，提高企业生产率。毋庸置疑，科学技术是第一生产力，很多学者的实证表明，R&D投入对产业结构优化升级和经济发展都有显著的正向促进作用。因此，应通过技术进步提高生产过程中各因素的效率，采用技术创新和现代化运作模式，提高服务业的水平和质量。优化研发资源配置，实现产业结构和辐射带动作用，促进产业结构整体技术升级和结构优化。同时，应进一步加大对各类节能减排技术开发的投入，坚持科技创新和技术进步，促进节能减排，提高企业生产效率的同时，还要严格限制污染类行业建设和发展，提高了行业的进入门槛。

（5）借助国际经验，实现产业技术跨国交流。产业政策的制定和实施必须符合社会发展政策和经济发展规律，形成相互协调的有机整体。产业政策是国家经济发展政策的重要组成部分，发达国家和地区有着丰富的企业发展经验和先进的技术优势，因此，有必要利用国际经验实现工业技术的跨国交流，鼓励跨国公司研究和发展本土化，增强跨国公司对地方产业转型升级的驱动力和溢出效应，进而培养具有国际竞争力的创新领军企业，形成具有较强竞争力的产业集聚。

（6）政府简政放权，激发要素市场发展活力。党的十九大报告中指出，“加快完善社会主义市场经济体制。经济体制改革必须以完善产权制度和要素市场化配置为重点，实现产业有激励、要素自由流动……”简政放权等改革是适应世界经济发展趋势下的必然选择。减少政府干预，充分发挥市场力量，创造更加自由和便利的商业环境，是各国在经济全球化背景下依靠竞争的重要手段。政府通过简政放权营造一个更加自由、公平的商业环境，能够降低企业成本，激发微观经济活力，促进企业转型升级，从而为我国国际竞争力培育了新的优势。

8.2.2　消除市场分割不利影响的政策建议

在我国渐进式改革的大背景下，一些地方政府出于保护本地企业或其他目的采用或显性或隐性的市场分割策略，阻碍了微观层面的要素流动，扭曲了要素市场在生产率不同企业的配置，不利于我国产业结构优化升级。另外，国内市场分割和要素扭曲的削弱是个动态渐进过程，需要社会各界的共同努力。为此，我们提出以下建议：

（1）构建政府与市场间有效协调制衡机制，不断削弱国内市场分割。政府与市场是我国调节宏观经济的两种政策途径，单纯地依赖某一种手段在我国均是不现实的。短期的地方政府行为可以扶持一些新兴行业、孵化期产业的发展，或集中资源突破某一技术难题，帮助一地区实现大踏步式前进的产业结构优化调整。但从长期来说，地方政府分割行为阻碍了微观层面的各种要素流动，影响资源配置效率和规模效应的发挥，不利于我国经济的长期发展和产业结构的持续优化。我们应充分认识和挖掘释放国内市场一体化的长期福利效应，建立一个统一、开放、竞争、有序的市场经济体系，以价格机制引导商品和生产要素的空间流动，实现区域经济中的供给与需求平衡，达到产业活动在空间上有效配置。充分发挥市场机制在利用分散信息、协调供需平衡等优化资源配置方面占有的优势，合理配置有限的资金、技术、人才等，增强地区间的经济技术联系、竞争与合作。统筹兼顾“对外改革、对内开放”，继续开拓国际市场的同时，打破行政区域的边界，促进对内开放，建立全国统一的大市场，发挥国内市场的规模经济效益，促进市场需求规模和结构的提升，形成产业的合理分工与协作。政府也应主动规范自身行为，规制行政垄断，加强公平竞争。

（2）立足全局视角，统筹区域发展，推进区域合作机制。政府应该以全局的、统筹的视角不断完善区域规划政策，从各地区的自身特性和资源禀赋出发，合理开发，以发挥各地区自然资源和社会经济资源优势，以区域生产力合理布局为核心，综合分析、权衡轻重、分清主次、正确处理地区间的竞争关系。例如，统一规划地区间的交通设施，不断削弱地理阻断，加强地区间的经济联系，促进地区间协调合作，跨省合作或根据产品生产条件跨地域合作，以形成地区间优势互补、互利共赢的局面。同时，优化各地区政府业绩考核方式，不在单纯地以国内生产总值增长率的高低来评价各地区官员的业绩和业务能力，以避免恶性竞争和各地方政府不协调配合中央政府政策，施行隐性的分割市场的策略。

（3）因地制宜，因要素不同可针对性地采取不同措施。根据各省区市自身特点，调整生产力战略布局，发挥本地区的产业特色，促进具有地区特色的专业化产业区的形成和地区的产业专业化程度提高；另外，着力消除国内市场分割，巩固和加强本地区与外部区域的贸易联系、经济交流和合作。针对不同的要素市场扭曲采用不同的政策，如劳动要素市场扭曲，推进农民工的市民化进程，推动社会发展向城乡协调型转变。

参考文献

[1] ACEMOGLU D, GUERRIERI V. Capital Deepening and Nonbalanced Economic Growth [J]. Journal of Political Economy, 2008, 116 (3): 467 - 498.

[2] Ackerberg, D. K. CavesandG. Frazer, 2006, "Structural Identification of Production Functions", Munich Personal RePEc Archive Working Paper, No. 38349. pp. 4 - 16.

[3] Adamopoulos, T. Land Inequality and the Transition to Modern Growth [J]. Review of Economic Dynamics, 2007 (11): 257 - 282.

[4] Aghion, P. , J. Cai, M. Dewatripont, L. Du, A. Harrison, and P. Legros. 2015. "Industrial Policy and Competition. " American Economic Journal: Macroeconomics 7 (4): 1 - 32.

[5] Allen Franklin, Qian Jun and Qian Meijun, 2005, "Law, Finance and Economic Growth In China", Journal of Financial Economics, Vol. 77, pp. 57 - 116.

[6] Alvarez F, Shimer R. Search and Rest Unemployment [J]. Econometrica, 2011, 79 (1): 75 - 122.

[7] Aoki S. A Simple Accounting Framework for the Effect of the Effect of Resource Misallocation on Aggregate Productivity [R]. MPRA Paper, No. 11511, 2008.

[8] Balassa, B. 1965. "TradeLiberalisationand 'Revealed' ComparativeAdvantage. " Manchester School of Economic and Social Studies 33 (2): 99 - 123.

[9] Bar - Yosef S, Bharat Sarath. Auditor Size, Market Segmentation and Litigation Patterns: A Theoretical Analysis [J]. Review of Accounting Studies, 2005, 10 (1): 59 - 92.

[10] Berman E. , Bound J. , Griliches Z. Changes in the Demand for Skilled Labor within U. S. Manufaturing Industries: Evidence from the Annual Survey of Manufacuring [R]. NEBR Woeking Paper, No. 4255, 1944.

[11] Bhagwati J. Trade - Diverting Customs Unions and Welfare - Improvement: A Clarification [J]. Economic Journal, 1971, 81 (323): 580 - 587.

[12] Bhagwati, J. and V K. Ramaswami. Domestic Distortions, Tariffs and the Theory of Optimum Subsidy [J]. Journal of Political Economics, 1963, 71 (1): 44 -50.

[13] Bhagwati, J. Distortions and Immiserizing Growth: A Generalization [J]. Review of Economic Studies, 1968, 35 (4): 481 -485.

[14] Brandt L, Tombeb T, Zhu X D. Factor market distortions across time, space and sectors in China [J]. Review of Economic Dynamics, 2013, 16 (1): 39 -58.

[15] CADOT O, SHAKUROVA Y. Endowments, Specialization, and Policy [J]. Review of International Economics, 2010, 18 (5): 913 -923.

[16] Cai, F. and Du, Y., 2004, "Labour Market Integration: Evidence from Wage Convergence in Manufacturing", in Garnaut and Song (eds.), China: Is Rapid Growth Sustainable, Canberra: AsiaPacific Press, 2004.

[17] Carsten Herrmann - Pillath, Alexander Libman and Yu Xiaofan. Marketization without Integration: Dismantling the Role of Politicaland Cultural Determinants in the Reach of Market [R]. Frankfurt School - Working Paper Series, 2011, 137 (1): 12 -32.

[18] Caves, D. W., L. R. Christensen and W. E. Diewert. The Economic Theory of Index Number and the Measurement of Input, Output, and Productivity [J]. Econometrica, 1982, 50 (6): 2393 -1414.

[19] Chacholiadcs. International Trade Theory and Policy [M]. Auckland; Singapore: McGraw - Hill, 1978

[20] CHE N X. Factor Endowment, Structural Coherence, and Economic Growth [J]. Social Science Electronic Publishing, 2012 (12): 165.

[21] Chenery. H, Robinson. S, Syrquin. M. Industrialization and Growth: A Comparative Study [M]. New York: Oxford University Press, 1986.

[22] DASS. Externalities and technology transfer through multinational corporations: A theoretical analysis [J]. Journal of International Economics, 1978, 22 (1): 171 -182.

[23] Daumal M, Soledad Zignago. Measure and determinants of border effects of Brazilian states [J]. Papers in Regional Science, 2010, 89 (4): 735 -758.

[24] Duarte, Margarida, Restuccia, et al. The Role of the Structural Transformation in Aggregate Productivity * [C] // Meeting Papers. 2010.

[25] Edward S. Shwa. Financial deepening in Economic Development [M].

London: Oxford University Press, 1973.

[26] Ferri, G. and Liu, L., 2010, "How Thy Creditors Beforan Thy Shareholders: Are The Profits of Chinese State – Owned Enterprises Real?", Asian Economic Papers, 9: 3.

[27] Fisher, T. C. G and R. G Waschik. Union Bargaining Power, Relative Wages and Efficiency in Canadian [J]. Canadian Journal of Economics, 2000, 33 (3): 742 – 765.

[28] Genevieve Boyreau – Debray, Shang – Jin Wei. Pitfalls of a State – Dominated Financial System: The Case of China [R]. NBER, Working Paper No. 11214, 2005, 10 (2): 5 – 46.

[29] Guangzhong Cao, Changchun Feng, Ran Tao. Local "Land Finance" in China's Urban Expansion: Challenges and Solutions [J]. China & World Economy, 2008, 16 (2): 19 – 30.

[30] Hopper, W. D. Allocation Efficiency in a Traditional Indian Agriculture [J]. Journal of Farm Economics, 1965, 47 (3): 611 – 624

[31] Hsieh C T, Klenow P J. Misallocation and Manufacturing TFP in China and India [J]. Quarterly Journal of Economics, 2009, 124 (4): 1403 – 1448.

[32] Hsieh, C. T. and P. J Klenow. Misallocation and Manufacturing TFP in China and India [J]. Quarterly Journal of Economiccs, 2009, 124 (4): 1403 – 1448.

[33] Huang, Y. and Wang, X., 2011, "Does Financial Repression Inhibit or Facilitate Economic Growth? A Case Study of Chinese Reform Experience", Oxford Bulletin of Economic and Statistics, Vol. 73, pp. 833 – 855.

[34] Johnson, H. G Factor Market Distortion and the Shape of the Transformation Curve [J]. Econometrica, 1966

[35] Johnson, H. G Factor Market Distortion and the Shape of the Transformation Curve [J]. Econometrica, 1966, 34 (3): 686 – 698.

[36] Jones, R. W. Distortions in Factor Markets and the General Equilibrium Model of Production [J]. Journal of Political Economy, 1971, 79 (3): 437 – 459.

[37] Jonhson, H. G. A Note on Distortions and the Rate of Growth of Open Economy [J]. Economic Journal, 1970, 80 (320): 990 – 992.

[38] JU J D, LIN J Y, WANG Y. Endowment Structures, Industrial Dynamics, and Economic Growth [R]. Policy Research Working Paper, 2010.

[39] Ju, Jiandong, and Su, Li. "Market structure in the Chinese steel

industry." Asia – Pacific Journal of Accounting & Economics 20. 1 (2013): 70 – 84.

[40] JUJD, LIN JY, WANG Y. Endowment Structures, IndustrialDynamics, and Economic Growth.

[41] Kadlec G B, Mcconnell J J. The Effect of Market Segmentation and Illiquidity on Asset Prices: Evidence from Exchange Listings [J]. Journal of Finance, 2012, 49 (2): 611 –636.

[42] Kimura S, Otsuka K, Sonobe T, et al. Efficiency of land allocation through tenancy markets: Evidence from China [J]. Economic Development and Cultural Change, 2011, 59 (3): 485 –510.

[43] Klenow, P and A. Rodriguez – Clare. Economic Growth: A Review Essay [J]. Journal of Monetary Economics, 1997 (40): 597 –617.

[44] Lall, S. Comparing National Competitive Performance: An Economic Analysis of World Economic Forum's Competitive – ness Index [R]. Queen Elizabeth House Working Paper, 2001. No. 61. pp. 28 – 32.

[45] Lau, L. J. and P. A. YotoPoulos. A Test for Relative Efficiency and Application to Indian Agriculture [J]. American Economy Review, 1971, 61 (1): 94 – 109.

[46] Lee, J. W. Government Interventions and Productivity Growth in Korean Manufacturing Industries [R]. National Bureau of Economic Research Working Paper, 1995, No. 5060. pp. 5 – 15.

[47] LIN J Y. Beyond Keynesianism: the Necessity of a Globally Coordinated Solution [J]. Harvard International Review, 2009, 31 (2): 14 – 17.

[48] Magee, S. P. Factor Market Distortion, Production and Trade: A Survey [J]. Oxford Economic Papers, New Series, 1973, 25 (1): 1 –43.

[49] Magfie, S. P. Factor Market Distortion, Production and Trade: A Survery [J]. Oxford Economic Paper, 1978 (1): 1 –4

[50] Manski. Economic Analysis of Social Interactions [J]. The Journal of Economic Perspectives, 2000, 14 (3): 115 –136.

[51] Mckinnon R I. Financial Liberalization And Economic Development: A Reassessment Of Interest – Rate Policies In Asia And Latin America [J]. Oxford Review of Economic Policy, 1989, 5 (4): 29 –54.

[52] Midrigan V, Xu D Y. Finance and misallocation: Evidence from plant – level data [J]. American Economic Review, 2014, 104 (2): 422 –458.

[53] Naughton, B. How Much Can Regional Integration Do to Unify China's Markets? [R]. Conference for Stanford University Research on Economic Development and Policy Research, Stanford University, 1999.

[54] OECD, Economic Surveys: China. Paris: OECD, 2005.

[55] OECD. 1975. "Objectives and Instruments of Industrial Policy: A Comparative Study", OECD Press. 1975: 122 - 130.

[56] Parsley, D. C. & S. J. Wei. Limiting Currency Volatility to Stimulate Goods Market Integration: A Price Based Approach [R]. Social Science Electronic Publishing, 2001.

[57] Parsley, D. C. &S. J. Wei. Convergence to Law of One Price without Trade Barriers or Currency Fluctuations [J]. Quarterly Journal of Economics, 1996, 111 (4): 1211 - 1236.

[58] Parsley, David C. Shang - Jin Wei. Explaining the Border Effect: The Role of Exchange Rate Variability, Shipping Cost, andGeography [R]. Journal of International Economics, 2001, 55 (1): 87 - 105.

[59] Poncet, S . Domestic Market Fragmentation and Economic Growth in China [C]. Ersa Conference Papers, 2003.

[60] Poncet, S . Measuring Chinese Domestic and International Integration [J]. China Economic Review 2003, 14 (1): 1 - 21.

[61] Poncet. A Fragmented China: Measure and Determinants of Chinese Domestic MarketDisintegration [R]. Review of InternationalEconomics, 2005, 13 (3): 409 - 430.

[62] Raghuram G Rajan and Luigi Zingales. Financial Systems, Industrial Structure, and Growth [J]. Oxford Review of Economic Policy, 2001, 17 (4): 467 - 482.

[63] REDDING K T S, MARTIN M V. Factor Endowments and Production in European Regions [J]. Review of World Economics, 2006, 142 (1): 1 - 32.

[64] Restuccia D, Rogerson R. Misallocation and productivity [J]. Review of Economic Dynamics, 2013, 16 (1): 1 - 10.

[65] Richardson, S. Over - investment of Free Cash Flow [J]. Review of Accounting Studies, 2006, Vol. 11 (2 - 3), pp. 159 - 189.

[66] Ronald W. Jones. Distortion in Factor Makets and the General Equilibrium Model of Production [J]. Journal of Political Econmy, 1971 (78): 437 - 459.

[67] Sandra Poncet, Measuring Chinese Domestic andInternational Integration,

China Economic Review, 2003, 14 (1): 1 -21.

[68] SE Atkinson, C Cornwell. Estimating Radial Measures of Productivity Growth: Frontier vs Non - Frontier Approaches [J]. Journal of Productivity Analysis. 1998 (7): 35 -46.

[69] SOO K T. Factor Endowments and the Location of Industry in India [R]. Lancaster University: The Department of Economics. 2005.

[70] Szamosszegi, A. and Kyle, C. An Analysis of State - owned Enterprises and State Capitalism in China [R]. 2011, U. S - China Economic and Security Review Commission.

[71] Szamosszegi, A. and Kyle, C., 2011, "An Analysis of State - owned Enterprises and State Capitalism in China", U. S - China Economic and Security Review Commission.

[72] Thomas, Robert J. Multistage market segmentation: an exploration of B2B segment alignment [J]. Journal of Business & Industrial Marketing, 2016, 31 (7): 821 -834.

[73] Tobin, J. Inflation and Unemployment [J]. American Economic Review, 1972 (2): 1 -18.

[74] Word Bank. China: Integration of National Products and Factor Markets: Economic Benefit and Policy Recommendations [R]. 2005, World Report No. 31973.

[75] Xu Xinpeng, Have the Chinese Provinces Be - come Integrated Under Reform? China Economic Review, 2002, 13 (2 -3): 118

[76] Yanbing W. The Dual Efficiency Losses in Chinese State - Owned Enterprises [J]. Economic Research Journal, 2012.

[77] Young A. The Razor \ "s Edge: Distortions and Incremental Reform in the People \ "s Republic of China [J]. Quarterly Journal of Economics, 2000, 115 (4): 1091 -1135.

[78] Zong J F, Zhou L. Market Segmentation Factor Distortion and Industry Upgrading - The Evidence from China (1998 ~2007) [J]. Economic Management Journal, 2013.

[79] 曹玉书，楼东玮．资源错配、结构变迁与中国经济转型 [J]．中国工业经济，2012 (10): 5 -18.

[80] 白俊红，卞元超．要素市场扭曲与中国创新生产的效率损失 [J]．中

国工业经济，2016（11）：39－55.

［81］白重恩，杜颖娟，陶志刚，全月婷．地方保护主义及产业地区集中度的决定因素和变动趋势［J］．经济研究，2004（4）．

［82］柏培文．我国三大产业劳动无扭曲配置对产业增长的影响［J］．中国工业经济，2014（4）：32－44.

［83］柏培文．中国劳动要素配置扭曲程度的测量［J］．中国工业经济，2012（10）：19－31.

［84］波森特（Poncet，S）．中国市场正在走向“非一体化”——中国国内和国际市场一体化程度的比较分析［J］．世界经济文汇，2002（1）：3－17.

［85］步丹璐，屠长文，罗宏．产业政策能否缓解市场分割？——基于企业异地股权投资视角的实证研究［J］．产业经济研究，2017（6）：75－88.

［86］蔡昉，都阳，王美艳．中国劳动力市场转型与发育［M］．北京：商务印书馆，2005.

［87］蔡昉，王德文，王美艳．渐进式改革进程中的地区专业化趋势［J］．经济研究，2002（9）：24－30，93.

［88］蔡昉．劳动力迁移的两个过程及其制度障碍［J］．社会学研究，2001（4）：44－51.

［89］蔡昉．中国经济增长如何转向全要素生产率驱动型［J］．中国社会科学，2013（1）：56－71，206.

［90］曹玉书，楼东玮．资源错配、结构变迁与中国经济转型［J］．中国工业经济，2012（10）：5－18.

［91］陈斌开，林毅夫．金融抑制、产业结构与收入分配［J］．世界经济，2012（1）：3－23.

［92］陈林，罗莉娅，康妮．行政垄断与要素价格扭曲——基于中国工业全行业数据与内生性视角的实证检验［J］．中国工业经济，2016（1）：52－66.

［93］陈朋裕．要素价格扭曲、产业结构优化与市场准入放宽［J］．经济问题，2016（8）：42－45.

［94］陈强．高级计量经济学及 STATA 应用第二版［M］．北京：高等教育出版社．

［95］陈庆江，赵明亮，耿新．信息化、市场分割与产业结构合理化［J］．经济问题，2018（6）：14－19.

［96］陈永伟，胡伟民．价格扭曲、要素错配和效率损失：理论和应用［J］．经济学（季刊），2011（10）：1401－1422.

[97] 陈永伟．资源错配：问题、成因和对策 [D]．北京大学，2013.

[98] 陈昭、陆铭、金煜．中国人力资本和教育发展的区域差异：对于面板数据的估算 [J]．世界经济 (12)：25 - 33.

[99] 程娅昊、钟声．中国生产要素价格扭曲的实证分析 [J]．山东社会科学，2014 (1)：139 - 143.

[100] 戴魁早，刘友金．要素市场扭曲与创新效率——对中国高技术产业发展的经验分析 [J]．经济研究，2016 (7)：72 - 86.

[101] 单豪杰．中国资本存量 K 的再估算：1952 ~ 2006 年 [J]．数量经济技术经济研究，2008 (10)．

[102] 邓明．中国地区间市场分割的策略互动研究 [J]．中国工业经济，2014 (2)：18 - 30.

[103] 董幼鸿．我国地方政府政策评估制度化建设研究 [D]．华东师范大学，2008 (5)：25 - 30.

[104] 董宇．我国制造业结构变迁对全要素生产率动态变化的影响研究 [D]．吉林大学，2013.

[105] 范剑勇，林云．产品同质性、投资的地方保护与国内产品市场一体化测度 [J]．经济研究，2011，46 (11)：48 - 59.

[106] 范剑勇．长三角一体化、地区专业化与制造业空间转移明 [J]．管理世界，2004 (11)：77 - 84，96.

[107] 范欣，宋冬林，赵新宇．基础设施建设打破了国内市场分割吗? [J]．经济研究，2017，52 (2)：20 - 34.

[108] 范子英，张军．财政分权、转移支付与国内市场整合 [J]．经济研究，2010，45 (3)：53 - 64.

[109] 范子英．如何科学评估经济政策的效应 [J]．财经智库，2018 (5)：50 - 53.

[110] 傅东平．要素价格变化对中国出口的影响分析 [J]．当代经济，2009 (5)：76 - 77

[111] 盖庆恩，朱喜，程名望，史清华．要素市场扭曲、垄断势力与全要素生产率 [J]．经济研究，2015 (5)：61 - 75.

[112] 盖庆恩、朱喜、史清华．劳动力市场扭曲、结构转变和中国劳动生产率 [J]．经济研究，2013 (5)：87 - 97 + 111.

[113] 干春晖，郑若谷，余典范．中国产业结构变迁对经济增长和波动的影响 [J]．经济研究，2011 (5)：3 - 31.

［114］干春晖，郑若谷，余典范．中国产业结构变迁对经济增长和波动的影响［J］．经济研究，2011（5）：4－16，31．

［115］干春晖，郑若谷，余典范．中国产业结构变迁对经济增长和波动的影响［J］，经济研究，2011（5）：4－31．

［116］干春晖．中国产业结构变迁对经济增长和波动的影响［A］．上海学术报告（2012－2013）［C］．：上海市社会科学界联合会，2015：2．

［117］高越、李荣林．国际生产分割、技术进步与产业结构升级［J］．世界经济研究，2011（12）：78－84．

［118］高志刚．产业经济学［M］．北京：中国人民大学出版社，2016．

［119］耿伟．要素价格扭曲是否提升了中国企业出口多元化水平？［J］．世界经济研究，2013（9）：49－54．

［120］龚仰军，应勤俭．产业结构与产业政策［M］．上海：立信会计出版社，1999．

［121］顾智鹏．中国产能过剩问题的一个解释——基于土地要素配置视角［J］．南京社会科学，2016（2）：31－38．

［122］管军．外商直接投资促进区域产业结构升级策略研究［J］．特区经济，2010（12）：218－220．

［123］桂琦寒，陈敏，陆铭．中国国内商品市场趋于分割还是整合——基于相对价格法的分析［J］．世界经济，2006（2）．

［124］郭庆旺，贾俊雪．中国全要素生产率的估算：1979－2004［J］．经济研究，2005（6）：52－57．

［125］郭勇．国际金融危机、区域市场分割与工业结构升级——基于1985—2010年省际面板数据的实证分析［J］．中国工业经济，2013（1）：19－31．

［126］韩国高，高铁梅，王立国，等．中国制造业产能过剩的测度、波动及成因研究［J］．经济研究，2011．

［127］韩剑．政府干预如何导致地区资源错配——基于行业内和行业间错配的分解［J］．中国工业经济，2014（11）：69－81．

［128］韩胜飞．市场整合研究方法与传达的信息［J］．经济学（季刊），2007（4）：1359－1372．

［129］韩永辉，黄亮雄，王贤彬．产业政策推动地方产业结构升级了吗？基于发展型地方政府的理论解释与实证检验［J］．经济研究，2017（8）：35－40．

［130］韩永辉，黄亮雄，王贤彬．产业政策推动地方产业结构升级了吗？——基于发展型地方政府的理论解释与实证检验［J］．经济研究，2017，

52 (8): 33 -48.

[131] 行伟波，李善同．引力模型、边界效应与中国区域间贸易：基于投入产出数据的实证分析 [J]. 国际贸易问题，2010 (10): 32 -41.

[132] 郝枫，赵慧卿．中国市场价格扭曲测度：1952 -2005 [J]. 统计研究，2010，27 (6): 33 -39.

[133] 何好俊，彭冲．城市产业结构与土地利用效率的时空演变及交互影响 [J]. 地理研究，2017，36 (7): 1271 -1282.

[134] 何平，陈丹丹，贾喜越．产业结构优化研究 [J]. 统计研究，2014 (7): 31 -37.

[135] 胡白杨．中国制造业资源错配及其对全要素生产率的影响研究 [D]. 哈尔滨商业大学，2017.

[136] 胡向婷，张璐．地区保护主义对地区产业结构的影响—理论与实证分析 [J]. 经济研究，2005 (2).

[137] 胡咏梅，唐一鹏．公共政策或项目的因果效应评估方法及其应用 [J]. 华中师范大学学报，2018 (5): 170 -175.

[138] 胡昭玲．制造业服务化、技术创新与产业结构转型升级——基于 WIOD 跨国面板数据的实证研究 [J]. 国际经贸探索，2017 (12): 4 -21.

[139] 黄季焜，Scott Rozelle，解玉平，张敏．从农产品价格保护程度和市场整合看入世对中国农业的影响 [J]. 管理世界，2002 (9): 84 -94，154 -155.

[140] 黄婧、纪志耿、张红扬．中国经济增长与就业非一致性的成因分析——基于要素配置扭曲的视角 [J]. 经济问题探讨，2011 (1): 13 -17.

[141] 黄鹏，张宇．中国要素价格相对扭曲对企业技术创新影响的研究——基于微观企业数据的 Probit 检验 [J]. 上海经济研究，2014 (7): 31 -41.

[142] 黄益平．不对外开放的中国市场 [J]. 上海经济，2009 (10).

[143] 简泽，段永瑞．企业异质性、竞争与全要素生产率的收敛 [J]. 管理世界，2012 (8): 15 -29.

[144] 简泽．企业间的生产率差异、资源再配置与制造业部门的生产率 [J]. 管理世界，2011 (5): 11 -23.

[145] 江飞涛，李晓萍．改革开放四十年中国产业政策演进与发展——兼论中国产业政策体系的转型 [J]. 管理世界，2018 (10): 13 -18.

[146] 江飞涛，李晓萍．直接干预市场与限制竞争；中国产业政策的取向与根本缺陷 [J]. 中国工业经济，2010 (9): 77 -80.

[147] 江艇，孙鲲鹏，聂辉华．城市级别、全要素生产率和资源错配 [J].

管理世界，2018（3）：44－50.

［148］江小涓．论我国产业结构政策的实效和调整机制的转变［J］．经济研究，1991（2）：99－104.

［149］江小涓．经济转轨时期的产业政策——对中国经验的实证分析与前景展望［M］．格致出版社，2014.

［150］姜泽华、白艳．产业结构升级的内涵与影响因素分析［J］．当代经济研究．2006（10）：53－56.

［151］靳来群、林金忠、丁诗诗．行政垄断对所有制差异所致资源错配的影响［J］．中国工业经济．2015（4）：31－43.

［152］孔令池，高波．李言市场开放、地方财税竞争与产业结构调整——基于我国省级而板数据的实证研究［J］．经济理论与经济管理，2017（10）：45－57.

［153］孔令池．国内市场分割及其区域产业结构效应研究［D］．南京大学，2018.

［154］孔令池．国内市场分割的测度及其影响因素分析［J］．郑州大学学报（哲学社会科学版），2019，52（1）：59－64，127－128.

［155］李博、胡进．中国产业结构优化升级的测度和比较分析［J］．管理科学，2008（4）：86－93.

［156］李程．要素市场扭曲、资本深化与产业结构调整——基于时变弹性生产函数的实证分析［J］．统计与信息论坛，2015（2）：60－66.

［157］李广瑜，陆蒙华，赵子健，史占中．深化要素价格改革对产业转型升级的影响研究［J］．价格理论与实践，2016（9）：93－96.

［158］李平，季永宝．要素价格扭曲是否抑制了我国自主创新？［J］．世界经济研究，2014（1）：10－15，87.

［159］李小平，朱钟棣．中国光工业行业的全要素生产率测算——基于分行业面板数据的研究［J］．管理世界，2005（4）：56－58.

［160］李晓萍，李平，吕大国，江飞涛．经济集聚、选择效应与企业生产率［J］．管理世界，2015（4）：36－43.

［161］李学红．优化投资结构、助力产业升级——保定市固定资产投资对产业结构影响分析［J］．区域发展，2017（9）：98－100.

［162］李学文，卢新海，张蔚文．地方政府与预算外收入：中国经济增长模式问题［J］．世界经济，2012（8）：134－160.

［163］李志远，余淼杰．生产率、信贷约束与企业出口：基于中国企业层面的分析［J］．经济研究，2013（6）：52－63.

［164］梁泳梅，董敏杰．中国经济增长来源：基于非参数核算方法的分析［J］．世界经济，2015（11）：40－42.

［165］林雪，林可全．中国要素价格扭曲对经济失衡的研究［J］．上海经济研究，2015（8）：64－69.

［166］林毅夫，刘培林．地方保护和市场分割：从发展战略的角度考察［R］．北京大学中国经济研究中心讨论稿 NO. C02004015，2004.

［167］林毅夫．新结构经济学——重构发展经济学的框架［J］．经济学（季刊），2011（1）：1－32.

［168］林毅夫．自生能力、经济发展与转型［M］．北京：北京大学出版社，2004.

［169］刘秉镰，朱俊丰．区域市场分割的影响因素及其空间邻近效应分析——基于 1989－2014 年中国省际面板数据［J］．经济地理，2018，38（10）：36－45.

［170］刘厚俊，王丹利．劳动力成本上升对中国国际竞争力比较优势的影响［J］．世界经济研究，2011（3）：9－33.

［171］刘名远、林民书．区域贸易、要素价格扭曲与区域经济利益空间失衡［J］．财经科学，2013（2）：56－64.

［172］刘伟，杨云龙，路林书，张志刚．我国推行产业政策面临的矛盾及目标导向——关于目前我国产业政策研究的基本思路［J］．经济理论与经济管理，1987（3）：1－7.

［173］刘卫东，段洲鸿．工业用地价格标准的合理确定［J］．浙江大学学报（人文社会科学版），2008（30）：46－153.

［174］楼东球．资源错配视角下的产业结构失衡研究——关于错配指数的测度与分析［J］．云南财经大学学报，2013（5）：52－60.

［175］卢峰，姚洋．金融压抑下的法治、金融发展和经济增长［J］．中国社会科学，2004（1）：42－55，206.

［176］鲁晓东，连玉君．中国工业企业全要素生产率估计：1999－2007［J］．经济学，2012（2）：542－549.

［177］陆铭，陈钊．分割市场的经济增长——为什么经济开放可能加剧地方保护［J］．经济研究，2009（3）：42－52 .

［178］罗德明，李晔，史晋川．要素市场扭曲、资源错置与生产率［J］．经济研究，2012（3）：4－14，39.

［179］罗小芳．地方保护、市场分割与技术创新——基于中国高技术行业

的实证分析 [J]. 江汉论坛, 2019 (4): 5 - 15.

[180] 毛其淋. 要素市场扭曲与中国工业企业生产率——基于贸易自由化视角的分析 [J]. 金融研究, 2013 (2): 156 - 169.

[181] 茅于轼. 价格扭曲是当前宏观经济诸多问题的根源 [J]. 资料通讯, 2007 (12): 23 - 24.

[182] 聂辉华, 贾瑞雪. 中国制造业企业生产率与资源误置 [J]. 世界经济, 2011 (7): 27 - 42.

[183] 潘小娟. 发达国家地方政府管理体制 [M]. 北京: 时事出版社, 2001.

[184] 平新乔. 产业结构调整过程中的市场与政府之间关系 [J]. 经济与管理研究, 2016, 37 (5): 3 - 7.

[185] 邱风, 王正新, 林阳阳, 盛雯雯, 王倩. 地方保护、市场分割与地区产业结构差异化 [J]. 财经论丛, 2015 (10): 103 - 112.

[186] 曲玥. 制造业产业结构变迁的路径分析——基于劳动力成本优势和全要素生产率的测算 [J]. 世界经济文汇, 2010 (6): 66 - 78.

[187] 任志成, 张二震. 吕凯. 波贸易开放、财政分权与国内市场分割 [J]. 经济学动态, 2014 (12): 44 - 52.

[188] 尚晓晔. 要素市场价格扭曲对中国经济的影响——理论与实证 [D]. 武汉大学, 2016.

[189] 尚晓晔. 要素市场扭曲对中国产业结构优化升级的影响 [J]. 求索, 2016 (9): 114 - 118.

[190] 邵宜航、步晓宁、张天华. 资源配置扭曲与中国工业全要素生产率——基于工业企业数据库再测算 [J]. 中国工业经济, 2013 (12): 39 - 51.

[191] 沈能. 环境效率、行业异质性与最优规制强度: 中国工业行业面板数据非线性检验 [J]. 中国工业经济, 2012 (3): 56 - 68.

[192] 盛斌, 毛其淋. 贸易开放、国内市场一体化与中国省际经济增长: 1985 - 2008 年 [J]. 世界经济, 2011 (11).

[193] 盛仕斌, 徐海. 要素价格扭曲的就业效应研究 [J]. 经济研究, 1999 (5): 68 - 74.

[194] 盛誉. 贸易自由化与中国要素市场扭曲的测定 [J]. 世界经济, 2005 (6): 29 - 36.

[195] 施炳展, 冼国民. 要素价格扭曲与中国工业企业出口行为 [J]. 中国工业经济, 2012 (2): 47 - 56.

[196] 施炳展、冼国明. 要素价格扭曲与中国工业企业出口行为 [J]. 中

国工业经济，2012（2）：47－56.

［197］石涛，鞠晓伟．要素禀赋、市场分割对区域产业结构趋同的影响研究［J］．工业技术经济，2008（5）：124－127.

［198］史晋川，赵自芳．所有制约束与要素价格扭曲——基于中国工业行业数据的实证分析［J］．统计研究，2007（6）：42－47.

［199］宋凌云，王贤彬．重点产业政策、资源重置与产业生产率［J］．管理世界，2013（12）：63－77.

［200］苏东水．产业经济学［M］．北京：高等教育出版社，2016.

［201］孙晓华，李明珊．国有企业的过度投资及其效率损失［J］．中国工业经济，2016（10）：33－35.

［202］孙早，吴佐，宋炜，李康．外商直接投资与中国高技术产业发展：效果评价与政策调整［J］．国际贸易，2013（9）：36－41.

［203］孙早，席建成．中国式产业政策的实施效果——产业升级还是短期经济增长［J］．中国工业经济，2015（7）：44－50.

［204］谭洪波．中国要素市场扭曲存在工业偏向吗？——基于中国省级面板数据的实证研究［J］．管理世界，2015（12）：96－105.

［205］唐德祥、孟卫东．R&D 与产业结构优化升级——基于我国面板数据模型的经验研究［J］．科技与管理．2008（5）：85－89.

［206］唐辉亮．对外贸易结构优化对产业转型升级的影响研究［J］．老区建设，2018（12）：43－46.

［207］唐杰英．要素价格扭曲对出口的影响——来自中国制造业的实证分析［J］．世界经济研究，2015（6）：92－101.

［208］陶小马，邢建武，黄鑫，等．中国工业部门的能源价格扭曲与要素替代研究［J］．数量经济技术经济研究，2009（11）：3－16.

［209］田楠．中国煤炭产业组织优化研究［D］．中国地质大学，2017.

［210］田友春，卢盛荣，勒来群．方法、数据与全要素生产率测算差异［J］．数量经济技术经济研究，2017（12）：22－26.

［211］宛群超．对外直接投资区域创新与产业结构升级［J］．华东经济管理，2019（5）：34－42.

［212］王建康．中国省际市场分割程度的时空格局及影响因素［J］．地理科学，2018，38（12）：1988－1997.

［213］王静．价格扭曲、技术进步偏向与就业——来自第三产业分行业的经验研究［J］．产业经济研究，2016（3）：91－101.

［214］王静娴．要素市场扭曲对外贸易转型升级的影响研究［D］．辽宁大学，2014.

［215］王克敏，刘静，李晓溪．产业政策、政府支持与公司投资效率研究［J］．管理世界，2017（3）：36－38.

［216］王美艳．城市劳动力市场的就业机会与工资差异——外来劳动力就业与报酬研究［J］．中国社会科学，2013（1）：36－46，205.

［217］王明涛，谢建国．寻租、市场分割与企业超额回报——基于中国制造业企业的经验研究［J］．经济科学，2019（3）：67－79.

［218］王宁，史晋川．中国要素价格扭曲程度的测度［J］．数量经济技术经济研究，2015（9）：149－160.

［219］王宁．生产要素市场扭曲的结构效应分析［D］．浙江大学博士学位论文，2016.

［220］王芃，武英涛．能源产业市场扭曲与全要素生产率［J］．经济研究，2014（6）：142－155.

［221］王庆丰，党耀国．基于 Moore 值的中国就业结构滞后时间测算［J］．经济与金融，2010（7）：4－6.

［222］王文波．金融发展、技术创新与产业结构升级——基于省域数据的实证分析［J］．金融教育研究，2019（1）：40－48.

［223］王延军，温娇秀．产业结构变动与我国宏观经济波动［J］．华东经济管理，2011（2）：22－23.

［224］王莹，郭碧銮．全要素生产率测算方法解析［J］．上海商学院学报，2010（5）：5－8.

［225］王永进，张国峰．开发区生产率优势的来源：集聚效应还是选择效应？［J］．经济研究，2016（7）：66－70.

［226］王宇，李海洋．管理学研究中的内生性问题及修正方法［J］．管理学季刊，2017（3）：28－38.

［227］魏楚，沈满洪．能源效率与能源生产率：基于 DEA 方法的省际数据比较［J］．数量经济技术经济研究，2007（9）：110－121.

［228］魏燕，龚新蜀．技术进步、产业结构升级与区域就业差异——基于我国四大经济区 31 个省级面板数据的实证研究［J］．产业经济研究，2012（4）：19－27.

［229］吴敬琏．中国增长模式抉择［M］．上海：上海远东出版社，2014.

［230］吴利学，叶素云，傅晓霞．中国制造业生产率提升的来源：企业成

长还是市场更替？[J]. 管理世界，2016 (6)：25 - 30.

[231] 吴晓霞. 省际产业结构升级的异质性及影响因素——基于 1998 年～2010 年 28 个省区的空间计量分析 [J]. 经济经纬，2014 (1)：90 - 95.

[232] 吴意云，朱希伟. 中国为何过早进入再分散：产业政策与经济地理 [J]. 世界经济，2015 (2)：126 - 130.

[233] 夏方舟，李洋宇，严金明. 产业结构视角下土地财政对经济增长的作用机制——基于城市动态面板数据的系统 GMM 分析 [J]. 经济地理，2014 (12)：85 - 92.

[234] 夏晓华，李进一. 要素价格异质性扭曲与产业结构动态调整 [J]. 南京大学学报（哲学·人文科学·社会科学版），2012 (3)：40 - 48.

[235] 冼国明，程娅昊. 多种要素扭曲是否推动了中国企业出口 [J]. 经济理论与经济管理，2013 (4)：23 - 32.

[236] 谢婷婷. 外商直接投资、技术进步与产业结构升级——基于中国省域空间计量分析 [J]. 工业技术经济，2018 (8)：35 - 43.

[237] 徐朝阳. 工业化与后工业化："倒 U 型" 产业结构变迁 [J]. 世界经济，2010 (12)：68 - 88.

[238] 徐长生，刘望辉. 劳动力市场扭曲与中国宏观经济失衡 [J]. 统计研究，2008，25 (5)：32 - 37.

[239] 颜鹏飞，王兵. 技术效率、技术进步与生产率增长：基于 DEA 的实证分析 [J]. 经济研究，2004 (12)：56 - 60.

[240] 杨超，吴雨，山立威. 政治关系、反腐败与土地出让价格——基于微观土地交易数据的实证研究 [J]. 经济评论，2019 (2)：140 - 153.

[241] 杨帆，徐长生. 中国工业行业市场扭曲程度的测定 [J]. 中国工业经济，2009 (9)：56 - 66.

[242] 杨小杰. 搞活大中型企业的对策研究 [J]. 管理世界，1991 (4)：165 - 168.

[243] 杨振兵，张诚. 中国工业部门产能过剩的测度与影响因素分析 [J]. 南开经济研究，2015 (6)：92 - 109.

[244] 杨治. 产业经济学导论 [M]. 北京：中国人民大学出版社，1985：20 - 91.

[245] 姚洋，章奇. 中国工业企业技术效率分析 [J]. 经济研究，2001 (10)：88 - 95.

[246] 姚毓春，袁礼，王林辉. 中国工业部门要素收入分配格局——基于技

术进步偏向性视角的分析［J］. 中国工业经济，2014（8）：44－56.

［247］姚战琪. 中国生产率增长与要素结构变动的关系研究［J］. 社会科学辑刊，2011（4）：99－103.

［248］叶篡. 政策扭曲与过度竞争：中国出口扩张的决定因素及其绩效［J］. 当代财经，2009（6）：95－101.

［249］易信. 金融发展与产业结构转型——理论及量化分析［M］. 北京：经济科学出版社，2017.

［250］余俊杰. 我国商品市场一体化的测度与影响因素探究［D］. 江西财经大学，2018.

［251］余明桂，范蕊，钟慧洁. 中国产业政策与企业技术创新［J］. 中国工业经济，2016（12）：123－135.

［252］袁璋，我国中部地区农业产业结构研究及调整优化方向研究［D］. 中国农业科学院，2006

［253］袁志刚，解栋栋. 中国劳动力错配对 TFP 的影响分析［J］. 经济研究，2011（7）：4－17.

［254］苑德宇，宋小宁. 公共政策评估的计量经济学方法运用刍议［J］. 财经智库，2018（7）：90－92.

［255］张广柱. 居民消费结构升级引导产业结构转型路径［J］. 商业经济研究，2019（5）：49－51.

［256］张杰，刘志彪，张少军. 制度扭曲与中国本土企业的出口扩张［J］. 世界经济，2008（10）：3－11.

［257］张杰，张培丽，黄泰岩. 市场分割推动了中国企业出口吗？［J］. 经济研究，2010（8）：29－41.

［258］张杰，周晓艳，李勇. 要素市场扭曲抑制了中国企业 R&D？［J］. 经济研究，2011（8）：36－40，78－91.

［259］张杰，周晓艳，郑文平，芦哲. 要素市场扭曲是否激发了中国企业出口［J］. 世界经济，2011（8）：134－160.

［260］张军，吴桂英，张吉鹏. 中国省际物质资本存量估算：1952－2000［J］. 经济研究，2004（10）：35－44.

［261］张莉，高元骅，徐现祥. 政企合谋下的土地出让［J］. 管理世界，2013（12）：43－51，62.

［262］张莉，朱光顺，李夏洋，王贤彬. 重点产业政策与地方政府的资源配置［J］. 中国工业经济，2017（8）：99－105.

［263］张琳，黎小明，刘冰洁，钱金芳．土地要素市场化配置能否促进工业结构优化——基于微观土地交易数据的分析［J］．中国土地科学，2018（6）：23－31.

［264］张佩，马弘．借贷约束与资源错配——来自中国的经验证据［J］．清华大学学报：自然科学版，2012（9）：1303－1308.

［265］张曙光，程炼．中国经济转轨过程中的要素价格扭曲与财富转移［J］．世界经济，2010（10）：3－24.

［266］张同斌，高铁梅．财税政策激励、高新技术产业发展与产业结构调整［J］．经济研究，2012，47（5）：58－70.

［267］张万里，罗良文．资源错配与制造业结构变迁［J］．华东经济管理，2018，32（11）：90－95.

［268］张艺影．外商直接投资促进产业结构升级的机理分析［J］．当代经济，2007（7）：84－85.

［269］张月玲，叶阿忠．中国的技术进步方向与技术选择——基于要素替代弹性分析的经验研究［J］．产业经济研究，2014（1）：92－102.

［270］张展新．劳动力市场的产业分割与劳动人口流动［J］．中国人口科学，2004（2）．

［271］张臻．要素市场扭曲、企业创新与全要素生产率提升研究［D］．西北大学，2018.

［272］章祥荪，贵斌威．中国全要素生产率分析：Malmquist 指数法评述与应用［J］．数量经济技术经济研究，2008（6）：112－116.

［273］章潇萌，杨宇菲．对外开放与我国产业结构转型的新路径［J］．管理世界，2016（3）：25－35.

［274］赵伟，马瑞永，何元庆．全要素生产率变动的分解——基于Malmquist 生产力指数的实证分析［J］．统计研究，2005（7）：38－42.

［275］赵玉林．技术创新、产业融合与制造业转型升级［J］．科技进步与对策，2019（5）：1－7.

［276］赵自芳，史晋川．中国要素市场扭曲的产业效率损失——基于 DEA 方法的实证分析［J］．中国工业经济，2006（10）：40－48.

［277］甄明霞．消费需求衡量指标及发展态势的初步分析［J］．统计科学与实践，2010（1）：25－28.

［278］郑振雄，刘艳彬．要素价格扭曲下的产业结构演进研究［J］．中国经济问题，2013（5）：68－78.

［279］郑振雄、刘艳彬．要素价格扭曲下的产业结构演进［J］．中国经济问题，2013（5）：68－78.

［280］周黎安，赵鹰妍，李力雄．资源错配与政治周期［J］．金融研究，2013（3）：55－60.

［281］周黎安．中国地方官员的晋升锦标赛模式研究［J］．经济研究，2007（7）：36－50．

［282］周黎安．晋升博弈中政府官员的激励与合作——兼论我国地方保护主义和重复建设问题长期存在的原因［J］．经济研究，2004（6）：33－40.

［283］周黎安．中国地方官员的晋升锦标赛模式研究［J］．经济研究，2007（10）：66－68.

［284］周黎安．转型中的地方政府：官员激励与治理［M］．上海：上海人民出版社，2008.

［285］周秀娟．技术创新对产业结构高级化的影响［J］．合作科技与经济，2018（7）：36－37.

［286］周振华．产业结构优化论［M］．上海：上海人民出版社，1992.

［287］周振华．产业政策分析的基本框架［J］．当代经济科学，1990（6）：13－20.

［288］朱顺林．中国区际分割影响工业竞争优势的实证分析［J］．经济问题探索，2005（10）：8－11.

［289］朱顺林．中国区际分割的产业效率损失实证分析［J］．经济地理，2005（1）：16－19.

［290］朱月仙，方曙．专利申请量与R&D经费支出关系的研究［J］．科学学研究，2007，25（1）：123－127.

［291］踪家峰，周亮．市场分割、要素扭曲与产业升级——来自中国的证据（1998～2007）［J］．经济管理，2013，35（1）：23－33.

致　谢

本书在写作过程中得到了宁波大学商学院数量经济学和产业经济学专业的硕士研究生王羿、金本庆、邓喆、高建勇、刘廷廷和李波等人的帮助。其中，王羿主要负责土地要素市场扭曲对产业结构优化升级的影响研究；金本庆主要负责检验劳动和资本要素市场扭曲对产业结构优化升级的影响；邓喆主要负责能源要素市场扭曲对产业结构优化升级的影响；高建勇主要负责要素市场扭曲影响产业升级关系的途径检验；刘廷廷主要检验要素市场扭曲通过市场分割影响产业结构优化升级的检验等；李波主要检验不同的产业政策导致的要素扭曲对产业结构优化影响。

本书的出版，特别感谢国家自然科学基金的资金支持。同时也感谢中国财政经济出版社的编辑老师的高效和全心付出。

由于作者研究水平有限，本书若有不当之处，敬请学界同仁及广大读者批评指正。

作者

2019 年 10 月